新时代高校创新创业教育课程思政价值研究

孙 华 著

山西出版传媒集团

山西经济出版社

图书在版编目（CIP）数据

新时代高校创新创业教育课程思政价值研究 / 孙华
著. -- 太原 : 山西经济出版社, 2023.7
　　ISBN 978-7-5577-1158-0

　　Ⅰ. ①新… Ⅱ. ①孙… Ⅲ. ①高等学校—思想政治
教育—研究—中国 Ⅳ. ①G641

中国国家版本馆CIP数据核字(2023)第115873号

新时代高校创新创业教育课程思政价值研究

著　　者：孙　华
出 版 人：张宝东
责任编辑：李慧平

助理编辑：武文璇　杨　晨

出 版 者：山西出版传媒集团·山西经济出版社
地　　址：太原市建设南路 21 号
邮　　编：030012
E－mail：scb@ sxjjcb. com（市场部）
　　　　　zbs@ sxjjcb. com（总编室）
网　　址：www. sxjjcb. com

经 销 者：山西出版传媒集团·山西经济
承 印 者：出版社山西新华印业有限公司

开　　本：787mm×1092mm　1/16
印　　张：12
字　　数：240 千字
版　　次：2023 年 7 月第 1 版
印　　次：2024 年 4 月第 1 次印刷
书　　号：ISBN 978-7-5577-1158-0
定　　价：78. 00 元

PREFACE　前　言

　　随着新时代的到来，高校创新创业教育课程在我国教育体系中占据着越来越重要的地位。创新创业教育旨在培养学生的创新意识、创业精神和实践能力，帮助学生适应经济社会发展的需要。然而，在创新创业教育中，思想政治教育的价值尚未得到充分挖掘。本书旨在探讨新时代高校创新创业教育课程中思政价值的内涵、功能及其实现路径，为推动创新创业教育与思想政治教育的有机结合提供理论支撑。

　　本书首先分析了新时代高校创新创业教育课程的背景与现状，阐述了创新创业教育课程思政价值的重要性。随后，从理论、实践和制度三个方面探讨了创新创业教育课程思政价值的内涵与功能。在此基础上，本书提出了实现创新创业教育课程思政价值的路径选择，包括优化课程内容、创新教学方法、强化师资队伍建设、完善评价体系等方面。

　　本书旨在为新时代高校创新创业教育课程提供一种全面、深入的思政价值研究视角，以期为推动我国高校创新创业教育的发展贡献一份力量。我们希望本书的研究成果能够为教育工作者、政策制定者和广大师生提供有益的参考，共同推动创新创业教育与思想政治教育的融合与发展，为培养具有全面素质和创新精神的新时代人才做出贡献。

作　者

2023 年 12 月

CONTENTS 目 录

第一章 新时代高校创新创业教育基础

第一节 创新创业教育概述

一、背景

自改革开放以来，我国高等教育经历了飞速的发展，特别是进入21世纪后，高校改革更是引人注目。当前，我国高校教育正处于快速发展阶段，不仅为社会培养了众多人才，而且在自主创新和科学研究方面也取得了突破性进展，为建设创新型国家提供了坚实的人才支持和知识贡献。随着中国特色社会主义进入新阶段，高等教育发展也需顺应时代潮流，积极培养创新创业人才。这需要政府和企业对创新创业教育提供更多支持，实现政府、企业和高校三方的合作，共同推动我国创新创业教育事业的发展。

"大众创业，万众创新"理念的提出为高校创新创业教育注入了新的内涵，赋予了高校培养和输送创新创业型人才的重要使命。党中央强调，教育领域综合改革需加强，提高教育质量，全面实施素质教育，培养学生的创新精神、实践能力和社会责任感。同时，创新被视为民族进步的灵魂，是国家兴旺发达的不竭源泉，是引领发展的第一动力。鼓励创业带动就业，广大青年应勇于创新创造。

20世纪90年代末，我国高校创新创业教育开始兴起，并随着政府的"互联网+"行动计划，逐渐融入高等教育体系。2010年，教育部发布的《关于大力推进高等学校创新创业教育和大学生自主创业工作的意见》明确指出，高校应加强对全体学生的创新创业教育，将其融入人才培养全过程。随着高等教育从精英化向大众化的转变，教育体制也在不断改革深化，我国高校逐渐形成了包括校企协同培养在内的多种人才培养模式。根据国外高等教育经验，校企协同培养已成为世界各国尤其是经济发达国家教育改革发展的主要趋势，成为教育与产业经济相结合、培养应用型人才的有效途径。为了改善高校毕业生理论学习与工作实践脱节的问题，我国高校校企协同人才培养模式已形成多种模式、多种平台共同发展的态势。作为培养应用型、高素质、复合型高级专门人才的主要途径，校企协同人才培养模式已成为理论研究和教育改革的热点。目前，我国部分高校已开展校企协同人才培养模式。自教育部 2002 年开始探索创新创业教育以来，确定了 9 所高校作为创新创业教育试点，至今已有十余年的发展历程。期间，一些高校取得了成果，但多数高校在培养校企协同人才过程中仍存在问题，如师资力量薄弱、教育方式方法单一、与专业教育融合不足、发展理念滞后等。许多高校未能意识到构建长效稳定的校企协同创新创业人才培养体系的重要性，导致创新创业教育发展缓慢。为此，国务院办公厅下发了《关于深化高等学校创新创业教育改革的实施意见》（国办发〔2015〕36号），文件认为，高校创新创业教育不仅是提高人才培养质量、创新就业渠道的重要举措，也是国家创新驱动发展层面的战略问题。因此，高校创新创业教育问题成为全社会关注的热点，得到越来越多专家学者的关注和研究。

培养有能力、高素质的专业型人才是高等教育改革的目标，也是对现有高等教育的补充和延伸。但在实践中，由于体制观念、政策资源等因素的影响，创新创业教育的发展机会并不多。创新创业教育的开展涉及不同专业、学院和领域的交流与合作，需要人力、资本、资源等各种要素共同发挥作用。因此，与专业教育相比，创新创业教育更为综合和复杂。在当前社会分工日益精细化的背景下，人们应认识到分工协作、学科交叉的重要性，只有建立一套高效的协调机制，才能实现创新创业教育的培养目标。

首先，加强创新创业教育是当前经济社会发展的必然要求。新时代需要创业者，需要创新创业人才，只有通过一批又一批创业者的不断努力，才能使经济健康发展。作为高素质人才培养的基地，高校应进一步加强大学生创新创业素质培育体系的构建，努力培养具有创新创业能力和素质的人才。

其次，加强大学生创新创业素质培育是构建和谐社会的迫切需要。党中央强调要加快创新型国家建设，鼓励以创业带动就业，并提供全方位的公共就业服务，促进高校毕业生等青年群体多渠道就业创业。国家和政府营造了良好的创新创业环境，但大众创业的积极性和能力尚未显著提高。根据调查显示，欧美高校应届毕业生的创业比率高达30%～40%，而我国高校应届毕业生创业比率还不到 2%，两者差异显著；同时，我国大学生创业的成功率也很低。因此，必须加强对高校大学生进行创业素质培养，这也有利于缓解就业压力，构建以人为本的和谐社会。

第三，加强大学生创新创业素质培育是高校培养学生成长成才的内在要求。近年来，随着高校招生规模的持续扩大，高校毕业生数量也在逐年增长，就业压力日益严峻，大学生的就业情况成为社会关注的热点问题。目前，我国高等教育的主要课题就是培养既能竞争求职，又能创造新就业岗位的创业人才。高校创新创业教育的实施有利于大学生成功创业，联合国教科文组织曾提出，学生的创业能力是"学习的第三本护照"，因此，高校应将创新创业教育摆在与学术性教育同等重要的地位，这也是高校培养社会所需人才的内在要求。

第四，创新创业教育是推动高校教育转型升级的需要。《国家中长期教育改革和发展规划纲要（2010—2020）》中明确指出，提高人才培养质量，培养高素质现代化人才是高等教育在未来十年的核心任务。但从资源整合的角度看，高等教育并未充分发挥内外部资源的效益，导致高校人才培养质量难以显著提升。因此，为了进一步整合校内外

二、创业内涵

"创业"这一术语涉及多个学术领域，虽然在文献中已有所体现，但对其定义学术界尚无一致看法。

（一）国内关于创业概念的理解

在我国，对创业的认识正迅速从传统的文化解读转向西方的狭义解读。目前，国内学术界倾向于创业的广泛含义。

对创业的界定，国内学者普遍认同将其分为狭义创业、次广义创业和广义创业三个方面。狭义创业是指创建新组织或企业的过程；次广义创业是指通过企业创立事业的过程，包括创立新企业和企业内部创业；广义创业是指创立新事业的过程，不论规模大小，如（非）营利性组织、（非）政府组织。复旦大学管理学院郁义鸿教授认为，创业是一个不断发现并抓住机会创造新产品新服务，以实现自我潜能和价值的过程。李家华等人将创业视为不受当前资源限制、寻求机会、进行价值创造的行为过程，强调创业应伴随新价值的产生，无论是商业价值还是社会价值。杨艳萍将创业定义为在各个领域开创事业并在特定领域产生较大影响，包括创办企业和在其他领域取得成就。

（二）国外关于创业概念的理解

国外学术界在界定创业概念时，常使用"抓住商业机会"、"创立新组织"等与狭义

创业相关的词汇。他们通常将创办企业和创业放在一起研究，认为二者有联系但也有区别。西方学者往往忽略创业在文化政治层面的作用，而强调其在经济层面发现商业机会、创造物质财富的意义。除了上述关键词外，与创业广义内涵相关的词汇如"承担风险"、"创新"、"开创新事业"、"创造新价值"等也是西方学者的选择。

（三）创业的其他解释

《辞海》将"创业"定义为"创立基业"，即开拓、创造业绩和成就，与"守成"相对。《现代汉语词典》将创业解释为"创办事业"，包括"创"和"业"两个字，"创"意为开创、创办，"业"意为事业、业务。《新华字典》中"创"有始造之意。通过整理、归纳可以发现，学者们对创业的定义主要从人的品性特征、经济价值和组织行为方式三个方面考虑。

目前，国内外有两种较为简单的创业定义：一是《辞海》中的"创立基业"，二是《英汉剑桥英语词典》中的"可获利的、需要付出努力的事业与计划"。现实中，人们通常将创业定义为创立新企业，但这种解释过于狭隘。本书认为创业是一种行为创新，是创业主体在经济、文化、政治等领域内为开拓新天地，同时给他人和社会带来机会的探索行为。它包括以下要点：首先，明确把"创业"定义为行为上的"创新"，将"创新"与"创业"有机结合，表明二者间的从属关系；其次，"创业"一词的使用范围广泛，可涉及文化、政治领域而不仅是经济领域；再次，"创业"绝不是停滞不前的行为，而是一种积极发展的探索。当前，高校开设的大学生就业指导课程不仅传授建立企业等方面的知识，更重视培养学生的创新意识和创业精神。

三、创新内涵

探究创业与创新之间的联系，首先要明确二者的定义。创业是指个体或组织利用自身资源优势，创造经济和社会价值的过程。而创新，则是在现有知识基础上，打破传统思维模式，探索和发现新事物的过程。经济学家熊彼特从经济角度解读创新，将其视为一种商业化行为，即将新的产品或流程引入市场，形成新的生产函数。这种创新不仅涉及技术发明，更包括将现有技术应用于企业，形成新的盈利模式。熊彼特将创新分为五种情况：创造新产品、采用新生产方法、开拓新市场、获取新供应来源、实现新组织形式。熊彼特的创新理论在20世纪30年代获得西方学术界认可，并成为经典理论。我国科技界在 20 世纪 90 年代引入创新概念，并逐渐应用到各个领域。清华大学的李正风教授指出，国内对创新的理解各异，有的从经济学角度探讨，有的则基于其一般含义。普遍认为，创新即"创造并发现新事物"。然而，创新的定义并不像李正风教授所说的那么简单，多数学者认为创新难以严格界定。本书认为，创新与创业一样，也存在狭义和广义之分。狭义创新指的是在理论或方法上的发明和改进，强调技术与经济的结合。广义创新则追求各领域与经济领域的融合，体现在体制机制和知识技术等多个方面。本书将创新视为一种主体行为，指主体在社会已有资源基础上，发明全新的事物，如科学技术、产品、思想方法等。这个定义包含四个要点：首先，创新不是孤立存在的，它建立在社会的已有成就之上；其次，创新的"新"是相对的，相对于社会现有的成果而言；第三，创新注重的是前所未有的"新"；第四，创新的关键在于开创，需要主体付出努力以实现突破。

四、创业教育

"创业教育"这一概念源于西方国家在 20 世纪末提出的一种教育新理念。至今，创业教育的理论与实践已发展了二十余年，取得了显著成就。然而，创业教育的确切定义仍存在争议。一般而言，创业教育涉及对受教育者提供创业指导，包括理论和实践知识。但这种定义仅停留在表面层次。目前，学术界对创业教育的定义尚未形成统一共识。一些学者认为，创业教育旨在开发学生潜能，提升创业相关素质，如创业能力、创业精神和创新意识。这种教育理念通过课程和实践，提高学生的心理素质和能力，这是创业过程中不可或缺的。另一些专家则认为，创业教育是一种旨在培养学生创业意识、创业精神和提升创业能力的素质教育，通过完善的创业课程和实践来实现。狭义上，创业教育可简单定义为培养大学生创办企业能力的教育。尽管学者们对创业教育的定义各异，但尚未形成系统的学术界定。直到 1989 年，联合国教科文组织在北京举行的"面向 21 世纪教育"国际研讨会上，首次对创业教育给出了权威性定义，将其视为继学业教育和职业教育之后的第三种教育模式，是人们未来更好生活的"第三本护照"。

通过对文献的分析，可以发现国内外学者对创业教育含义的界定主要有两种：一种是比较片面的理解，认为创业教育是以经济效益为目的的教育形式，评价其效果基于成本收益比，主要教授学生如何建立企业，而不涉及更深层次的创业能力和素质提升；另一种观点则认为创业教育是新时代的产物，强调培养大学生的创新思维、创新能力等基本创业素质，与知识经济、信息时代的要求相契合。

本书认为，创业教育同样可分为广义和狭义。狭义创业教育是指创业主体为建立新企业而进行的经济活动，以经济利益为最终目标。狭义创业教育则可理解为培养大学生创新思维、创新能力等基本创业素质，以便毕业后在社会上取得事业成就，从求职者转变为为社会和他人的职业岗位创造者。广义创业教育则是培养创业者的教育活动，旨在培养具备良好创新能力、创新精神和冒险精神的人，能有效地进行创业实践。总体而言，创业教育不仅能在小范围内提升大学生的创新意识和创业能力，还能在很大程度上缓解大学生就业压力，对于解决当前大学毕业生就业难题具有重要意义。从更广泛的角度看，创业教育是新时代的产物，是高等教育改革的必然要求，它顺应了信息经济时代的发展，超越了仅创办企业的局限，不再是单纯以营利为目标，而成为一种新的思维方式，融入人们的日常生活和工作之中。

五、创新教育

迄今为止，关于"创新教育"的定义在文献中屡见不鲜，主要分为两个层面：一是旨在培养创新素质，如创新能力、创新思维、创新意识以及创新人才的教育活动；二是相对于传统教育的新时代教育模式。在国际上，创新教育通常被分为两个主要类别：一是狭义上的，认为创新教育是以培育具备冒险精神和创新精神、创新能力、创新思维的时代新人为主旨的教育；二是广义上的，强调创新教育区别于传统教育，更注重提升个人的创新能力和素质。这种教育不仅反映了当代社会的新需求，而且是一种包含创业知识丰富、能力多样的新型教育活动，涵盖了环境分析、基础知识学习、资源利用、商机捕捉、创业实践、风险预测控制、沟通协调等多方面能力。

在现实生活中，学者们在定义创新教育时，不仅要考虑其历史发展和现有规范，还要关注其在原有基础上的提升和未来趋势。因此，广义的创新教育可以简述为促进社会成员创新的教育，即任何旨在提升人的创新思维和能力的教育都可称为"创新教育"。高校作为培养创新人才的摇篮，其创新教育旨在通过一系列活动培养大学生的探索精神和知识应用能力，鼓励学生主动学习、勇于打破思维定式、善于独立思考，而不仅仅是被动接受知识。创新能力是一种综合能力，体现在创新活动中的观察分析、实践等方面，强调个体在应用资源、突破和创造方面的能力。此外，创新能力不仅是个人认知和实践能力的结合，也是个人创造力与社会环境的有机结合。

本书认为，创新教育的发展是新时代的产物，符合高等教育历史发展的潮流，是对传统教育模式的根本改革。创新教育的核心宗旨是培养学生的创新精神和逐步提升其创新能力，通过优化的教育理论体系和实践环节来挖掘大学生的创新潜能、培养探索精神、提高学以致用的能力。这种教育模式不仅指向新时代高校教学方法改革和教学内容创新，也是对教育价值的重新思考，为我国高等教育的发展指明了方向。

六、创新创业教育

（一）创业教育与创新教育的关系

前文已对创新创业的含义进行了阐述：创新教育旨在培养大学生的创新精神和提升其创新能力，是一种注重人的全面发展的新型教育。创业教育则是旨在培养大学生的自主创业意识和增强其创业能力，强调对创业主体进行创业基础知识的教授。尽管创新教育与创业教育在内容和体系上存在一定的相似性，但这并不意味着二者可以相互替代或等同。

创业教育与创新教育在内容上相互渗透、目标上相互一致、功能上相互补充。总体而言，创业教育和创新教育的主要内容是相互关联的，彼此互为支撑：创新是创业的基础，因此，创业实践的成功与否成为检验创新水平高低的重要标准；同时，创业也是创新的具体体现和物质载体，创业成功的关键在于创新实施的效果。创新教育着重于培养大学生的创新精神和提升其创新能力，强调人的全面发展；而创业教育则专注于培养大学生的自主创业意识和增强其创业能力，强调对创业基础知识的教授。二者相辅相成，相互促进又相互制约，形成了辩证的统一。创新教育不仅是对教育方法和内容的变革，更是对教育功能的重新定位，是一场全面而根本的教育改革。新时代的发展对高等教育提出了新的要求：高校需要培养出具有创业能力和创业素质的高素质人才。因为只有这样的人才能适应信息经济时代的快速发展，才能跟上知识与社会发展趋势日益紧密的结合。

（二）创业教育是创新教育的深入

创业本身可以被视为一种特殊形式的创新，因为在创业过程中，创新往往如影随形，它是创业的基石。任何社会主体若想投身创业，必须掌握扎实的创业知识，并具备勇于挑战传统思维的创新能力、冒险精神，以及卓越的组织管理技巧。显而易见，创业者应具备多方面的综合能力，这样才能胜任管理者、企业家等多重角色。因此，创业教育实际上是创新教育的深化和具体化，它理应并且能够在创新教育的各个层面得到体现和融合。

综上所述，创新教育与创业教育之间存在相互推动和相互制约的关系，它们是不可分割的辩证统一体。在高等教育机构中实施创业教育，实际上是对学生创新教育的一个有机延伸和补充。

（三）创新创业教育含义

"创新创业教育"这一术语，通常被理解为创业教育和创新教育的结合，或是对创业教育的一种改进。实际上，"创新创业教育"是我国独创性地将创新理念与国外的创业教育相结合而形成的一个崭新概念。众多理论界的专家和学者提出了他们对创新创业教育一词的理解，但至今尚无一个权威且明确的定义。1991年东京召开的创业创新教育国际会议将其定义为：旨在培养学生具有冒险精神、探索精神、自主创业能力和管理能力的教育活动。也有专家认为，高等学校的创新创业教育旨在培养大学生的创新创业基本素质，促进其全面发展，因此它是一种新型的教育模式。

本书认为，高校创新创业教育是一种顺应新时代潮流的教育模式，它以全体大学生为发展对象，基于多种教育理念，旨在培养大学生的创业精神和提高其创新创业能力，从而使高校毕业生能够自主创业。这种教育模式革新了传统的教育观念，将教学与产业紧密结合，提高了当代大学生的综合素质，顺应了信息经济时代的发展趋势。最重要的是，创新创业教育实现了从注重知识传授向重视创新素质培养的转变，为大学生的创业之路奠定了坚实的基础。

创新创业教育的特点包括：更注重提高高校大学生的创新创业意识，强调培养学生的创新精神，使学生能够积极主动地创建自己的事业，而不仅仅是被动等待他人的选择。创新创业教育与传统教育模式虽有相同之处，但也有其独特之处：首先，它主张有目的性地为高校大学生开设创新创业教育课程，为有意创业的学生提供指导，为正在创业的学生提供企业经营管理实践培训。其次，创新创业教育主要通过实践，如开展创新创业项目活动和比赛，或设立创新创业奖学金等形式，鼓励学生自发成立创业中心、协会、社团等，让学生直观地感受创新创业的形式和意义，从而激发大学生的创业兴趣。最后，创新创业教育要求高校建设各类创业机构，如创新研究中心和创业中心，为学生提供创新创业理论与实践的平台。

第二节　创新思维

创新思维对于学生来说，是一种至关重要的能力，它不仅使学生能够应对未知的新问题，还能够帮助他们更深入地理解和掌握知识。这种思维方式在学习新知识的过程中发挥着重要作用，确保学习活动的顺畅进行。作为创新活动的核心要素，创新思维是创新力的精髓所在。因此，在创新教育和日常教学中，培育这种宝贵的思维特质是至关重要的。

一、创新思维的含义和特征

（一）创新思维的含义

思考是人类大脑对外界刺激做出的反应，是一种对现实世界事物进行间接和抽象处理的方式。而创新思维则是思考过程中的高级形态，它建立在个人经验之上，涉及到发现未知、创造新方法以及解决未知问题的过程。这种思维要求我们超越传统的思维模式和逻辑规则，以独特的视角来理解和解决问题，即通过创新的方法来重新组合过去的经验，为问题提供全新的解决方案。通常，创新思维可以从广义和狭义两个角度来理解：

（1）广义的创新思维。广泛意义上的创新思维涉及所有在创新活动中起作用的思考过程。这不仅仅包括那些直接产生新解决方案的思维方式，还包括那些虽不直接参与创新但仍然发挥作用的思考模式。换言之，广义的创新思维指的是在发明和创新过程中直接或间接运用的所有思考方式，涵盖了逻辑思维以及非逻辑思维。

（2）狭义的创新思维。在研究创新思维时，人们往往专注于那些与直接解决创新问题相关的思考活动，这就是所谓的狭义创新思维。与广义的创新思维不同，狭义的创新思维特指那些在创新过程中产生创新想法的具体活动。通常情况下，当人们提到创新思维时，他们大多数时候是在指狭义的创新思维。

（二）创新思维的特征

创新思维的最显著特征包括流畅性、灵活性和创造性。

流畅性指的是思维对刺激的反应能力，它通过思维的产出量来评估，要求思考过程顺畅无阻，能在较短时间内生成更多概念。

灵活性是指思维主体能够根据不同的时间、地点和条件变化，灵活地转换思考路径，从一种思维模式跳跃到另一种，从多个角度和方向探索问题的解决之道。思维的灵活性对于创新人才来说是一项至关重要的素质，它要求我们在面对问题时能够做到类推旁通，举一反三。

独特性是指在面对与他人相同的信息时，能够产生与众不同的想法。思维的独特性建立在独立思考和大胆质疑的基础上，它能超越常规和习惯的认知模式，从前所未有的新视角和新观点去理解事物，提出非同寻常的新概念。思维的独特性是创新思维中最高的境界。

二、创新思维的过程和作用

（一）创新思维的过程

创新思维与常规思维的区别在于其具备的独特性、创新性和突破性等特点。国内一些学者从心理学的视角对创新思维的过程进行了分析，并将其分为启动定向、潜伏酝酿、游离逼近、灵机触发和引申成型五个既相互区别又相互联系的阶段。

在启动定向阶段，启动是指对问题情境的认知、创新需求的产生和创新动机的激发。定向是指在发现问题的基础上提出问题，并通过深入分析来更明确地界定问题。只有发现问题，才能产生新的需求；只有提出问题，思维才能被激发；只有明确问题，创新思维才能有方向。

潜伏酝酿阶段紧接着启动定向阶段，此时问题已经明确，思维进入了一个以收集和整理相关信息、补充知识空白、消化原始材料、构建假设和解决方案为主导的活动阶段。在这个阶段，创新思维的主体会大量调用存储在大脑信息库中的相关信息，运用各种类型的思维来分解、组合、发散和集中信息，使问题在脑海中持续循环，处于一种集中的状态，即使在进行其他活动时，也会在潜意识中思考该问题。

在游离逼近阶段，经过反复的尝试，思路逐渐清晰，方法也趋于明确，问题接近最终的解决。这个阶段通过发散思维，拥有了多种可能解决问题的线索和途径，经过经验思维、直觉思维、模糊思维和抽象逻辑思维等过程的处理，最终通过聚合思维的加工，选择最有可能的解决方案。创新思维的探索在这些思维的交汇点之间进行，逐一比较、尝试和探索，逐渐接近成功。

触发灵机阶段是指创新思维的主体受到某种事物的启发，突然产生灵感，原本游离的思维神经瞬间连接，立刻变得清晰，成功就在眼前。

引申成型阶段是创新思维是否正确反映客观现实、是否揭示了客观事物的本质和规律，这需要通过实践来验证。如果在这个阶段发现不足，就必须进行补充和深化，使其更加系统和成熟，并最终以适当的形式表达出来。

简而言之，创新思维过程可以概括为：创新性地提出问题、对问题进行深入思考、寻求问题的解决方案，最后通过验证来完善创新思维。

（二）创新思维的作用

在人类智力结构中，思维扮演着至关重要的角色。恩格斯曾赞美人类的思维为"世界上最美丽的花朵"，而创新思维则是这朵花中最耀眼的芯蕊。创新思维不仅是人类思维的高级形态，更是创新能力的核心所在。人的行为无时无刻不受思维的指导，思维的精确性和创新性直接影响着活动的精确性和创新性。因此，创新思维的重要性不言而喻。

首先，创新思维是人类生存和发展的关键手段之一。人类社会的文明进步史实质上是一部创新活动的历史，创新思维对于人类的生存和发展至关重要。缺乏创新思维，人类将无法进行创新活动，也就不会有如今丰富的物质文明和精神文明。创新思维是推动人类社会文明进步的重要动力，它能够创造出具有社会价值的新事物。人类社会正是在不断创造新事物的过程中发展起来的。

其次，当前创新教育倡导培养创新思维。我国大学传统教学以教师为中心，主要目标是知识的传授，学生扮演的是被动接受知识的角色。要培养创新思维，就需要鼓励学生主动学习。因此，教育改革势在必行，要将以知识灌输为主的教学方法转变为启发式、讨论式、互动式、研究式的教学方法，以此激发学生的创新思维。创新思维是培养创新人才的关键，教育工作者必须将科研、教学、实习、实验等实践环节与大学生创新思维的培养结合起来。传统教育往往忽视创新能力的培养，导致学生缺乏创新思维和创新能力，难以适应知识经济时代的要求。因此，各级学校应高度重视学生创新能力和创新思维的培养，最大限度地挖掘学生的创新潜能，以促进创新教育的深入开展。

三、影响创新思维发生的因素

理论研究表明，创新思维的研究不仅需要关注个体的认知要素，还要关注人格特质和环境因素。美国心理学家罗伯特·J·斯腾伯格（ROBERT J. STERNBERG）和托德·I·卢伯特（TODD I. LUBART）基于信息加工理论，通过实验研究了解决问题时与创新思维相关的六个要素。斯腾伯格强调，这六个要素必须有效结合，才能促使思维产生创新成果。创新思维是一个复杂的过程，它涉及发挥个人的创新能力，用创新的视角来观察和思考问题，提出独特的观点、思路和解决方案。这种思维方法要求超越常规，通过非常规的问题解决策略，对现有知识和经验进行重组和重构，创造出具有个人或社会价值的新颖、独特的思维成果。因此，新颖性和独创性是创新思维的核心特征。

表 1.1　与创造思维发生有关的六种因素

因素	内容
智力	理论研究和实验工作报告表明智力是创新活动最重要的因素。与创新思维有关的智力能力有：发现问题的能力、明确问题的能力、表征问题的能力、策略的选择能力、有效评估的能力和作为创造性作业的基本水平的顿悟和发散思维技能。
知识	指有关的经验体验、知识结构。知识给创新思维提供加工的信息，帮助创新主体了解在某个领域中所处的位置。知识使人识别问题、懂得问题的性质，阻止主体去重复老观念，帮助主体产生高质量的成果，帮助主体发现和利用出现的机会，还可以帮助主体将认知资源集中于产生新的观念。
思维习惯	思维方式与个性特征的相互作用产生思维习惯。两个人可能具有同等的智力水平，在如何把能力运用在工作上则会有所不同。
人格特征	个人人格特征对创新思维的发挥有着重要影响。它有助于有效运用认知成分将稍纵即逝的想法转变成贯.实的成果。
动机	动机为创造性目的提供认知成分的驱动力。动机对创新思维发挥作用的关键是它影响了一个人对任务的注意方式。
环境	环境可以提供有助于新观念形成的物理或社会的条件，可以激发一个人运用与创造性有关的认知能力。

智力和知识、思维习惯、人格特质、动机等是思维主体内在的主观要素，而环境因素作为思维主体外部的客观存在，在创新思维的培养中同样扮演着不可或缺的角色。在

学生的创新思维培养过程中，实际上是在环境因素的共同作用下，学生个体的智力因素和非智力因素相互作用的结果。非智力因素在创新思维的培养中具有显著的影响力，环境因素虽然不直接决定学生创新思维的发展，但通过影响学生内在的心理活动，间接地发挥着重要作用。因此，高等教育机构应当为学生创新思维的培养创造一个适宜的校园环境，以促进创新思维的发展。

第三节　创新能力

一、大学生创新能力的内涵和特征

（一）知识经济时代创新的新变化

自从 1912 年约瑟夫·熊彼特首次提出经济创新的概念以来，创新理论的研究已经经历了技术创新、制度创新、国家创新等多个发展阶段。现代创新理论认为，创新是指人的思维和实践活动具有创造性，采取了与前人不同或超越自我的独特方法和途径。创新不仅是发明和发现的过程，也是一种改进和再创造的过程。创新不只是技术过程，它更是一种激情，一种对现状不满足的追求，一种态度和实践，它为人们的创造性活动提供了稳定的价值导向。创新的本质是突破和超越，是否定现状并推动发展。

真正的创新具有以下特征：①创新是对常规的突破和超越，其最显著的特点是首次性和新颖性；②创新是一种有目的的人类活动，任何创新活动都包含了主体的目的性、自觉能动性和价值指向性，是在人的自觉意识指导下完成的，即创新需要人的努力才能实现；③创新与习惯和传统相对立，它需要克服社会成见的挑战才能生存；④创新需要付出艰辛的劳动并承担一定的风险；⑤创新源自原创力、责任感和坚韧不拔的毅力。

在知识经济时代，创新的规模更大，创新不仅限于经济活动，而且成为国家能力的重要组成部分，创新能力成为国家实力的综合体现。正是在这个意义上，一个缺乏创新能力的民族难以在世界先进民族中立足。中国是一个正在迈向现代化的社会主义国家，在全球经济一体化的今天，是否具备足够的创新能力已经成为中华民族能否实现社会主义现代化目标的关键。因此，知识经济特别强调创新意识和创新能力，创新是知识经济的基本要求和内在动力。在知识经济时代，评价一个人的价值主要是以一个人活化的知识、知识的积累和应用、整合和创造知识的能力为标准。

（二）大学生创新能力的内涵

创新能力的培养是创新活动成功的关键，它涉及在吸收和继承前人知识和经验的基础上，提出新颖的概念、思想、技术、方法和设计等独到见解，以及实现创造和发明的技能。创新能力是一种多方面的能力，它建立在广泛知识的基础上，并且直接作用于创新实践活动，而非间接地影响它们。创新能力是创新实践活动启动和运行的核心系统。随着创新实践的发展，个体的创新能力水平将决定创新实践的方式，无论是简单还是复杂，高效还是低效。

对于大学生而言，创新能力通常体现为在学习过程中的探索精神，对新事物的发现和对新方法的掌握的强烈渴望，以及利用现有知识创造性地解决问题的能力。

（三）大学生创新能力的特征

大学生正处在身心和知识不断成熟的时期，受到外部环境和内在因素的影响，他们的创新能力展现出几个显著的特点：

（1）自主性：大学生在学习过程中展现出的自主性体现在他们积极参与科研和创新活动，主动地发挥自己的主体作用。在高等教育中，教师的引导作用是重要的，但学生的能动性同样关键。只有将两者有机结合，学生才能在深入参与中，通过自己的实践和领悟，培养出创新能力，并发挥个人优势。

（2）实践性：实践是创新的源泉，也是个人成长的必要途径。个人的能力，包括创新能力，都是在社会实践中形成和发展的。大学生创新能力的培养，无论是目标、途径还是结果，都离不开实践。创新本身就是一种创造性的实践，因此，必须坚持以实践作为检验和评价大学生创新能力的唯一标准。

（3）合作性：创新能力的合作性体现在多个人或多个单位共同完成任务。大学生的创新能力不仅与智力因素有关，个性品质中的合作特性作为非智力因素，在很大程度上影响着他们创新潜能的发挥。大学生创新能力的发展必须建立在合作精神的基础上，这是具有创新能力的重要标志。

（4）可塑性：创新能力不是固定不变的，它是一种潜在的综合性能力，受到多种内外因素的影响。大学生正处在身心不断发展的阶段，他们的创新能力必将随着知识结构、思维方式的进步以及更深入的实践活动而持续提升。

二、大学生创新能力的影响因素分析

众多因素会影响大学生的创新能力，这些因素包括创新学习能力、创新知识基础、创新思维能力、创新技能以及创新环境。这些要素相互依存、相互联系、相互影响、相互制约，没有一个可以被忽视。只有当这些要素的质量都得到保证时，整体的创新能力质量才能得到确保。

（一）创新学习能力

创新学习能力指的是学习者在掌握现有知识的过程中，不受限于教科书和权威的束缚，而是以现有知识为立足点，结合当下的实践，进行独立思考、勇于探索，并积极提出自己的新想法、新观点和新方法的能力。这种学习能力是创新活动的根本动力和基础，没有这个动力，人的创新活动就无法进行，创新能力也无法形成。它是评估创新能力的基础指标。优秀的创新个性品质是培养和展现创新学习能力的基础和动力。个性是创造力发展的先决条件，缺乏个性就不会有创新意识，没有创新意识就不会产生创新动机和设定创新目标，从而不可能取得创新成果。创新学习能力是创新活动者个性品质和能力素质的综合体现，良好的创新学习能力应当包括具有创造性的个性品质、擅长捕捉新信息、主动更新知识和标新立异等特点。创造性个性品质是创新者多种心理品质的综合，主要表现为强烈的创新意识、浓厚的好奇心、坚韧不拔的毅力、理性独立的科学精神以及积极合作的热情态度。

（二）创新知识基础

创新活动依赖于知识的积累，而知识的积累构成了创新的基础。没有知识的积累，创新能力的形成和发展就如同无源之水、无本之木。创新并非凭空产生全新的事物，而是在综合分析和利用前人的经验和成果的基础上，提出新的观点、理论和方法的创新过程，以此实现新的突破和成果。知识的广度和深度在很大程度上决定了能力的发展和思维的广度。现代大学生的创新能力培养取决于他们是否拥有合理的知识结构，而创新意识和创新思维也都建立在丰富的知识基础之上。学生掌握的知识越多，积累的经验越丰富，他们的思路就越开阔，从而更能激发创新思维和释放创新潜能。理想的知识结构应当打破传统的专业界限，超越原有知识结构的限制，不仅要追求知识的科学性、先进性和广泛性，还应当使学科专业知识、广泛的专业基础知识以及创新基础知识在深度和广度上达到一定水平，并且相互补充、相互支持。

（三）创新思维能力

创新思维是指人脑在寻求对客观事物的新颖而有价值的探索时，所经历的产生独创性成果的思考过程，它是创新能力的核心和精髓。在大学生的发展中，创新思维占据着至关重要的位置。大学生的观察、发现、联想和想象都需要创新思维的引导；他们确立创新动机和创新目标需要通过创新思维的考量；他们的创新活动需要在创新思维的全程指导下进行判断、分析和验证。因此，创新是创新思维引领下的产物，创新思维是整个创新过程的灵魂。

创新思维是一种打破传统框架的、主动的思考发展过程，它是一种寻求新颖、无序、立体的思维方式，是发挥个人自主创新能力的一种方式，它使人能够超越常规的视野，从独特的角度观察和思考问题，提出全新的解决方案。创新思维是人类思维的一种高级形态，它具有以下特点：

1. 原创性

创新思维体现为一种积极的思维活动，其中思维的主体不受传统思维、观念和习惯的约束，能够独立进行思考，勇于提出新颖的观点，擅长发现新问题、探索新途径、构建新理论、提出新设计等，展现出首创性和开拓性。

2. 灵活性

创新思维是一种动态的思维发展过程，思维主体能够灵活地在不同思路之间转换，从一个思维境界跃迁到另一个思维境界，并能够根据实际情况自觉调整思考的角度，主动优化思考的方法，表现出极高的思维灵活性。

3. 多向性

多向性体现在思维主体在解决问题时，能够从多个角度探索解决方案，勇于克服障碍，灵感丰富，创造性地运用联想和想象，努力寻求多角度、多方位地开拓新领域，思路开阔，具有多向性。

（四）创新技能

创新技能在创新能力的成果转化中扮演着至关重要的角色，它是创新主体将创新思维转化为实际行动的关键。这种技能不仅体现了创新主体在技术操作上的熟练程度，还包括了对创新方法和技巧的深刻理解和灵活运用。创新技能涵盖了多个方面，如动手操作能力或实际操作技能，这涉及到创新主体能够熟练地使用工具和设备，将创新理念转化为具体的产品或服务。此外，创新技能还包含了对创新成果的表达和展示能力，这涉及到创新主体如何有效地传达他们的创新想法，以及如何将创新成果具体化和物化，使之成为可观察和可评估的实体。

在我国当前的学校教育体系中，创新技能的培养尤其重要。教育应当重视对学生进行科学实验基本技能的训练，这不仅包括实验室内的实际操作，还包括科学方法和科学思维的培养。通过这样的训练，学生能够掌握科学探究的基本流程，学会如何设计实验、收集数据、分析结果，并且能够将这些科学方法应用于创新过程中，从而提高他们的创新能力和科学素养。创新技能的培养不仅有助于学生个人未来的发展，也对于培养整个社会的创新文化和创新能力具有重要意义。

（五）创新环境

新思想的孕育和成长，依赖于一个宽松和有利的环境；学者的创新精神和创造性的产生，离不开自由环境的滋养。良好的创新环境是潜在创新能力形成及充分发挥的客观条件，是培养创新人才的外在基础。缺乏这些环境，就很难甚至可以说根本不可能培养出大量的创新人才。美国心理学家索里特尔福德指出，创造性是由主体生活在其中的那种"社会气氛"，即创造性环境培养出来的。因此，要培养大学生的创新能力，必须营造一个崇尚创新的社会环境和学校环境。在这里，我们仅从学校创新环境方面进行探讨。

1. 校园精神

校园精神是一所大学在长期的历史发展中积累和传承的学术传统和办学理念，它是大学文化的重要组成部分，对学生的成长和发展产生深远影响。世界一流大学都非常注重培养自己的学术传统和精神，通过这种传统的熏陶，影响着一代又一代的学子。

以剑桥大学为例，这所世界著名学府长期以来注重学识渊博与学术自由，重视知识的内在价值，强调发挥个人才智和潜力的传统。这种学术精神深深影响着历代剑桥学子，使他们不仅在学术上有着深厚的功底，而且在各方面的能力尤其是创新能力上也表现出色。剑桥大学培养了一大批科学巨匠和杰出人士，成为世界上诺贝尔奖得主诞生最多的世界名校。

校园精神的培养对于大学生的创新能力具有重要意义。首先，学术传统和精神的熏陶能够激发学生的学术兴趣和创新热情，使他们更加主动地投入到学术研究和创新实践中。其次，学术传统和精神的培养有助于学生形成积极向上的学术态度和创新心态，使他们更加勇于挑战自我，追求卓越。再次，学术传统和精神的传承有助于学生形成良好的学术素养和创新素养，为他们未来的学术和职业生涯奠定坚实基础。

因此，大学应当重视校园精神的培养，通过传承和弘扬学术传统和办学理念，激发学生的创新潜能，培养他们的创新能力和综合素质。这样，大学才能真正成为培养创新人才的重要基地，为社会的创新和发展做出更大贡献。

2. 教学环境的营造

课堂教学是激发和培养学生创新意识的主要途径和关键场所，一个积极的教学氛围对于学生创新精神和创新能力的培养起着无声的熏陶作用，对于创新人才的培养具有深远的影响。教师在教学过程中扮演着主导角色，是实施创新教育和提升创新人才培养质量的关键因素。创新型教师通过创新性的教学方式，将知识传授与创新能力培养相结合，将创新思维的方法训练融入到教学之中，从而引导和激励学生发展他们的创新潜能。

然而，长久以来，学习效果的评价机制往往是"以考试为中心"，这种方式只侧重于知识掌握程度和考试成绩的优劣，这样的评价体系可能会抑制学生的创新思维和动机，限制他们创新潜能的发挥。因此，建立一个真正开放和科学的评价机制，尊重学生的个性，发挥他们的特长，对于培养和提高学生的创新意识和创新能力是非常有益的。

这种评价机制应当摒弃单一的分数导向，转而采用多元化的评价标准，如学生的参与度、思考深度、创新实践、团队协作能力等。通过这种全面的评价体系，可以更准确地反映学生的学习过程和能力发展，从而更好地激发学生的创新热情，促进他们的全面发展。同时，这种评价机制也能够鼓励教师在教学中更加注重创新思维的培养，而不仅仅是知识的灌输，从而为学生的长远发展打下坚实的基础。

3. 科研环境的营造

科研环境是创新人才成长的一个重要集体环境，它的组织形式多种多样，可以是兴趣小组，也可以是科研协会，还可以是课题组等等。在这些团体中，学生们通过群体的讨论，互相启发，产生思维的碰撞，从而促进创新意识和创新思维的产生。同时，他们还通过相互协助，共同完成课题，在这个过程中，他们的合作意识、创新精神以及实践能力得到了培养和锻炼。

科研环境对于学生的创新能力培养具有重要意义。首先，科研环境提供了一个自由探索的空间，学生可以在这里自由地提出问题，探索未知领域，这有助于激发他们的创新意识。其次，科研环境鼓励学生进行群体讨论，这种方式可以激发学生的思维碰撞，从而产生新的想法和观点，有助于培养学生的创新思维。再次，科研环境要求学生进行团队合作，这种方式可以培养学生的合作意识和创新精神，同时也可以提高他们的实践能力。

因此，大学应当重视科研环境的营造，通过建立各种形式的科研团体，为学生提供一个自由探索的空间，激发他们的创新潜能，培养他们的创新能力和综合素质。这样，大学才能真正成为培养创新人才的重要基地，为社会的创新和发展做出贡献。

第二章　新时代高校创新创业教育发展动力

第一节　高校创业教育发展动力机制的理论依据

一、高校创业教育的培养目标

高等教育机构依据教育的基本法则与模式，从宏观层面出发，确立指导教育教学活动的目标、方向及政策，从微观角度入手，明确教学内容、策划教学策略及选择教学工具等。因而，深入探讨创业教育所应秉持的核心原则，对于应对目前大学创业教育面临的种种挑战，以及全方位提升创业教育的教学品质，发挥着至关重要的功能。

（一）高校开展创业教育的基本原则

在高等教育结构中，高校创业教育代表了一种创新的教育观念，它是素质教育理念的发展和深化，应当符合高等教育的基本规律，并且深深植根于高校的专业教学之中。考虑到高等教育的基本法则、创业教育的目标定位，以及高校实施创业教育的时代背景，高校在推进创业教育时应当恪守一些核心的指导原则。

1. 注重创业教育的发展性原则

高校在开展创业教育时，必须恪守以学生为中心的理念，重视学生综合素质的全面提升。教育重点应当放在培养学生具备创新思维、意识和能力上，唤起学生内在的创业潜力，并致力于增强其创新性、学习能力、适应力、市场竞争力以及应对挑战的能力，这些是学生未来创业和事业发展的重要基石。

2. 着力培养学生创新能力的原则

创业成功与否，关键在于创业者的创新意识和创新能力。一些大学生在毕业前后都表现出创办企业的热情,积极投身创业实践。例如,复旦大学毕业生顾橙勇回到农村,通过创新手段销售鸡蛋,成功推出了带有"身份证"的鸡蛋和改进包装的"阿强鸡蛋"。分析成功创业者的经历可以发现,"创新"是他们成功的关键因素。因此,创业不仅要求创业者掌握全面的创业知识和专业技能,还要求他们具备创新实践能力。创业教育应当重视实践教学,将其作为核心内容和方法。高校应当将培养学生的创业实践能力作为重点,通过举办创业计划竞赛、实际创业训练、安排学生到企业实习等方式来提升学生的创新能力。

3. 强化创业教育与专业教育融合的原则

通过专业课程这一平台,传授创新和创业的相关理念、知识与技能,实现创业教育与专业教育的有机结合和相互渗透,这不仅是对创新和创业教育有效实施的重要途径和保障,也是对专业课程教育深度和广度的一次全新拓展。创业活动与所学的专业知识密不可分,系统的专业教育构成了创业教育的基础。因此,将创业教育与专业教育相结合,是创业教育必须坚持的关键原则。

4. 强化创业教育开放性原则

高等教育机构应当为所有学生提供创业教育的必修课和选修课,以便让学生们掌握必要的创业理论知识。为了全面培养学生的创新和创业能力,创业教育应当是一个开放的教育体系。教育理念需要开放,创业教育应当面向全体学生,关注他们未来的事业发展,以提升学生的创新动机和能力为核心;创业教育的课程体系也应当开放,除了传统的学科课程,还应当鼓励学生走出校门,参与实习、挂职锻炼等社会实践活动,并将这些经历融入到非学科课程中,同时可以邀请校友创业者、企业家等来校为学生授课;教育组织形式也应当开放,将教学活动扩展到课外、院外、校外,延伸到寒暑假,与社会紧密结合,服务于社会;教育评价过程也应当开放,将总结性评价转变为过程性评价,评价的主体应包括学生和社会。创业教育的开放性原则是其本质特征,也是实现创业教育目标的有效途径。

(二) 高校创业教育的人才培养目标

1. 高校创业教育的内生逻辑

高等教育机构需积极适应社会、时代及经济发展的大势,深化和转变人才培养模式,这是高校实施素质教育和创新教育理念在人才培养方面的具体体现。人才培养是高校的核心使命，涉及多方面的内容和方法。高校应根据人才培养的目标，有策略地选择合适的教育内容和方法。

当前，创业教育作为一种新兴的教育理念和教育内容/方式，在高校人才培养中崭露头角。它专注于培育大学生的创业意识、精神和能力，旨在提升人的创业素质，是高校人才培养工作的深化和具体化，也是建立在素质教育基础之上的一种培养手段。创业教育是高校人才培养体系的一环，它必须融入并服务于高校人才培养的整体布局。高校开展创业教育应贯穿于大学人才培养的全过程，以此为基础，实现创业教育与人才培养的协调和统一，即紧紧围绕人才培养的核心目标展开。可以说，人才培养是高校实施创业教育的根本目标，而创业教育则是高校在动态和复杂环境中为实现人才培养目标而采取的具体手段或方法。本质上，高校创业教育和人才培养都关乎"培养何种人才"的问题。高校创业教育的目标是将大学生培养成具有创业素质的人才，这与国家教育方针的精神相符，与高等教育人才培养的任务相契合。

2. 高校创业教育目标的分层

创业教育的核心目标在于塑造具备创业特质的人才。具体而言，这一目标细化为三个层次，旨在高校整个人才培养体系的框架内，结合社会实际、学校类型和学生个人条件等因素，实现创业教育的纵向分层。

（1）基础层级：培养具有创业意识的社会成员

这一层级的创业教育面向全体学生，旨在普及创业知识、活动和理念。目标是培养学生成为具有创业意识的社会成员，将创业教育的精神融入专业教育、通识教育以及职业生涯规划和思想政治教育中，培养学生正确的职业观、创业基本素质和积极进取的个性，为他们的未来学习、就业或创业打下坚实的基础，使他们成为知识经济时代下的合格社会成员。

（2）中级层级：培养自主就业的创新者

面对我国日益严峻的就业形势，具备创业素质的学生能够在就业市场中自主就业。这一层级的创业教育目标是培养学生成为能够创造自我就业机会的创新者，强调对学生创业知识、技能和品质的教育强化。毕业生不仅要有自主就业的能力，还应在适当条件下具备开创个人事业的能力。

（3）高级层级：培养创业企业的创始人

培养创业企业的创始人是创业教育的最高目标，旨在实现学生的最高层次就业。对于有强烈创业意愿和良好创业条件的学生，高校应制定个性化的人才培养计划，注重提升他们的创业知识、能力和品质，最终培养出能够创办专业服务型企业、产品创新型企业等的开拓型企业家，既创造社会财富又提供就业机会，既促进个人发展又造福他人。

（三）高校创业教育的课程设置

作为高校创业教育活动的实施平台，创业教育课程是实现教育目标的关键组成部分。美国创业教育的显著成效，部分归功于其提供了丰富而全面的创业课程体系。从1977年的50至70所院校提供创业相关课程，到1999年的超过1000所，再到2005年初的1600多所，美国高校创业教育的课程开设数量显著增长。尽管中国的创业教育起步晚于西方国家，但近年来，中国高校在创业课程建设上也取得了显著成就。例如，自2009年起，上海所有高校陆续开设了创业教育课程，并建立了相应的领导管理机构教学研究机构。2010年，全国近600所高校实施了KAB创业教育项目，其中341所高校开设了KAB创业教育课程。这些课程内容包括创业构想、融资、设立、管理等模块，涵盖了"创建和运营新企业"、"创业营销"、"家族企业的创业管理"、"创业领导艺术及教育"、"风险投资"、"企业成长战略"和"如何撰写创业计划书和技术转移"等十余门课程。

1. 创业教育课程与人才培养体系的融合

若将创业教育课程视为一个完全独立的体系，与高校现有的课程体系脱节，可能会导致学生承受额外的学业压力，减少他们的自由发展空间，或者可能占用其他课程的教学时间，使大学教育转变为一种"创业培训班"。因此，高校应当在整个人才培养体系的框架内，整合创业教育课程。根据培育创业素质的需求，创业教育课程应当分层、分体系设置，划分为"理论知识"和"实践技能"两大子系统，包括专业知识与创业知识、专业基础实践与创业技能实践两大模块，并辅以相关课程和扩展实践课程，如创业故事、商业计划设计、案例研究和创业演讲等。

2. 创业教育课程与专业课程的融合

高等教育机构需要对现行课程体系进行整体性改革，以便在开设的课程中发掘、开发、强化和整合创业教育的内容。一方面，高校应在挖掘学生所学专业内潜在的创新能力、创造性教育内容的基础上，融入创业教育的理念，以此培养学生在专业学习中的创新意识，扩展他们的创业知识。同时，应加强创业教育与专业教学之间的整合，激发学生将创业活动与所学专业相结合的思考，引导学生利用自己的专业知识背景探索创业的路径和机遇。国际上许多高校采用了跨学科互补、交叉融合的方式推动创业教育。例如，北德州大学音乐学院将创业教育课程与专业课程相结合，开设了如"音乐创业与营销"、"音乐创业导引"等课程，教授音乐企业的创新、管理和营销等相关知识；爱荷华大学创业中心与表演艺术系合作开设了表演艺术创业课程；康奈尔大学以跨学科教育为主要培养创业人才的方法，开设了"创业精神与化学企业"、"设计者的创业精神"等课程。

3. 创业教育课程与其他课程的融合

在设置创业教育课程时，虽然目标是培养所有大学生的创业素质，但也不应忽视学生个体化的需求。考虑到学生的个性化需求和社会发展的实际情况，可以增设个性化创业教育课程模块，例如，提供创业教育加强课程和创业教育提升课程供学生选择，以此实现高校创业教育"分类指导、个性提升"的目标。此外，还可以利用大学的思想政治教育课程，对大学生进行就业价值观教育、挫折教育、创新教育以及社会学、心理学、管理学、经济学等多方面的教育，以助于大学生塑造创业所需的品格。

二、系统论与高校创业教育发展动力机制

作为一门专注于探究客观现实系统特性、根本属性、基本原理及其发展规律的学科，系统论强调整体视角，旨在研究系统内部各组成部分间以及系统与外部环境间的广泛联系。这一理论为高校创业教育发展的动力机制研究提供了宝贵的指导意义和参考价值。波尔·达林曾指出，我们通常未能将学校和教育活动视为复杂社会系统的一部分，忽略了系统内不同部分间复杂互动的重要性。我们尚未建立将教育视为一种社会系统的观念。他对于系统论的应用寄予厚望，并强调系统分析的精髓在于阐释复杂事物各部分之间的内在联系，关注事物作为整体的系统性。高校创业教育系统不仅是高等教育体系的一个分支，也是一个独立的社会系统，其发展和变化极为复杂。通过运用系统理论，可以深入分析高校创业教育系统的各个组成要素，有助于理解这些要素之间以及由它们构成的整体与外部环境之间的非线性相互作用，从而揭示高校创业教育系统的发展动力。在此基础上，通过构建、调整和优化，可以促进高校创业教育系统的有序发展。

（一）系统论的基本观点

一个系统是由若干互相关联和互相作用的元素构成的，它们在一定的环境下形成一个具有特定功能的有机整体。这些构成系统的元素，通常被称作"要素"、"单元"或"子系统"。由于系统可以按照不同的层次进行划分，因此这些元素的存在具有相对性。对系统进行分类时，可以从不同的视角出发：在自然界中，系统可以从低级到高级分为无机系统、生物机体系统和社会系统；根据系统的形成与人类活动的关联，可以分为自然系统和人工系统；依据系统与外部环境的互动，可以区分为封闭系统和开放系统。此外，根据系统状态与时间的关系，系统可以分为静态系统和动态系统；而根据系统的规模和复杂程度，则可以分为小型系统、大型系统、简单系统和复杂系统等。系统通常具备整体性、层次性、功能性、相关性、动态性和目的性等基本特征。

（1）整体性

E. 拉兹洛曾指出科学的现代视角已经转变，不再是孤立地观察单一事物在另一事物作用下的行为，而是关注多个不同事物在多样化影响下的整体行为。系统由多个元素构成，这些元素不是简单的堆砌，而是各自具有功能且相对独立，同时它们在系统中通过有机联系相互作用。例如，人体由多个器官系统组成，每个器官都有其特定功能，且它们之间通过物质、能量和信息的传递相互影响。同样，企业由不同车间、班组、科室等组成，每个部分都执行其职能，而且一个部分的表现会影响到其他部分，如销售部门的低效率可能导致库存积压，而经理的积极态度能激励员工更努力工作。

（2）层次性

大多数系统都展现出分层的结构，每一层都担负着独特的职能。以联想集团为例，该集团由联想电脑、神州数码、联想控股这三家独立法人企业构成。进一步来看，联想电脑公司内部包含多个部门，每个部门由若干名员工构成，这些部门可能负责生产零部件或提供如采购、会计、人事等方面的专业服务；而联想电脑公司本身则负责提供完整的商品或相关配套服务。

（3）功能性

系统的功能体现在其对环境的相互作用，即将环境的输入转化为系统输出的过程。例如，消化系统的功能是将摄入的食物转化为人体活动和生长所需的热量及各种营养成分。系统的独特性在于其功能的差异，如甲系统与乙、丙系统的区别在于它们各自的功能不同。社会组织的分类也是基于其功能性质的差异，如工厂、学校、医院、商店等；而医院则可以根据功能水平的高低被划分为甲级、乙级等不同等级。

（4）关联性

系统并不是独立存在的，它们不断地与外部环境进行着多种多样的互动。系统内部的元素通过物质、能量和信息的传递与交流，形成了不同的结构和联系，这使得每个系统都拥有了独特的特性和职能。一方面，系统的职能是由其内部结构和相互作用所决定的；另一方面，系统的运行和发展也受到外部环境的制约和影响。例如，植物的生长会受到土壤特性、气候条件、温度和湿度等环境因素的影响；同样，企业的经营成效也会受到政治、经济和文化等外部环境的制约。

（5）动态性

系统同时受到内部结构和外部环境的相互作用，因此其状态持续变化。根据系统论，封闭系统由于热力学第二定律的影响，熵会逐渐增加，活力逐渐减少。为了维持其生命活动，有机系统必须保持开放，与外界进行物质、能量和信息的交换。系统论指出，系统处于不断的动态变化之中，内部存在自组织活动，同时外部环境的变化也使得系统难以保持原有状态。系统不仅作为具有功能的实体而存在，也作为一种动态过程而存在。系统的内部联系是动态的，系统与环境的相互作用也是动态。例如，企业中的人员、资金、设备等运行状态经常变动，因此企业的效益也会经历波动。

（6）目的性

存在一些实体系统，即人们为了实现特定目标而创建或改造的系统，如生产、交通、军事预警、信息管理等，这些通常被称作"人造系统"。人造系统的目的性体现在其功能是人为设计的。人们通过选择系统元素和设计运动方式，使系统按照人的意愿实现特定目标。例如，在生产系统中，计划生产的产品数量、生产流程的安排、机械的操作以及员工的协作等，都体现了人们的生产规划，旨在满足人们的生产目标。

（二）系统论视角下的高校创业教育

高等教育机构在履行传统教学和研究职责的同时，也致力于开展创业教育。这不仅仅是通过创新课程设置和管理体系，向全社会培养具有创业精神和思维的人才，还包括通过技术支持和产业合作等手段，强化其服务社会的功能。作为社会大系统中的一个分支，高校创业教育系统展现出社会系统的普遍特征。运用系统论的知识和原则对高校创业教育进行深入探讨，可以揭示系统内部各个组成部分之间相互作用的机理，并为高校创业教育系统的建设和改进提供策略。

1. 高校创业教育系统是一个开放系统

作为社会系统的一部分，高校创业教育体系的调整通常是对外部环境新要求的响应，以及高等教育自身功能的自然选择。在系统与环境的互动中，环境不断为系统提供机遇，并通过多种途径施加压力。系统对环境的适应既意味着接受环境的压力和影响，也意味着系统可以主动出击，预先对环境产生影响。自 1945 年以来，教育领域面临了一场全球性的危机，其根本原因在于教育系统与周围环境之间的失衡，这种失衡主要体现在教育与社会发展需求的不匹配，以及教育成本的增加与各国投入教育资金的能力和意愿之间的不断扩大差距。在这样的背景下，旨在培养创业意识和提升创业能力的创业教育应时而生。例如，美国斯坦福大学和麻省理工学院为了应对政府减少对高等教育的投资，寻找新的发展方向，加强了政府、市场与教育的产学研合作，建立了大学、产业、政府之间新型关系的创业模式，这体现了高校创业系统对外开放的特性。如果高校切断了与社会和市场的联系，就会失去根基和动力，陷入发展困境。

2. 高校创业教育系统处于远离平衡态的非平衡态

创业教育课程处于一种不断变化的不平衡状态，课程数量已增至近 120 门，并根据在创业教育体系中的地位分为基础课程、普通课程和核心课程等。在教学方法上，常用的有商务计划撰写、案例分析，以及企业家讲座、研讨会、特邀嘉宾演讲、项目研究、可行性研究、小型企业投资（SBI）、实习和社区发展等。随着创业教育的进步，课程体系也在不断演变，始终处于一种远离平衡的动态之中。

3. 高校创业教育系统内部存在非线性相互作用

高校创业教育系统由众多复杂因素构成，包括教育系统的领导者、组织者、教育工作者、学者和学生等主体，以及以课程和专业为载体的教育客体。高等教育机构是一个独特的场所，它融合了知识的生产、筛选、传播和应用，是学术和知识传播的最高殿堂和生产基地。然而，知识和学术的生产与传播并非简单的线性过程，它能够有效促进个人身心全面发展，帮助个体掌握生存和发展的必要技能；同时，部分知识通过扩散进入社会，塑造新的思想和观念，悄悄地影响着社会文化，另一部分知识则直接以技术产品的形式进入市场。这些要素在创业教育系统中相互交织，不再是独立的个体，而是通过相互作用形成了一个全新的整体，产生了协同效应，构建了新的系统。不同时期、不同高校的创业教育系统在结构和功能上各有差异，随着时间的推移、地点的变换和条件的改变，这些要素之间的非线性相互作用及其效果也会发生变化。高校创业教育系统的各个要素以及系统与外部环境之间的相互作用并非对称的，而是呈现出主导与从属、催化与抑制、激励与响应、控制与反馈等多种关系。

4. 涨落会引起高校创业系统的有序发展

波动是系统结构和功能遭受的随机性干扰，这些干扰可能源自系统内部或外部环境，对系统的稳定性造成影响。波动是持续发生的，通常通过小的波动来检验系统结构和功能的稳定性。波动通过物质、能量和信息的形式，对系统的结构和功能施加随机影响，它是通过系统各要素、环境之间的互动而发挥作用的。

三、内外因理论与高校创业教育发展动力

我国高校的创业教育已经经历了超过十年的成长过程。在这段发展期间，有哪些因素影响了其成长？在这些众多因素中，哪些是推动其进步的关键因素，哪些是其成长不可或缺的条件？在探讨其发展的动力机制时，我们必须明确这些问题。那么，我们应该如何探寻、评估和了解影响我国高校创业教育发展的因素，以及这些因素的特点和它们之间的相互作用呢？我们可以采用内外因理论作为研究的基本方法论。

（一）内外因理论的基本观点

1. 内因是影响事物发展的重要因素

毛泽东同志在梳理人类对事物内部矛盾与外部矛盾认识的历史基础上，一方面确立了事物发展是内部必然的运动，另一方面将这种运动放在各种事物相互联系和影响的框架之中，形成了唯物辩证地探究事物发展及其规律的科学方法论。内外因理论与形而上学理论的主要区别在于，前者认可内因在事物发展中的重要性，而后者仅承认外因的作用。从后续的实践来看，内外因论更有助于引导人们从全面、动态、联系的角度分析问题，从而更有效地理解事物发展运动的基本规律。

2. 外因在促进事物发展中具有决定性作用

关于外因必须通过内因才能促进事物发展的观点，主要讨论的是内因与外因之间的

相互作用。这一观点虽然广为人知，但在理解上往往存在误区。例如，有些人认为，既然内因是基础，外因是条件，那么内因就是事物发展的决定性因素，而外因则不然。从事物发展的全局来看，内因确实是决定性的，因为没有内因，外因就无法发挥作用，就像没有受精的鸡蛋，在任何条件下都不可能孵化成小鸡。然而，在事物发展的不同阶段，内外因的作用性质可能会发生变化。例如，受精的鸡蛋要变成小鸡，必须有适宜的温度，否则变化不会发生，此时，温度成为决定性因素。因此，内因和外因都可以是决定性的影响因素，我们不能简单地将内因视为唯一决定性因素，而外因则被忽视，我们需要认识到外因在推动事物发展过程中的重要作用。

3. 外因对事物发展的作用是多元化的

外部因素作为事物发展的必要条件，对事物的影响是复杂多样的。外部因素既能够加速或延缓事物的发展过程。当外部环境与事物的内在发展需求相匹配时，外部因素可以有效地推动事物的发展；反之，当外部环境无法满足事物的内在发展需求，或者与这些需求相冲突时，外部因素可能会成为发展的障碍或抑制因素。外部因素还能够促进不同事物之间的有机结合，从而诞生新的事物。在社会经济发展中，这一点尤为显著，例如在信息技术迅猛发展的当下，计算机技术与教育领域的结合催生了网络教育的新模式；在全球经济一体化的背景下，不同国家公司之间的合作和合资促进了跨国公司的诞生。此外，外部因素在推动事物发展的过程中还起到了选择方向的作用。这意味着，即使是同一事物，在不同外部因素的影响下，其发展的方向和趋势也会有所不同。例如，一个人在人类社会环境中成长，将发展成为一个文明人；而被猩猩抚养长大，则可能成为一个非文明人，这正是外部因素选择方向的作用。基于这一特性，我们可以通过调整外部条件，有目的地促进某些潜在可能性转变为现实。

（二）运用内外因论分析

根据内外因理论，我们可以从高校内部和外部两个维度探索影响创业教育发展的因素，并深入探究这些因素之间的互动和联系。

1. 从高校系统内部寻找创业教育产生、发展的根本性影响因素

采用内外因理论作为研究框架，本项研究提出，高校系统内部的因素是推动创业教育发展的基础和关键。换句话说，如果高校系统内部缺乏创业教育发展的根基和潜力，那么创业教育的兴起和发展将无从谈起。因此，在分析高校创业教育的发展动力时，我

们必须从高校系统的内部影响因素出发，探讨创业教育形成的基础和潜力问题。

2. 从高校系统外部寻找促进、引领高校创业教育发展的重要因素

根据内外因理论，高校系统内部的因素虽然为创业教育的产生和发展提供了潜在的可能性，但创业教育是否能够有效推广和持续改进，或者只是短暂现象，则受到高校系统外部因素的影响。如果社会对接受创业教育课程或培训的高校毕业生有较高的认可和需求，那么高校创业教育将获得强大的社会推动力；相反，则可能阻碍其进一步发展。如果国家和社会为高校毕业生提供大量自主创业的支持，那么学生对创业教育课程的需求也会增加；反之，则可能影响创业教育的发展。因此，我们需要更多地从高校体系外部考虑创业教育发展的推动力和阻力问题。基于这种理解，本书将从政治、经济、文化等多个角度分析高校系统外部因素对创业教育发展的影响。我们需要从众多影响创业教育发展的外部因素中，辨别哪些是决定性因素，哪些是非决定性因素，并对它们各自的作用进行深入分析。

3. 以外因择向理论分析高校创业教育发展中重大变化诱因

外部因素的选择性影响提示我们，尽管高校系统内部因素是创业教育发展的根本和依托，但外部因素也可能对创业教育的发展产生阻碍或改变其发展的方向和速度。观察高校创业教育的发展轨迹，我们可以看到创业教育并非一个自然而然、逐步推进的过程。

四、学术资本理论与高校创业教育发展动力

（一）学术资本理论概述

大学作为高等教育机构是在 12 世纪末兴起的。从中世纪到 18 世纪末，大学主要职责是传授知识和进行高级学术研究，仅培养少量专业人才，与社会其他部分似乎隔离。然而，大学在后来经历了两次根本性的转变。第一次转变发生在 19 世纪初，由德国著名学者和教育改革者威廉·冯·洪堡创立的柏林洪堡大学，引发了一场学术革命。这次变革之后，研究开始成为大学的一项核心学术任务，科学研究与教学相结合，催生了研究型大学，洪堡大学也因此被誉为"现代大学之母"。第二次转变始于 20 世纪 80 年代的学术革命，大学除了教学和研究，还承担起促进经济发展的责任，社会服务和创业成为大学的新功能。在这种新的大学模式和学术资本主义的背景下，创业型大学应运而生。

学术资本主义为创业型大学的发展提供了新的思维方式，知识成为创业型大学的优势资本。同时，大学面临维护学术传统与适应新型组织结构的挑战，如学生身份的变化、教师角色的转变等问题。

在美国乔治亚大学教授黎丽希拉·斯劳特和拉里·莱斯利于1997年出版的《学术资本主义》一书中，他们提出了"学术资本主义"这一概念，即知识被视作"资本"，掌握知识的大学教师变成了"资本家"，大学中出现了教师市场的现象或类似市场行为。这本书阐释了学术劳动性质变化的原因、特点、层次以及它对高等教育体系造成的冲击。从经济和政策的角度来看，这种变化可以追溯到新自由主义思想的发展和新公共管理运动的推进。新自由主义思想，起源于20世纪80年代，强调市场的作用，推崇市场化、私有化和自由化，以提高资源分配的效率。新公共管理运动则主张将公共服务的生产和提供交给市场和社会力量，政府则专注于制定决策和政策等职能。因此，政府减少了对高等教育的财政投入，大学为了生存，开始通过提高学费、接受社会捐赠、争取企业研究项目和创立子公司等方式来弥补资金短缺。这一过程无形中推动了大学与外部资源的整合，以及大学与企业的战略合作。大学向企业提供知识、科研技术和人才，而企业则为大学提供资金支持。作为一个组织，大学需要调整其角色和职能，从周围社会环境中吸收资金、人力等资源，与周围环境相互依赖、相互作用，才能在新的环境中生存和发展。

（二）学术资本环境下的高校创业教育发展

1. 企业孵化器

学术资本主义的兴起促使高校教师和学生更加积极地参与市场活动，并加速了创业教育在高等教育课程中的整合。高校创业教育组织成为大学与市场之间的桥梁，它在外部联系学术企业家和私人投资者，在内部鼓励教师成为学术资本主义的实践者，并为学生提供知识和技能发展的平台。

高校企业孵化器体现了市场的这一作用。孵化器协助学校和企业在不同领域寻找资源支持，包括经济、社会和智力支持，为教师和学生的创业项目提供资金。企业不仅可以通过孵化器获得如办公场地、设备等物质资源的免费或补贴，还可以聘请大学教师、与教师合作建立公司或创建自己的公司，充分利用教学科研人员的学术资本。高校教师的专业知识在市场上的价值不仅限于专业领域的科研和学术应用。教师除了保持传统大学的学术自由和自治，教育和培养学生，致力于专业发展，还与政府、社会企业进行交流，参与更多市场活动，并从中获得经济收益。企业孵化器还可以聘请兼职创业指导者或积极的企业家作为兼职教学科研人员，为创业教育带来实践经验，并使其能够接触外部关系网络平台。

2. 创业基金会

在创业教育领域，创业基金会的角色是资助创业课程的发展以及后续的创业活动。这些基金会在维持传统学术机构的相对独立性的同时，扩大对外开放，强化与社会企业部门的联系，从而在知识创新和成果应用转化之间搭建桥梁。以美国考夫曼基金会为例，它是美国最大的独立企业资助基金会之一，致力于推动和资助美国各种类型和级别的创业教育。考夫曼基金会资助的活动包括商业计划竞赛、风险投资比赛，以及大学创业教育组织参与全球创业周等。这些活动不仅为高等院校提供了筹资渠道，给企业家提供了创业和商业展示的机会，而且创业基金会作为一个关键的社会资源，通过孵化器在大学和企业之间建立了直接联系，促进了高等教育机构与社会实体之间的协作，为大学创业教育的发展提供了显著支持。这样的支持在一定程度上推动了创业型大学的发展，促进了创业教育的进步，并对高校教育活动做出了重要贡献。

3. 新知识体系——创业教育的资本

通过知识的创新应用，提升知识创新的能力，并加速科研成果的转化，从而吸引外部资金来开发新能源和新产业。在学术资本主义的背景下，知识转化为一种可以交换的商品，以商业化的形式为社会的发展做出贡献。

创业教育是在知识和知识创新成为资本的社会环境中，通过扩展高校的知识和技术，延伸大学的服务功能，利用其学术资源优势来促进经济和社会的发展。在以知识为基础的经济中，知识是最重要的资本。在学术资本主义的框架下，知识本身具有交换价值。开发新知识和新技术，并将其应用于产业，可以创造更大的社会财富。然而，知识的资本收益只是手段，不是最终目标，学术创新和发展依然是创业型大学的核心。学术资本主义的内在组织结构为高等院校提供了一个平台，以促进大学内部机构的改革和追求学术上的创新。创业教育活动中发展的知识体系，将创业教育融入到大学的专业课程中，跨学科的知识网络对大学创业教育的发展至关重要。创业教育组织帮助不同学科领域的科研教师和学生建立了合作的伙伴关系。

4. 提高管理能力——创业教育的保障

学术资本主义的出现催生了高等院校创业教育的兴起和进步。随着创业教育的发展，高校的组织结构和学术中心也经历了变革。市场因素的介入使得以客户为中心、市场导向的管理模式成为教学和科研活动的一部分，这促使教师的个人目标与创业组织的宗旨相结合，通过利益和协调机制来构建和维护与创业教育相关的复杂关系网络。为了应对市场的挑战，高校需要具备科学高效的管理能力和企业化的管理模式，这是创业成功的关键。在学术资本主义的环境中，高校在开展创新活动和创业教育时，必须将人文管理原则与市场组织管理策略有机结合，以确保知识创新和产业创新的顺畅进行。

第二节 高校创业教育发展的外部作用力

自 2002 年起，中国的大学创业教育已经走过了超过二十年的发展历程。在这段时间里，高校们与市场需求紧密对接，不断完善创业教育体系，并培养出了众多成功的创业人才。回顾大学创业教育的发展轨迹，我们可以观察到，其兴起、成长和兴盛受到了文化、政治、经济等外部因素的深刻影响。实际上，从中国创业教育的发展历程中可以明显看出，创业教育的出现主要是政治和经济等外部力量推动的成果，而在大学创业教育的发展过程中，这些外部力量同样发挥了极其关键的作用。它们共同为创业教育的发展创造了有利的发展条件和环境，成为促进中国大学创业教育发展的重要推动力。

一、高校创业教育发展的政治环境

中国的大学创业教育在发展过程中得到了文化的舆论和思想支持，政治环境为其提供了发展的动力和条件，并创造了有利的政策环境。中国始终坚持马克思主义的指导地位，坚定不移地走中国特色社会主义道路。但是，当前国际局势复杂多变，展现出许多新的特点：世界多极化趋势存在不同层面、经济全球化过程中矛盾频发，科技日新月异，国家间综合实力竞争日益激烈。这些变化既为大学生创业教育带来了机遇，也带来了挑战。在这样复杂的国际背景下，我们需要进一步完善创新创业教育的发展模式，以提高大学生创业教育的实际效果。

（一）政治环境对大学生创业的影响

政治氛围对于现代大学生的创业活动具有极其重要的影响，它不仅提升了大学生在创业领域的政治素质，还激励着他们不断进步和完善，从而推动创业活动向全面和健康的方向发展。

1. 稳定的政治环境为大学生创业奠定坚实的基础

一个稳定的政治环境为大学生创业提供了坚实的基石，并激发了他们的创业和创新精神。大学生在创业过程中承担着推动社会进步的重要任务，因此，立足于当前稳定的政治环境，对于他们创业事业的成功至关重要。中国共产党领导的多党合作和政治协商制度为社会稳定和发展提供了保障，鼓励大学生在创业和发展过程中，根据中国的实际情况，积极参与到社会主义现代化建设中去。只有敢于探索和创新，才能更好地服务人民和社会，最终成为在实现个人价值的同时，推动社会发展的新型人才。

2. 稳定的政治环境为大学生创业发展指明了方向

一个稳定的政治背景为大学生创业提供了成长的土壤和发展的根基，同时也激发了他们积极向上的创新意识，并为他们指明了创业发展的路径。随着社会经济的进步和高等教育的持续创新，要求大学生在学习和理解中央理论时持有正确的态度和学风，将专业课程学习与政治理论学习相结合。在追求个人价值实现的同时，他们应积极向前，不断创新，推动个人价值与社会价值的有机结合，实现知识与行动的统一。

3. 稳定的政治环境促进大学生创业的发展成才

一个稳定的政治氛围鼓励大学生成长为全面发展的个体。随着社会进步，大学生在规划个人发展路径时趋向于追求更高层次的教育。这种政治稳定性激励他们选择继续深造，如攻读硕士或博士学位，以便成为社会所需的高素质专业人才。同时，稳定的政治环境也引导大学生在创业时树立正确的职业观念，许多大学生在毕业后选择自主创业，通过这种方式在社会中实现个人的价值。

（二）我国政府对大学生创业教育的影响

在全球局势多变的当下，国际形势的快速变化给我国带来了强烈的危机意识。为了维持在全球政治和经济领域的领先地位，我国政府更加重视高等教育的进步以及新科技的研究与运用。随着我国政治影响力的稳步提升和巩固，其在高等教育推进、新科技研究与应用方面的作用也日益凸显，同时，对市场进行宏观调控的能力也在不断增强。政府对科技创新的重视、对中小企业的支持以及对创业活动的鼓励，都在很大程度上推动了高校创业教育的进步。

1. 促进创业教育发展的政府因素

在20世纪末，美国学者埃茨科威兹提出了知名的"三螺旋"模型。该模型探讨了大学、政府和企业之间的互动关系，并将这种合作关系作为研究创业活动的基础。模型主张政府提供行政支持，企业提供产业支持，大学提供学术支持，三者协同作用，共同促进创业生态系统的建立。从"三螺旋"理论的视角来看，大学作为科技创新的核心动力，在培养人才时应将创业教育融入专业课程中，通过积极举办培训和提升教师素质，全面推广创业教育。企业则通过提供物资支持、专业咨询和技术指导来支持创业活动。政府则扮演着协调和管理的角色，积极调解政府、企业和大学之间的关系，为双方的协作搭建交流平台，并与其共同为创业生态系统的构建提供服务。政府还通过政策支持，促进创业活动的开展。

2. 促进创业教育发展的政府功能

创业教育的进步受到创业文化、服务环境、政策环境和融资环境等多种因素的影响。在创业者和实现其创业愿景的过程中，政府扮演着至关重要的角色，对高校大学生的创业教育产生了显著的影响。

（1）资金援助

大学生创业教育的资金来源包括高校、政府和社会。政府通过为高校创业教育提供各种补贴和奖励来支持大学生创业教育。高校在推进创业教育时所需的大量资金和资源，除了政府的资助外，还应吸引社会基金组织和企业界的资金支持，并寻求社会贤达提供资金、人才和技术支持，以建立自己的创业基金。

（2）政策引导

为了确保大学生创业教育的顺利发展，需要创新创业教育制度的坚定支持。这涉及政府为创业教育提供政策倾斜和法律保障，完善大学生创业教育的资助体系，包括建立信息咨询、技术支持、市场指导和资金支持等机制。政府可以出台相关政策，进一步明确指导思想和目标，将创业教育纳入高校评估指标体系，为深化创业教育改革创造有利条件。

3. 政府作用于创业教育的路径分析

创业教育作为高等教育体系的一部分，其推行是一个长期、复杂且艰巨的任务，单靠高校自身的努力是远远不够的。为了使创业教育取得实质性的成果，需要政府、社会各界以及全社会的资源和协作。只有这样，高校创业教育体系才能健康发展。

（1）政府的引导与支持

在高校创业教育体系中，中央和地方各级政府扮演着重要的角色，不仅在思想指导、政策导向和实施保障方面发挥作用，还提供创业政策引导和资金支持。高校应充分利用政府在创业教育机制建设中的领导作用，积极争取政府和社会各界的支持，与政府、行业社会紧密合作，建立教育与经济、科技紧密结合的新机制，争取企业和社会对大学生创业活动的支持，为大学生创业实践活动提供良好的商业环境和实体基础设施。

（2）创造创业的软环境

国家层面应大力倡导和弘扬创业精神，在社会中形成良好的创业氛围，如对城市创业文化的宣传，营造一个"尊重创业者、支持创业者、敬佩创业者"的社会氛围。这样的创业大环境有助于推动高校创业教育的实施，影响大学生创业的步伐。例如，政府和高校联合举办的全国"互联网+"大学生创新创业大赛，吸引了广大学生的积极参与。通过组建高水平的评审队伍和引进风险投资机构，可以发现许多优秀的创业人才和教育工作者。

（3）建立创业教育的评估体系

教育评估是对教育活动、过程和效果进行价值判断的过程。创业教育活动的评估是一个系统工程，需要政府、高校、指导教师、学生和社会机构的积极参与和互动。创业教育活动涉及多方参与，因此，一个科学的创业教育评估体系应以评估主体的多元化和评估角度的合理性为基础。

（4）培育和发展创业教育的第三方机构

发达国家在创业教育方面起步较早，已经形成了较为成熟的中介服务机构。这些市场化运营的机构为学生提供创业培训、项目评估和资金引进等服务，相当于专业的创业援助平台，对创业教育和大学生的创业起到了积极的促进作用。然而，由于我国创业教育起步较晚，相关中介服务机构不够完善。目前，国际市场上的专业中介机构已经进入中国的创业环境。我国可以尝试建立一些非营利的第三方创业援助机构，通过提供创业信息、技术咨询、市场指导等服务，为高校创业教育提供非政府支持，促进大学生创业教育的不断完善。

二、经济发展对大学生创新创业的影响

人才对于区域经济社会的进步和创新体系的构建起着根本性、关键性和决定性的作用，这是区域经济持续、和谐、健康发展以及社会全面进步的必要条件。在此背景下，具备创新和创业能力的人才在提升区域竞争力方面扮演着至关重要的角色。此外，区域经济结构的优化、产业升级、技术进步，以及地方政策的制定和区域经济发展的本土特色，这些因素都在很大程度上影响着大学生的创业活动。因此，经济发展与高等教育发展之间能够建立起一种积极的互动关系。

（一）经济发展对创新创业型人才培养的影响

1. 推动高等院校人才培养模式的改革

高等院校的人才培养模式直接影响着人才的质量，也决定了教育工作的起点和终点。地方高等院校为了更好地服务区域经济发展，需要构建以创新创业为导向的人才培养模式，这是满足区域经济、社会和企业发展需求的具体表现，也是实现与区域经济良性互动的有效途径。因此，学校应当从"以社会需求为导向、以能力培养为核心、以学生发展为本"的角度出发，转变人才培养模式，强化学科专业人才的培养，提升学生的实践能力，培养与区域经济发展相适应的人才，向区域经济发展输送大量的创新创业型人才，提供坚实的人才支持和保障。同时，在培养创新创业型人才的过程中，地方高等院校不仅满足了区域经济发展的需求，也为自身发展拓展了更广阔的空间。

2. 指导创新创业教育的进步

经济的创新发展依赖于具备全面知识的创新创业型人才，他们的创新创业行为可能带来显著的经济效益，并对区域产业结构的优化升级、社会的发展产生深远影响。高等院校肩负着为地方培养创新创业人才的重任。创新创业型人才的培养离不开创新创业教育。高等院校需要找到与地方经济融合的切入点，深入探讨创新创业型人才培养与区域经济发展之间的相互需求和促进关系，调整职业教育中的学科和专业设置，合理安排创新创业教育的知识结构，发挥创新创业型人才培养在推动区域产业结构升级中的战略作用。

（二）创新创业型人才对经济发展的促进作用

1. 促进就业增长

创业教育能够充分利用人力资源，促进社会经济的增长。在高等教育进入"大众化"阶段的同时，毕业生的就业压力也在增加。面对严峻的就业形势，大学毕业生选择自主创业不仅为自己开辟了新出路，也为社会减轻了就业压力。因此，对大学生开展创业教育已成为高等教育的紧迫任务。通过创业教育，引导大学生从被动就业转向自主创业，拓宽就业渠道，可以充分发挥大学生人力资源的优势。调查显示，约70%的在校大学生有强烈的创业愿望，但毕业后真正实现自主创业的不足1%。2017年，自主创业的应届大学毕业生占比4%，约为19.8万人。如果每个创业者能解决4个就业岗位（不包括创业者本人），那么总共可以解决79.2万人的就业问题，这是一个令人鼓舞的数字。

2. 推动人才培养模式改革

创业教育有助于推动高校人才培养模式的改革。建设创新型国家需要创业教育作为一种新的教育理念，它是理论知识、专业技能和创新精神、创业能力培养的有机结合，是知识、能力、素质全面整合的教育模式。创业教育面向全体学生，关注学生发展的各个方面，培养全面素质，使每个学生都能在不同岗位和层次上成才。因此，要培养高素质的创新型人才，必须更新教育观念，深化教育改革，发挥高校创业教育的积极性与创造性，加快创新型人才培养，构建创新型人才培养模式。实施大学生创业教育，拓展就业新视野，确立创业教育新理念，提高大学生的创业素质，将为我国区域经济社会的全面协调发展开辟新途径，为社会提供新的经济增长点和就业机会，促进社会的全面进步，构建社会主义和谐社会，为区域经济社会发展提供强大的人才支持和智力贡献，满足建设创新型国家的需要。

3. 促进区域产业转型升级

当前，中国区域新兴战略产业正在快速发展，创新创业教育在促进区域产业升级方面发挥着重要作用。它为产业升级提供技术支持，促进先进技术向生产力的转化。此外，创新创业教育为产业升级提供劳动力支持，通过向企业输送高技能应用型人才，为产业升级提供人力资源保障。高等院校的创新创业教育培养方案会根据市场需求的变化做出相应调整，这种对市场的敏感反应使其在区域产业结构优化中发挥了重要的协调作用。

4. 促进区域经济持续发展

创新创业教育对区域经济的推动力大小取决于高等院校与区域经济的相关程度，这体现在专业设置与地方产业结构的融合、科技辐射能力与区域经济特色的相关度、就业创业教育与区域经济个性特征的融合度等方面。高等院校与区域经济的相关程度影响了创新创业教育对区域发展的推动力。因此，基于区域经济发展的高等院校创新创业教育在区域经济建设中的作用重要，能够促进区域经济的持续发展。

三、高校创业教育发展的社会化

创业教育被联合国教科文组织誉为教育的"第三本护照"，与高等教育和职业教育并驾齐驱；党的十九大报告强调了政府在大学生创业就业方面的支持政策；《国家中长期教育改革和发展规划纲要（2010—2020 年）》明确要求高校积极推动创业教育的发展。

高校培养具有强烈创业意识、创新精神以及一定创业能力的大学生，对于社会发展而言，不仅是推动进步的"引擎"，也是高等教育改革发展的必然趋势。大学时期是个人社会化过程的关键阶段，是学生学习社会知识、吸收社会文化、提升社会化技能的重要时期。创业教育的社会化发展是大学生全面成长的重要途径。高校通过加快与社会的融合，帮助大学生为进入职场做好准备，为在事业和创业岗位上取得成功奠定坚实基础。

（一）创业教育与大学生社会化的关联性分析

1. 社会化教育对大学生创新创业的影响作用

（1）社会化教育影响创业项目的选择

大学生在创业项目选择上受到创业时机、环境等因素的影响，他们对机会的认知和把握能力不同，导致创业项目的进展程度不一。即使项目本身具有潜力，如果没有适宜的创业环境，也可能走向失败；同样，即使有创新性的创业想法，如果不能及时开拓并稳定市场份额，也可能错失良机。大学生通过学习社会知识，了解社会经济发展状况，这会影响他们的创业项目选择。

（2）社会化教育影响环境适应能力

社会不断进步，时代不断变迁，大学生创业需要根据时代特征做出适时调整，以适应不断变化的环境。社会化教育能够提升大学生对社会的认识，使他们能够捕捉机遇，与时俱进，相应调整项目的经营理念。

（3）社会化教育影响风险防范能力

社会认知能力是发现和把握机会的关键因素。如果对商业活动缺乏深入理解和规划，与其他社会环境及其成员之间缺少交流供需信息，就难以发现和理解顾客的需求。吸收社会文化、提升社会化技能是降低创业风险的有效途径。

2. 社会化教育对大学生创新创业能力的引领功能

（1）有助于观念更新、思想重视和政策支持

21世纪倡导的"大众创业、万众创新"理念，推动了高校创业教育的社会化进程。通过深化社会化教育改革，将创新创业教育融入人才培养体系，全面推广创新创业教育，确保其覆盖全体学生，已成为当前高等教育发展战略的核心。

（2）有助于与社会紧密融合

高校可以通过与社会紧密融合，深入推进大学生的社会化教育。充分利用社会资源，通过"校地联动"共建创新创业实践基地；整合力量，促进创新创业导师与企业导师的合作；以创新创业型社团为平台，推动创新创业活动与社会文化活动的结合，举办内容丰富、形式多样的课外活动；加强大学生创新创业社会基金的管理，促进创新创业成果的转化，助力大学生项目计划的实施。高校可以建立创新创业服务中心和大学生创新创业对口企业库，促进校企合作和产学对接。

（3）有助于强化师资队伍建设

创新创业教育的发展需要一支专业能力强、实践经验丰富且综合素质高的教师队伍。目前，创新创业师资力量相对薄弱，组建和培养一支既掌握广博的创新创业教育理论知识又具有一定创业经验的教师团队，对于支持大学生社会化教育至关重要。高校在引进教师的同时，也要关注人才培养，有计划地开展业务培训，提供创新创业领域的学术交流和进修机会；充分利用校友资源和社会资源，聘请具有创业经验的兼职教师，为学生开设具有实际指导意义的课程和讲座。通过引进与培养相结合的方式，构建一支理论与实践相结合、专兼职互补的多元化创新创业教育师资队伍。

（二）开展好大学生社会化教育，促进创业教育的发展

1. 优化课堂教学，重点提高学生的社会化和创业能力

将创业教育融入专业教育之中。根据系统理论，创业教育应建立在现有专业学科体

系之上，并与专业教育紧密结合，实现创业教育理念与专业人才培养的融合；发挥各学科与创业相结合的优势，推动专业学习、创业实践和就业发展的有机结合，从而有效提升学生的就业竞争力。

学生需要掌握创业实践中必需的理论知识，构建合理的知识体系，为自主创业奠定坚实基础。可以开设专门的创业教育课程，将创业教育纳入教学规划，分阶段提供创业相关课程。例如，面向全体学生开设"市场调研与预测"、"市场机会识别"、"管理学"、"市场营销"、"会计基础"、"创业心理学"等选修课程；针对本科生开设"大学生创业的基本理论、方法与实践"、"大学生创业设计"等课程；对于研究生，则提供"创新策略与方法"、"创造人才论"、"创造教育论"等课程。

2. 强化制度文化建设，确保创业教育全面实施

构建和优化创业教育的指导服务、激励机制和评估监督体系，有助于营造创业文化氛围，全面提升学生的创业和社会化能力。一方面，建立合理的评价标准，将教师参与创业教育的效果与职称评定、薪酬提升、表彰奖励等联系起来，以此激励教师积极参与创业教育。另一方面，完善支持学生创业的管理体系，设立专门的学生创业奖学金，为有创业热情和潜力的学生提供资金、场地、设备等支持，确保他们能够成功创业。定期举办创业讲座、创业论坛、创业心理辅导等活动，深化创业教育的理念和价值观念；鼓励学生组建创业型社团，参与各类社团实践，发挥自己的知识和专业优势，为社会提供技术服务，在实践中提升创业能力，培养创业品质；推广校园创业文化。积极宣传创业个人和团队的典型事迹，表彰那些敢于创业、积极实践的学生或团队。同时，加强硬件文化建设，为学生创业实践提供孵化服务。学校通过改善硬件设施，为学生开展创业实践提供场所、技术、设备等支持。例如，建立创业中心，提供模拟和实验性的生产经营活动机会；完善创业教育实践基地和创业项目孵化基地，为大学生实质性创业搭建平台。

3. 促进与社会的融合，学生在实践中增强创业和社会技能

高校应积极与社会的各个层面接触，充分利用网络资源，建立多元化的社会联系，形成政府支持、学校积极参与、社会互动的创业教育合作机制。建立专门的创业教育服务平台，加强信息交流，提供政策咨询，搭建学校与社会之间的桥梁，使学生能够掌握创业教育的最新动态，发掘创业机会，实现资源共享。与社会创业相关网站合作，与政府建立的创业型网站互联，共享创业教育资源，帮助学生获取创业信息，提升创业技能。设立专门的大学生创业服务机构，为学生提供包括工商注册、税务、信贷、审批等在内

的一站式服务，并提供信息咨询、资产评估、财务顾问等中介服务，致力于营造一个社会支持创业、鼓励创业的良好环境。

第三节　高校创业教育发展的内部作用力

一、高校创业教育与社会服务理念

（一）高校社会服务的内容和形式

随着高等教育的进步，大学逐渐扮演了人才培养、科学研究和社会服务三重角色。广义上的社会服务指的是大学作为一种社会组织，为社会做出的各种贡献，包括教学、科研和人才培养等方面，这有助于学生更好地认识世界并参与其改造。广义的高校社会服务可以理解为大学服务于经济建设，助力实现四个现代化。与广义服务相比，狭义的社会服务职能更强调大学对社会直接的服务贡献，在满足自身需求的同时，面向社会，运用知识和资源，解决社会问题，提升社会整体素质。高校社会服务的主要形式包括：

第一，教学服务。通过教学活动，大学向公众传播文化科学知识，培养各类专业人才。尽管早期大学与现代大学在类型上有所不同，但它们自成立之初就承担着培养人才的责任。随着社会对人才需求的不断变化，大学在人才培养的目标、规格和层次上也相应调整。

第二，科研服务。大学作为科学研究的重要基地，备受瞩目，并在科学研究领域发挥着关键作用。其主要功能包括开发基础科研成果、参与国家和地方的跨学科科研攻关、组织科技成果转化、开展科技推广活动和科技咨询、实施技术扶贫等。

第三，综合服务。大学培养社会急需的短期人才，服务于社会的各个领域。通过教师和学生的活动，传播新思想、新观念、新理论，利用学校的图书馆、体育馆等设施进行精神文明建设，以及大学生直接参与的实践性服务活动，如社区卫生服务、法律知识宣讲等。

（二）社会服务助力我国创新创业教育的进步

高校的基本职责是适应社会发展趋势、引领社会进步和优化学科布局。只有当高校站在学术前沿，解决社会当前面临的挑战，才能更有效地服务社会并推动其发展。大学科技园作为高校人才、技术、资本等创新要素的集散地，自20世纪80年代末以来，我国许多大学已开始建设科技园，并探索产学研结合、技术转移等路径。例如，浙江大学科技园，在浙江省和杭州市政府的大力支持下，依托浙江大学的科技和人才优势，同时吸引民间资本，建立了一流的企业孵化硬件平台和投融资服务平台，推动了一系列高校科技成果的转化、产业化开发以及大量高新技术企业的孵化。大学科技园的建设和发展不仅提升了大学的知名度，还更好地发挥了大学服务社会的功能。

（三）构建教学、科研、服务三位一体的现代化大学

随着21世纪知识经济的兴起，高校社会服务职能的内涵正逐渐向更深层次扩展。作为集教学、科研、服务为一体的综合性机构，高校在新形势下如何调整自身以应对挑战，直接影响到其生存与发展。鉴于我国经济起步晚，传统观念对人们的影响深远，高等教育服务职能的理论认识不足，导致一些高校未能将学术与实践紧密结合，社会服务职能未能充分发挥。因此，我们需积极探索将高校社会服务职能理论与实践相结合的新途径。

1. 提升认识，转变观念

高校社会服务不应仅仅是为了迎合社会发展的需求而忽视高校自身的发展规律。高校的社会服务不仅服务于经济社会的发展，还涉及政治、文化、科技等多个方面。高校是这些领域发展的基础，是人才培养和知识转化为生产力的摇篮。因此，在服务社会的同时，高校应保持自身发展的独立性。

2. 推动校企合作，加速成果转化

加快校企合作是为了建立基础研究与应用研究之间的桥梁，提高科技成果的转化率。高校要实现发展并获得社会认可，必须与社会建立广泛联系，科研选题应面向企业需求，涉及应用技术、企业技术改造、产品研发等。这样不仅能够加速科研成果的转化，还能推动社会生产力的发展和经济繁荣。

3. 改革专业与课程结构，强化与社会紧密结合

在专业和课程设置方面，我国教育一直在精英化与大众化教育之间寻找平衡。尽管近年来课程设置已进行相应调整和改革，但仍存在一些问题，如结构不合理、培养模式单一等。因此，我们应适当借鉴国外经验，根据社会发展要求和高校自身条件，改革学

科专业建设,增设社会需求大、短期成效显著的学科专业。

4. 深入基层,服务社区

高校是知识的传播者,学生也是最佳的 knowledge carriers。因此,我们应广泛鼓励师生在教学科研之余,主动走向基层群体,如农村妇女、外来务工人员等社会弱势群体,为他们提供医疗卫生、法律援助、社会安全、心理健康等方面的知识普及。这样不仅有助于社会文明建设,还能为学生提供实践相关的学习内容,促进学生的全面发展。

二、创业教育对教师团队的期待

创业教育是高等教育历史上的一个新兴领域,它关注的是未来。教师的角色不仅限于知识的传递,更重要的是激发学生的创业意识、培养创业精神和提升创业技能,同时增强学生的就业竞争力和发展潜力。这种教育方式与传统教育显著不同,它代表了一种新的素质教育理念。

1. 坚持前沿的教育理念

创业教育的目标不应仅限于教授学生创业技能,其更深层次的目的是培养学生实现职业生涯和人生的成功,以及为社会和世界的发展做出贡献。创业教育的理念应贯穿于终身教育的全过程。从事创业教育的教师应积极秉承和弘扬这一理念。

2. 培育积极的创业文化

校园文化是学生成长的重要环境,创业意识、个性和能力的培养依赖于这一环境。教师不仅是校园文化的培育者,还应是创业文化的引领者,将创业教育的思想融入到教学和育人的各个方面,以营造浓厚的创业氛围。

3. 教授实用的创业知识

创业是一项实践性极强的活动,掌握系统的创业知识对于创业者来说至关重要。教师在进行传统课堂教学,如案例研讨、专题培训等的同时,还应采用参与式教学方法,进行大量的能力培养和训练,以专题培训的形式,培养学生的创业知识和技能。

4. 引导有效的实践活动

学生在校内学习中获得创业知识,但理论知识的掌握并不能替代实践经验。经验只有通过亲身体验才能获得。因此,教师引导学生参与创业实践是一项至关重要的教学内容。

三、高校创业教育与管理制度

(一)大学创业教育的管理策略

1. 创业教育管理的核心定位

以培养创业人才为宗旨的教育管理理念,既要有全面的视野,又要有长远的效果。它以教育理念的创新和教育发展的创新为最高价值追求,体现了创业教育以创业能力和创新精神培养为核心的内在规律,为教育管理活动提供了价值规范。

2. 创业教育管理的宗旨

创业教育管理的目标是通过构建多层次的创业教育体系、完善自主创业的体制机制、整合落实自主创业的扶持政策,提升学生的创业能力和专业素养。管理者需利用人力、财力、物力等资源,挖掘学生的创业潜能,提高创业素质,培养具有创新意识、创造能力和高层次创业能力的现代化建设人才,高效实现人才培养目标。简而言之,就是通过课堂教育、实践教育等手段,培养具有创业能力或创新素质的人才,发挥其主动性和创造性。

3. 创业教育的具体管理内容

创业教育的管理内容涵盖教育教学管理、指导服务管理、实践运用管理。教育教学管理主要涉及培养创业意识、创新精神和创业技能;指导服务管理旨在将创业意识和思维转化为实际操作项目,并提供相关法律法规支持;实践运行管理则是指为创业项目提供实践平台和支持。

4. 创业教育的管理主体

创业教育管理涉及教育行政部门和高校行政部门的合作,涉及政府、高校、社会、家庭和个体之间的复杂关系。一方面,相关行政部门积极参与、适时干预、加强控制,做好指挥协调和统筹服务,积极推动创业教育人才培养。另一方面,高校作为创业教育的主导部门,负责具体组织、计划、协调和实施等工作。

5. 创业教育的实践管理模式

创业教育应融入通识教育,提升学生的综合实力和基本素质。注重第一课堂和第二课堂的互动,通过建立专门机构、创业园区,进行商业化运作,提供资金和咨询服务,提升实践教学质量；利用高校所在地区的特色资源，提供具有地域特色的创业环境，培养学生的创业精神；整合各方资源和优势的创业教育管理模式，以创新为中介和基础，提供全面资金支持和教育辅导。

（二）以创业意识为导向，加强高校创业教育管理

1. 以创业意识为核心，拓展学生管理工作的内涵

（1）塑造正确的人生观和价值观

正确的人生观和价值观是大学生创业素质和能力的基础。面对创业道路上的挑战和风险，学校应帮助学生树立敢于承担风险的意识，提升他们科学管理风险的能力，并有意引导学生培养创新精神，使他们能在不断变化的环境中坚持不懈地寻求突破和解决方案。同时，教育学生在设定人生目标时学会平衡和取舍。社会鼓励个人抓住机遇，发挥潜能，实现个人价值，而社会价值和个人价值同等重要。大学生在追求个人价值的同时，也应兼顾社会价值。

（2）建立健全的人格和心理素质

创业的艰辛和曲折要求创业者具备坚强的心理素质。在创业意识导向的学生管理工作中，学校需要培养学生独立、坚韧、勤奋、坚定的创业精神，使他们能在创业道路上克服不良心理障碍，做好面对可能困难的心理准备，不断完善自己的人格。

（3）锻炼领导力和协作力

合作与竞争对于创业成功至关重要。创业者的领导能力和团队意识是成功创业的关键。学校的学生管理工作应加强团队合作精神、领导能力和战略思维的培养，帮助学生建立正确的人际关系评价标准，并在创业情景模拟中锻炼领导能力。

2. 以创业意识为导向，整合教学科研管理工作

（1）教学科研管理的协同合作

高校创业教育应将学生创新思维和创业意识的培养融入人才培养的各个环节。教学、科研、管理等部门应共同努力，搭建合作平台。教务处、科研处和学生处等部门可以联合制定学生科技项目申报、专利成果转化、创业活动学分互认等政策，提供制度保障和激励措施，鼓励学生开展创新创业项目。

（2）运用"互联网+"思维

随着信息技术的发展，电子商务创业日益兴起，学生获取信息、参与创新创业活动

不再受时空限制。学校应顺势而为，为学生创建线上线下结合的创新创业平台，促进"互联网+"技术与专业技能的融合，将信息技术与创业项目结合，如通过网络虚拟公司运营、企业经营沙盘软件实操、淘宝等网络创业平台指导学生电子商务创业，为学生创业发展开辟新领域。

3. 以创业意识为导向，提高学生创业实践能力

学生发现问题和解决问题的能力是创业意识中最具活力的部分。学校应组织学生参加各类创新创业竞赛，如模拟公司设计大赛、"互联网+"创业大赛、"挑战杯"课外学术科技作品比赛等。这些活动不仅能拓宽学生视野，还能训练他们在日常生活中观察、思考社会问题，并运用所学知识分析问题、找到解决方案，从而提高创新思维和实际动手能力。根据社会发展需求，学校还应积极拓展与相关企业、单位和机构的合作交流，将社会产品和服务引入校园，让学生通过与企业接触了解企业运营模式，并锻炼营销、策划、沟通等创业实践技能。

第三章 新时代高校课程思政教育理念

第一节 课程思政的内涵界定与当代价值

"课程思政"这一概念源于 2014 年，当时上海市委、市政府发布了《上海市教育综合改革方案（2014—2020 年）》，旨在全国范围内率先开展教育综合改革试点工作。在这一方案中，"课程思政"的教育理念和设计首次被提出。随后，2017 年，中共教育部党组发布了《高校思想政治工作质量提升工程实施纲要》，从专业化的角度对"课程思政"的理念进行了深入解读，并在文件落实过程中逐步推广。

这一理念的提出和推广，是对我国高等教育阶段思想政治教育的一次重要改革和创新。它将思想政治教育与专业课程相结合，旨在通过课程教学这一主渠道，实现思想政治教育与知识传授、能力培养的有机结合，从而提高高校思想政治教育的质量和水平。通过"课程思政"，我们可以更好地将社会主义核心价值观融入到高校教学的各个环节，培养德智体美全面发展的社会主义建设者和接班人。

一、新时代高校"课程思政"的内涵解读

由于"课程思政"是教育学界提出的新型教育理念，业内学者以及各大高校都在探索中进行，因此，几乎没有关于研究"课程思政"的专著。本章对"课程思政"相关概念的解读主要基于对马克思主义经典著作的研读，并以马克思主义理论为指导，领悟党中央关于高校教育的重要指示，围绕"课程思政"的概念界定、鲜明特性以及价值意蕴展开，以此为文章研究命题的开展寻求坚实的理论支撑。

（一）"课程思政"的概念界定

"课程思政"这一概念，从字面上理解，是对"课程"和"思政"两个词汇的有机

结合。为了准确把握"课程思政"的内涵，有必要对"课程"、"思政"以及"思政课程"的概念进行明确界定，以避免因概念相似而引起的混淆。关于"课程"的理解，教育学界有多种不同的解释。例如，夸美纽斯视教材为课程，泰勒认为课程即经验，杜威则认为课程即活动。在中国古代，宋代理学家朱熹在《朱子全书·论学》中对"课程"进行了描述，如"宽着期限，紧着课程"或"小立课程，大作功夫"，这里的"课程"通常指的是学习任务或学习过程。在现代中国，对"课程"的理解可以分为狭义和广义。狭义上，"课程"指的是课堂教学内容，如《辞海》中将其定义为"教学科目"，《现代汉语词典》（第七版）则解释为"学校教学的科目和进程"。广义上，"课程"可以比喻为一个生态系统，指学校为实现培养目标而规划的教育内容和过程的总和，包括各学科及相关的教育实践活动。在西方，"课程"一词源自拉丁语"CURRERE"，原意为"跑道、奔走"，引申为"学习的过程"，这是西方对"课程"的早期解读。而"思政"是对思想政治教育的简称，它指的是社会或社会群体通过传播特定的政治观点、思想观念、道德规范，对社会成员进行有目的、有计划、有组织的影响，引导他们自觉地接受这种影响，形成适应特定社会阶层所需的思想道德的社会实践活动。

　　思想政治教育是一个多维度的概念，它涵盖了思想、政治、道德和心理等多个方面。源于马克思主义理论体系的思想政治教育，以其坚实的理论基础，成为了我们研究和推广的重要课题。与历史上带有剥削性质的思想政治教育相比，马克思主义的思想政治教育在本质上有着根本的区别。其核心任务在于，为党和中华民族的伟大奋斗目标服务，普及宣传社会主义和共产主义的思想体系，引导人们保持正确的政治立场，共同应对各种思想问题，全面提升人们在思想、道德和心理方面的素质，并将人格的完善和积极性的调动作为其根本目标。政治思想教育作为核心，旨在对人们在思想、道德和心理层面进行全面的综合教育实践。

　　政治思想教育是思想政治教育工作的关键环节，它以思想教育为核心，同时将道德教育视为其重要组成部分。所谓的"思政课程"，即指思想政治理论课程，这是为了更有针对性地实施思想政治教育而设立的一门专门课程。2004年8月，中共中央和国务院发布了《关于进一步加强和改进大学生思想政治教育的意见》（中发〔2004〕16号，简称"16号文件"），该文件指出，在改革开放的新时期，为了适应新形势的发展需求，完成新的任务，重点是提高大学生的思想政治素质，并引导他们全面发展。基于该文件的精神，高校思想政治教育的主渠道——思政课程的教学改革获得了一份纲领性的指导文件。依据该文件，2005 年 2 月，中共中央宣传部和教育部联合发布了《关于进一步加强和改进高等学校思想政治理论课的意见》（教社政〔2005〕5 号，简称"5 号文件"）。随后，3 月份又推出了《〈中共中央宣传部、教育部关于进一步加强和改进高等学校思想政治理论课的建议〉实施方案》（教社政〔2005〕9 号，简称"05 方案"）。这三个文件的发布标志着高校思政课程教育教学改革进入了加速发展的新阶段。

根据"05 方案"的规定，本科院校需设立四门必修的思想政治理论课程，包括《马克思主义基本原理》、《毛泽东思想和中国特色社会主义理论体系概论》、《中国近现代史纲要》以及《思想道德修养与法律基础》。此外，还提供了《形势与政策》和《当代世界经济与政治》作为选修课程。这些思想政治理论课程肩负着对大学生进行系统马克思主义理论教育的重任，构成了对大学生实施思想政治教育的主要途径。在教育大学生坚定对马克思主义的信仰、对社会主义的坚定信念，以及始终如一地对党和政府保持信任等方面，这些课程发挥了至关重要的作用。

"课程思政"是一种创新式的教育理念。高校思想政治工作要始终保持因时而进、因事而化、因势而新。2016 年 12 月，在全国高校思想政治工作会议上习近平总书记强调："要坚持把立德树人作为中心环节，把思想政治工作贯穿教育教学全过程，实现全程育人、全方位育人，努力开创我国高等教育事业发展新局面。""要用好课堂教学这个主渠道，思想政治理论课要坚持在改进中加强，提升思想政治教育亲和力和针对性，满足学生成长发展需求和期待，其他各门课都要守好一段渠、种好责任田，使各类课程与思想政治理论课同向同行，形成协同效应。"总结并领悟思想政治理论课对于学生成长过程的重要性，面对习近平总书记和党中央对课程教育给出的重要指示，全国各高校开始展开对思想政治教育工作的教学改革。众多学者对"课程思政"进行了深入的研究和讨论，其中最具代表性的观点，也是得到广泛认可的是高德毅和宗爱东对"课程思政"内涵的阐释。他们认为："课程思政"本质上是一种课程理念，并不是指增设新的课程或活动，而是要将思想政治教育融入到高校课程教学和改革的各个方面、各个阶段，以实现立德树人的目标，达到潜移默化的教育效果。

"思政课程"在大学生教育中主要通过教师的课堂教学来实现，它是培养青年坚定理想信念和成为社会主义接班人的关键领域，同时在培养肩负中华民族伟大复兴责任的人才中发挥着不可替代的重要作用。然而，现实中"思政课程"面临着不利的局面，往往孤立无援，无法与其他学科协同合作，整合课程资源，这严重影响了"思政课程"育人效果的有效性。随着"课程思政"理念的提出和推广，它在一定程度上解决了思想政治教育有效性的问题，使得"课程思政"能够全方位地赋予其他课程"思政"的内涵，这是对"思政课程"科学有效的拓展，强调要深入挖掘其他课程中的思政元素，注重思政课程外围的拓展。因此，根据以上论述，我们可以概括"课程思政"的要点：在坚持思想政治理论课为核心的基础上，结合各高校的办学特色，通过改革创新教育内容和模式，拓展思想政治教育渠道，将思想政治教育渗透到其他课程中，挖掘专业课程中的思政教育资源，构建显性教育与隐性教育的完美结合，调动所有教育主体发挥集体协同作用，实现理论、实践、教师、教材、教学内容与教学目标的高度融合，将价值引领融入到知识传授和能力培养中，最终实现全员、全过程、全方位育人，完成对学生在价值引领、知识传授、人格养成、能力建设方面的"四位一体"人才培养目标。作为一种科学性和时代性并存的先进教育理念和方法，"课程思政"应被深刻理解，不能违背其遵循的教育规律，要结合专业特点，用专业方式潜移默化地引导价值观，坚持立德树人的宗旨，以实现教育的最高目标。

（二）"课程思政"的鲜明特性

1. 全面性

"课程思政"并非是新增的一门与其他课程独立的思想政治教育课程，而是一种课程理念，它允许人们从所有学科课程中汲取思想政治教育的基本观念，而不仅仅局限于思想政治理论课程。"课程思政"的实施需要全体师生、全过程、全方位的共同努力，以实现高校育人的根本目标。全体教师应积极投身于"课程思政"的建设，充分发挥课堂教学的主渠道作用，思政课教师与专业课教师协同合作，形成育人的整体效应。高校管理层也需参与其中，发挥各自部门的作用，确保"课程思政"建设稳步推进。全过程育人意味着在各门课程的教学始终融入"课程思政"的理念，通过隐性的渗透式教育，使每门课程都能发挥其育人功能。长期以来，育人效果不明显的问题部分源于对德育的忽视，因此，加强"课程思政"的效果需要在建设过程中不断完善，真正将思想政治教育融入到每门课程中，实现课程间的有机融合。全方位育人则需要充分利用各种教育资源和载体，包括诚信教育、校园文化建设、教风学风建设、实践教育活动等，这些都是思想政治教育的重要组成部分，尽管它们与课堂教育的形式不同，但都是"课程思政"育人不可或缺的环节。

2. 渗透性

"课程思政"的实施要求跨学科的协作，思想政治教育不应仅限于专门的思想政治理论课程。在专业课程的教学中，应适时融入与专业知识相关的思想政治教育要素，引导学生深入理解和应用专业知识，并领悟其中所蕴含的育人理念。渗透性的实践一方面要提升全体教职员工的思想认识，高校教师要认识到每门课程都具有育人功能，所有教师都承担着育人责任，校级党委工作人员要对"课程思政"的进展和成效负起主要责任；另一方面要探索思想政治教育元素，高校的各类专业课程除了具有专业性外，还蕴含着丰富的思想政治教育资源。学生在学习过程中应透过现象看到每门课程的实质，通过专业知识感受其中的思政元素，这不仅能够加深学生对知识的理解，还能让他们感受到德育的力量和价值，实现内化于心、外化于行，对学业和处事方式都有指导性的影响。"专业学科学习与思想道德学习之间存在内在的统一性，体现在知识层面的深度交叉和教学过程的全面融合。全面的道德教育必须通过各科教学来实现，或者可以理解为专业学科课程是道德教育的一种更广泛、更普遍的表现形式，它以更随机、更内隐的方式实施道德教育。"由此可见，"课程思政"以一种无声的方式在各类专业课程教学中传递思想政治教育资源，它是对理想和价值的传递和培养，其渗透性使得教育的范围更广泛，使思想政治教育更具包容性。

3. 潜隐性

"课程思政"的隐蔽性与传统的思想政治教育理论课程直接传授知识的方式有显著差异，它是一种无形的教育的实践，通过潜在和隐蔽的方式将德育和思政内容传递给学生，通常采用的教育教学方法是含蓄的。专业课程、通识课程和实践课程主要传授专业技能、通识修养和应用实践知识，这些传递的内容都是显而易见的，但每门课程都包含着无形、潜在、隐蔽的思想政治教育资源。这部分教育资源需要教师主动挖掘，并在传授学科知识的过程中悄无声息地融入其中，为学生提供讲解。潜隐性的"课程思政"教育要求教师以细致入微、无声无息的方式进行授课，需要教师精心策划并有意实施，以实现德育与课程的有机结合，达到无形中寓教于课的目的。"课程思政"要在知识传授和价值引领方面实现教育目标，既要加强思想政治理论课的显性教学，又要通过隐性教育的方式将理想信念教育植根于其他课程中，拓展社会主义核心价值观的塑造和意识形态教育的领域，引发学生的情感共鸣，从而使思想政治教育内容内化于心，强化理想信念，外化于行，积极参与社会主义事业的伟大建设。

4. 协同性

在"课程思政"的建设中，协同育人的要求可以从人员和环境两个层面来实施。人员层面的协同是指实现全员育人，这不仅包括高校的教师和教工，还需要家庭成员、社会公众以及广大学生的共同参与。在这一过程中，高校扮演着至关重要的角色，它是学生走向社会的关键环节，直接影响到学生未来的思想发展和行为规范。过去有观点错误地认为思想政治理论课独自承担思想政治教育任务，而专业课主要负责专业知识教育和技能教育，这种观点导致了思想政治理论课与其他学科在教学内容上的断裂，未能实现寓德于课、立德树人的目标。思想政治理论课不能成为唯一承担思想政治教育的课程，也不能忽视其他课程中潜藏的教育因素，这种观念影响了马克思主义在思想政治教育中的作用效果。"思政课程"与"课程思政"的协同教育充分发挥了育人功能，并始终坚持社会主义办学方向。思政课教师与专业课教师在教育方向上保持一致，在教育理念上共同育人，集中力量增强育人合力，共同走向正确的政治方向，共同进行思想政治教育。同时，社会公众、学生本身以及家庭成员都应明确自己的角色，各尽其责，完成育人使命。环境层面的协同要求营造"大思政"环境，在学校中要将思想政治教育工作贯穿于课堂和校园生活的始终，不仅在打造精品课堂上下功夫，也要在校园生活中积极宣传和挖掘思想政治教育元素。"大思政"教育观要在教育的多个环节把握时代脉搏，结合时事，有针对性地进行思想政治教育。从多个维度探讨"课程思政"的协同性，将思想政治教育以"基因式"融入协同育人的过程，使"课程思政"生根发芽。

5. 引领性

在新时代的背景下，高校在培育人才的过程中，亟需冲破仅以课堂讲授为主导的知识传播模式，创新育人方式刻不容缓。全国高校思想政治工作会议召开后，各地高校纷纷响应，积极投身于"课程思政"的建设工作中，力图对思想政治教育进行深入改革，强调价值观的引领作用，坚守理想信念成为思想政治教育发挥其关键功能的重要方面。"课程思政"的引领作用表现在，不仅思想政治理论课程占据核心地位，而且专业课程在价值观引领方面也起到了不可或缺的辅助作用。专业课程教师同样肩负着言传身教的责任，应致力于将专业研究精神与社会主义核心价值观相融合，内化于心，以此对学生价值观的建立起到示范作用。在"课程思政"的教学内容方面，要将价值观的引导融入到知识传授和能力培养中，不仅以课堂为传播载体，更要注重价值观的塑造，明确正确的价值观念和高尚的精神追求。教育的责任不仅是传授专业知识，更重要的是对学生道德品质和理想信念的引导。习近平总书记曾形象地描述青少年学生正走在人生的"拔节孕穗期"，最需要学校和家庭精心引导和协同培育，青少年是国家的未来而青少年的价值取向在一定程度上对未来整个社会的价值取向起决定作用。高校"课程思政"的核心特性是价值引领，青年时期的价值观教育对于青年本身以及国家和社会都具有重要意义。

三、"课程思政"的价值意蕴

（一）"课程思政"是落实立德树人根本任务的重要抓手

高等教育的基本宗旨在于培养德才兼备的人才，高校应当立足于我国的基本国情，办出具有中国特色的教育，全面培养各类人才，助力国家复兴梦想的实现，推动我国从人口大国向人才强国转变。目前，高校教育正面临国内外复杂多变的环境挑战，教育对象不断更新，不同思想观念和文化碰撞带来了新的挑战，这对于高校既是发展的机遇，也可能带来一定程度的冲击。学生的思想受到教育的影响，具有很强的可变性和可塑性，他们在校内接受主流思想和社会主义核心价值观的教育，在校外也可能受到极端言论和误导性价值观的影响。因此，学校和教师不仅要负责传授知识和培养能力，还要积极引导学生思想，帮助他们树立正确的价值观。通过"课程思政"的建设，所有学科都应承担起价值观教育和精神塑造的责任，引导学生建立个人高尚的品德，规划树立社会和国家的大德。一个人只有明白大德、守公德、严私德，才能发挥其才能。德行是方向，以德行为准绳。立德树人是教育的根本，是大学的立身之本，这是一项长期而复杂的系统工程，也是人才培养的重要任务。思政课和专业课都是教育的具体形式，共同承担着培养人才的重任。思政课是实施立德树人的关键课程，专业课包含立德树人的知识要素，对于实现立德树人的根本任务具有重要作用。因此，需要各方面共同努力，才能实现质的飞跃，形成立德树人的合力。

（二）"课程思政"是塑造学生道德思想深度的必要过程

"课程思政"在培养学生形成独立人格、优良道德品质和公共精神方面发挥着至关重要的作用。大学时期是学生踏入社会前的关键阶段，是塑造正直品格的黄金时期。这一阶段的指导和学习将深刻影响学生未来在社会中独立生存和发展的能力。因此，在大学生积累专业知识技能的同时，对于人格、品行和公共精神的培养同样至关重要。高校人才培养的质量和数量直接关系到党和国家伟大事业的发展前景。人才是民族振兴、赢得国际竞争主动权的战略资源。建立高水平的人才培养体系，必须紧紧抓住培养什么样的人、怎样培养人这些核心问题，构建德智体美劳全面发展的培养体系，确立立德树人的根本任务目标。推动"课程思政"的建设，就是要深入挖掘各学科中蕴含的思政元素和价值基因，开设具有明确政治立场和多维知识宽度的教育教学，培养学生的理性思维和道德修养，全面提高学生对事物的思想深度，从而实现高校教育育人、育德、育才的目标。独立人格的塑造和思想深度的培养需要知识的积累和有效的引导。"课程思政"巧妙地将价值观念教育融入到各课程的知识体系和核心素养中，深入挖掘课程的育德功能，在专业知识之外形成独特的思维方式、价值观和方法论，使学生能够运用专业知识分析解决复杂的专业问题，用思想的深度平衡知识与价值的协调，用深厚的思想修养坚定国家立场。

（三）"课程思政"是完善全新课程育人体系的关键环节

历来，学生的思想政治教育主要依托于思想政治理论课程，这种形式属于直接且明显的教育方式。而"课程思政"则是一种将思想政治教育渗透到每一堂课、每一门课程的教学中，它是一种隐蔽且深入的教育形式。不同于直接从课堂教学中提取思政元素，"课程思政"要求根据学科和专业课程的特点，创新设计教学方案，将专业知识中的价值理念与思政理论有机结合，从而强化育人观念的明显效果，助力育人体系的完善。德国教育家赫尔巴特强调，没有道德教育的教学是没有目的的手段，没有教学参与的道德教育是失去了手段的目的。美国教育家杜威也提出，德育教育应摒弃简单粗暴的直接方法，而应研究如何将德育渗透到各学科和整个学习生活中。这种观点在"课程思政"中得到了体现，并结合中国特色社会主义高校人才培养的需求，提出了既要传授知识也要引领价值的教育理念，以此突破传统教育模式，创造新的育人模式。各学科利用自身领域的知识和实践经验，将价值引领的思想深深植根于教育过程中，将知识、理论和方法合理融合，从而更深入、更彻底地打破传统教育理念的局限，摆脱单向灌输的教育方式，增加知识的学理性和方法的多样性，形成更系统、更科学的育人体系，提升教育的价值，增强其吸引力和感染力，为学生成长教育提供必要的准备。

（四）"课程思政"是遵循社会主义办学方向的客观要求

习近平总书记指出："党委要保证高校正确办学方向，掌握高校思想政治工作主导权，保证高校始终成为培养社会主义事业建设者和接班人的坚强阵地。"我国高等教育机构在党的领导下，明确具有中国特色社会主义的性质，致力于为社会主义建设培养和输送各类人才。在探讨如何建设大学以及建设何种大学的问题时，必须将社会主义性质置于坚定不移的核心位置，将社会主义办学方向作为教育唯一的目标。我国高等教育系统的建设方向必须与中国特色社会主义建设的未来方向保持一致，以满足人民群众的需求，服务于人民。我们要确保中国共产党对高校教育布局的统一领导，坚守意识形态领域马克思主义的指导地位，积极参与建设发展，不断巩固中国特色社会主义，培养合格的社会主义建设者和可靠的接班人。高校应明确育人目标，意识到仅强调专业知识技能的工具理性可能会导致消极后果，因此，高校应全力开展学生的思想政治教育工作，培育良好的社会主义道德品质，这才是育人的根本目的。"课程思政"是确保社会主义办学方向的客观需要，高尚的道德品质素养与丰富的科学文化知识在学生塑造价值观念的阶段同等重要，任何倾向或缺失都可能对社会发展和现代化建设产生不可预测的影响。因此，将教书育人有效地落到实处，实现高等教育的完美转变，是一条漫长而责任重大的道路。

第二节　科学把握与课程思政相关的概念

一、思想政治教育

（一）思想政治教育概念的发展

思想政治教育这一概念是随着人类社会的发展而产生，它与阶级和国家的出现密切相关。在早期社会，思想政治教育的内容，如道德教育和政治教育，通常是融入日常教育之中的，并没有独立出来成为专门的教育活动。然而，随着人类进入资本主义社会，思想政治教育开始被视为国民教育的一部分，如今我们称之为公民教育。这就是说，思想政治教育作为人类社会实践活动的重要组成部分，随着人类步入阶级社会就已经存在，但在马克思主义诞生之前，并没有"思想政治教育"这一明确的概念。实际上，"思想政治教育"这一术语是随着马克思主义的诞生，尤其是随着中国共产党的思想政治工作的不断发展和完善而逐渐形成的。这个概念的形成也经历了一个发展和演变的过程。

在十一届三中全会之后，随着党和国家工作重心的调整，经济建设的核心地位得以确立，思想政治工作领域也经历了显著的变化。在术语的使用上，"思想政治工作"或"思想政治教育"逐渐取代了"政治思想工作"，成为新时期较为统一的规范表述。随着改革开放的深入，人们开始明确区分"政治工作"、"思想工作"、"思想政治工作"、"思想政治教育"等概念，摒弃了之前相互混用的做法，并开始从理论角度探讨思想政治教育的内涵及其与其他概念的联系。1983年7月，中共中央转发的《国营企业职工思想政治工作纲要（试行）》首次从理论层面明确了"政治工作"、"思想政治工作"和"思想政治教育"三个概念的差异。《纲要》中指出："职工思想政治工作，主要涉及职工的思想政治教育。它是党的政治工作的一部分，但不等同于政治工作的全部。"政治工作是一个广泛的概念，涵盖了人类社会实践中与阶级斗争、政权建设、党的建设等政治领域相关的所有活动。思想政治工作是政治工作的一部分，主要指涉政治领域中的意识形态活动。而思想政治教育则是思想政治工作的核心或基础内容，侧重于从思想理论层面进行影响，强调的是"教育"的职能。

（二）思想政治教育概念表述辨析

1984年标志着我国高等教育中正式设立了思想政治教育专业，这一事件为从学理角度探讨"思想政治教育"概念奠定了基础。目前，对于思想政治教育概念的讨论尚未形成统一看法，主要观点可归纳为以下几种：

（1）思想政治教育被视为思想政治工作的核心或基础部分，它是政治制约下的思想教育，侧重于思想理论方面的政治教育，是思想教育与政治教育相互融合的社会实践活动。

（2）思想政治教育被定义为一定阶级或政治集团为实现其政治目标而进行的核心为政治思想教育的综合教育实践，包括思想、道德和心理教育。

（3）思想政治教育是指社会或社会群体利用一定的思想观念、政治观点、道德规范对成员进行目的性、计划性、组织性的影响，以培养符合社会要求的思想品德的社会实践活动。

（4）思想政治教育是教育者在科学理论指导下，通过特定内容、方法、手段对受教育者有目的性地施加影响的实践活动，受到社会经济、政治、文化的影响，包括思想、政治、道德教育三个方面。

（5）思想政治教育是一定阶级或政治集团为实现政治目的，有目的地施加意识形态影响，以改变人们思想、塑造品德并指导行为的社会实践活动。

（6）思想政治教育是指一个阶级或集团为了建立或巩固政治统治而进行的符合本阶级或集团根本利益的包括政治、法律、哲学、道德、艺术和宗教思想的意识形态理论教育。

尽管这些观点在思想政治教育是一定阶级或政治集团为了实现特定政治目标而进行的社会实践活动这一点上是一致的，但在具体影响受教育者的"思想"内容上存在分歧。这些定义主要从教育学角度出发，反映了人们对思想政治教育内涵和外延的理解，不同的表述各有其合理性和特定取向。这些观点的共同点在于往往局限于对概念的字面解释，将思想政治教育视为思想教育和政治教育的简单叠加。

这种局限性的根源在于缺乏从思想政治教育和意识形态的历史渊源出发，缺乏历史观的指导，导致了对思想政治教育定义和外延的争论。一些观点虽然强调了"思想"这一关键范畴，但以"政治"为标准，将"思想"机械地分为"政治性思想"和"非政治性思想"，并将某些与日常生活相关的思想和行为排除在思想政治教育之外。这种做法使思想政治教育远离人们的日常生活，也是当前思想政治教育效果不佳的原因之一。

要准确界定思想政治教育的内涵和外延，必须坚持唯物史观的指导，从历史观的高度审视思想政治教育。思想政治教育是随着意识形态发展到一定阶段而产生的，这种意识形态是一定社会历史条件下的产物。因此，思想政治教育中的"思想"指的是意识形态，包括作为思想体系的意识形态。意识形态的性质决定了思想政治教育的性质；意识形态的方向和目标规定了思想政治教育的方向和目标；意识形态的形式界定了思想政治教育的领域。因此，思想政治教育本质上是以一定社会的主导意识形态为指导和内容，教育广大人民群众理解和认同这些价值观念，从而构建具有社会觉悟的主体和凝聚社会共同体的核心价值，促进人和社会的共同发展。

二、价值观教育

（一）价值观教育的概念

价值观教育是指通过有目的、有计划、有组织的教学活动和社会实践活动，对个体或群体进行价值观念、道德规范、行为准则等方面的教育。这种教育旨在帮助受教育者形成正确的价值取向，培养其辨别是非、选择正确行为的能力，以及在社会生活中做出符合社会主义核心价值观和道德规范的决定。

价值观教育的内容通常包括以下几个方面：

（1）价值观念的培养：引导受教育者理解和接受社会主义核心价值观，如富强、民主、文明、和谐等，以及与个人发展和社会进步相关的价值观念。

（2）道德规范的传授：教育受教育者遵守社会公德、职业道德和家庭美德等道德规范，以及如何在日常生活中体现这些规范。

（3）行为准则的指导：通过规范行为的方式，教育受教育者如何在不同的社会情境中做出合适的行为选择，以及如何与他人和谐相处。

（4）社会责任感的培养：鼓励受教育者关心社会、参与社会公益活动，培养其对社会的责任感和使命感。

（5）个人品质的塑造：帮助受教育者发展良好的个人品质，如诚实、守信、尊重、同情等，以及如何在不同的人生阶段维护这些品质。

价值观教育的目标是通过系统的教育过程，使受教育者能够在价值观念、道德行为和公民素养等方面达到社会所期望的标准，成为有责任、有道德、有素养的公民。这种教育对于个人全面发展和社会和谐稳定具有重要意义。

（二）价值观教育与课程思政教育的辨析

价值观教育和课程思政是两个密切相关但又有所区别的概念。它们在教育实践中相互交织，共同作用于学生的思想道德建设和全面发展。

1. 价值观教育

价值观教育是一种更为广泛和抽象的教育概念，它涉及培养学生正确的价值观念、道德观念和行为准则。这种教育不仅仅局限于课堂，还包括课外活动、校园文化、家庭教育和社会实践等各个方面。价值观教育的目标是帮助学生形成正确的世界观、人生观和价值观，使学生能够在多元化的社会环境中做出明智的选择。

2. 课程思政

课程思政是指将思想政治教育的内容融入到课程教学之中，通过专业知识的学习来传递和强化社会主义核心价值观。这种教育主要发生在课堂教学中，教师通过具体的教学内容来引导学生理解和接受社会主义的意识形态和价值体系。课程思政的目的是通过专业知识的学习来加强对社会主义核心价值观的教育，使学生在掌握专业知识的同时，也能够内化相关的价值观念。

3. 价值观教育与课程思政教育之间的关系

——范围：价值观教育更为广泛，不仅包括课程教学，还包括其他教育途径；课程思政则更侧重于课堂教学和实践。

——标：价值观教育旨在培养学生的全面价值观念和道德素养；课程思政则更侧重于通过专业知识的学习来强化学生的社会主义核心价值观。

——方法：价值观教育可能采用多种方法和途径，包括讨论、体验、榜样等；课程思政则更多通过课程内容和教学活动来实现。

在实际教育工作中，价值观教育和课程思政是相辅相成的。通过课程思政，可以在专业知识的传授中融入和强化社会主义核心价值观，而价值观教育则提供了一个更广泛的教育背景，帮助学生从多个角度和层面理解和接受这些价值观。

三、课程思政建设

课程思政建设是指在教育教学过程中，将思想政治教育内容与各学科专业知识教学相结合，通过课程设计和教学活动，有目的、有计划地对学生进行社会主义核心价值观教育的过程。这种建设旨在通过系统的课程体系和教学活动，引导学生形成正确的世界观、人生观和价值观，培养德才兼备的社会主义建设者和接班人。

课程思政建设的主要内容包括：

（1）社会主义核心价值观的融入：将富强、民主、文明、和谐等社会主义核心价值观融入到课程内容和教学活动中，使其成为学生知识体系和价值观念的一部分。

（2）道德教育和公民素养的培养：通过课程教学和实践活动，培养学生的道德情操、公民责任和社会责任感，使其成为有道德、有责任感的公民。

（3）国家意识形态的教育：引导学生理解和接受国家的意识形态，包括中国特色社会主义理论体系、中国革命和建设的历史经验等。

（4）法律法规和纪律教育：教育学生遵守国家的法律法规，培养良好的纪律观念和行为习惯。

（5）时事政治教育：通过课程内容及时向学生传递国内外重大政治、经济、文化等方面的信息，提高学生的时政素养。

　　课程思政建设的目标是通过课程这一主渠道，实现对学生的全面思想政治教育，促进学生知识、能力和价值观的全面发展。这种建设对于学生的个人成长和社会责任感的培养具有重要意义，也是实现立德树人根本任务的重要途径。

第三节　新时代践行课程思政理念的意义

　　2016 年习近平总书记在全国高校思想政治工作会议上强调，要"把思想政治工作贯穿教育教学全过程"。而其他各门课程也要着重加强思想引领，所有教师都应加入到育人行列，在各自领域发挥好育人作用。践行"课程思政"的理念，贯彻落实习近平总书记重要讲话精神，既是提升思想政治工作质量的重要保证、提高思想政治理论课的教学效果，也是培养时代新人的内在需要。教育承继过去、塑造现在、引领未来，是助推人类文明发展的关键力量，"课程思政"的有效建设，对培养后备力量的全面发展具有重要意义。

一、构建"三全育人"的培养格局

　　2016 年 12 月 7 日至 8 日，全国高校思想政治工作会议在北京召开，习近平总书记依据会议主题对思想政治教育工作的发展展开讨论并作出指示。他指出："要坚持把立德树人作为中心环节，把思想政治工作贯穿教育教学全过程，实现全程育人、全方位育人，努力开创我国高等教育事业发展新局面。"

　　"全员育人"，意在强调育人工作的广泛参与性。不仅思想政治课教师应承担此责任，更应鼓励所有教职工及各管理部门人员，根据自身职责特点，融入育人团队。通过各部门间的协作与优势互补，形成合力，确保育人工作全方位、无死角地展开。"全程育人"着眼于思想政治教育的延续性和阶段性，强调在不同的学习阶段，结合课程内容，有机融入思想政治教育，以实现教育的连贯性和深入性。"全方位育人"则提出，课堂教学并非唯一的育人途径，育人工作应采取多元化的教学手段，充分挖掘不同学科的育人潜力，实现理论与实践、课内外、线上线下全方位的育人协同。

　　"三全育人"理念中的"全"，旨在构建一个涵盖人员、时间、空间、内容等方面无遗漏的教育体系，通过各方面协作，形成联动机制，增强思想政治教育的整体效应。这一理念凸显了育人工作的全面性、连贯性和完整性要求，是对高等教育阶段育人模式的一种创新和实践。

在实施"课程思政"时，必须动员全校范围内的育人资源和力量，这包括教师队伍和行政人员队伍，具体涵盖思政课教师、专业课教师、辅导员、导师、各级领导干部、职能部门行政人员以及后勤保障人员等。此外，校外环境也对"课程思政"建设起到支持作用，如优秀专家学者、行业领袖、工匠楷模、时代英雄等社会精英，他们通过发挥自身优势和专业技术，总结实践经验，为社会贡献力量，并对高校"课程思政"建设产生积极推动作用。

"三全育人"理念倡导全员参与，强调合作共赢。高校在育人体系中扮演着核心角色，知识传授不仅仅是单向灌输，而是要通过"课程思政"让学生理解学习的方法、方向、意义以及如何深入学习。这是塑造学生世界观、人生观、价值观的关键时期，也是教育的"总开关"。高校需整合多方力量，建立信息共享平台和协同机制，以提高"课程思政"全员参与的积极性和效果。

高校学生的思想政治教育不应仅限于特定课程或活动，而应贯穿于人才培养的各个阶段，伴随学生从入学到毕业的整个成长过程。在新时代背景下，学生不仅需要学习深厚的文化知识，还需要实现个人全面发展。高校应把握这一教育理念，结合不同专业学生的成长规律、学习特点和专业特色，以及思政工作的规律，制定全面的人才培养计划。计划应包括从专业选择、基础培训、研究计划、专业课程学习、科研实践、论文撰写、职业规划到升学或毕业离校等各个阶段的思想政治教育，确保教育过程的全面覆盖和无缝衔接。

高校应根据不同阶段学生的需求，提供相应的专业认知教育、基础入门教育、课程规划教育、实习实践教育、职业选择教育、升学指导或毕业就业教育等，确保思想政治教育工作的连贯性。同时，注重培养目标的设定、课程规划、育人方式、工作方法以及成效的评估，并将这些要素有效地结合在一起，强化全程育人的持续性和有效性。高校应根据自身特色，因地制宜地制定教育策略，丰富"三全育人"的内涵，建立多元化的思政育人模式和始终如一的育人机制，以促进高校思想政治教育工作的不断进步和发展。

在提高思想政治教育全面性和系统性的要求下，"课程思政"的构建需要提升总体设计的质量，确保教育模式的完整与连贯。实施"课程思政"涉及校内不同部门与系统的协作，需要完善最高层次的设计，建立跨越不同领域和学科的育人网络，形成一个全面覆盖的"课程思政"教育结构。高等教育机构应当与外部相关实体共同策划，整合潜在的育人资源，挖掘并实现其教育潜力，实现全面考虑与宏观调控，构筑一个包括理论与实践、线上线下、校内校外等多维度的全方位育人体系。这一体系将传统的平面思想政治教育转变为全方位、渗透性的新模式，强调将思想政治教育元素深入到学生培养的各个层面，涵盖课堂和校园生活的各个方面，保证"课程思政"在学术学习、体育锻炼、社会实践等各方面得以贯彻，实现育人效果的全天候、全方位覆盖。

为了加强高校思想政治工作体系的构建，"课程思政"建设应运而生。2020 年 5 月 28 日，教育部颁布了《高等学校课程思政建设指导纲要》；2020 年 6 月 8 日，教育部联合其他相关部门举办了关于高校"课程思政"建设的工作视频会议，目标是将"思政"特色体现在所有课程之中，让每一位教师都能担负起"思政"责任，致力于构建全员、全程、全方位的思政育人体系。这一系列举措展现了我们党不断强化高校思想政治工作的意志，是对如何建立高校思想政治工作体系的方法论探讨，也是对"如何培养人"这一问题的深刻回应。这一发展轨迹已经明晰，其重要意义更加凸显。

二、提升"立德树人"的现实效能

"课程思政"本质上是一种教育活动，其核心宗旨在于培养德才兼备的人才。高校通过"课程思政"的建设，旨在达成立德树人的根本目标。各类课程在传授知识和培养能力方面各有所长，尽管在融入思想政治教育的方法和过程上存在差异，但它们共同指向同一个教育宗旨——立德树人。"育德"优先于"育人"，传授知识和解答疑惑是学校的根本职责，同时，在培养才能的过程中育人也是教育的重要任务。培养学生良好的道德素质一直是中国教育的优良传统。我国党和政府始终对学校的思想政治工作和德育工作给予极大重视，不断在教育领域进行创新探索，根据时代背景制定了一系列符合学生成长规律的教育原则和政策，为育人教育提供了基本的工作指南。"课程思政"的实施关键在于如何有效融入思政元素，无论针对何种课程，其根本目标都是立德树人。"课程思政"始终坚持德育为先、修身为本、施教以德，注重对中华优秀传统文化的传承和创新，更加关注对学生世界观、人生观、价值观的正面教育，同时积极引导青年学生树立正确的国家观、民族观、历史观、文化观，使学生接受更广泛的宏观教育，从而培养成为全面发展的人才，有能力承担起时代赋予青年的历史责任。

"立德"旨在塑造学生高尚的道德品质，而"树人"则是培育出具有高素质的杰出人才。高等教育机构的核心职责和存在的价值在于培养德才兼备的人才，这是学校的根本功能和追求的目标。在德才兼备的培养理念中，"德"居于首位，意味着即使一个人没有特别出众的才华，只要具备良好的道德品质，就能够保持高尚和正直的品格，实现个人的价值。相反，如果一个人只有才华而没有道德，尽管可能在职业上取得显著成就，但道德的缺失会导致人格的缺陷，这样的人不能被视为真正的完人。2018年5月2日，在北京大学师生座谈会上，习近平总书记强调："'才者，德之资也；德者，才之帅也。'人才培养一定是育人和育才相统一的过程，而育人是本。人无德不立，育人的根本在于立德。这是人才培养的辩证法。"教育培养人才应遵循"先立德后成才"的次序，旨在塑造全面发展的优秀人才。德育在人才培养中的核心地位不容忽视，只有树立了良好的道德品质，才能够培养出真正的人。立德树人是一项漫长而复杂的系统工程，也是一项繁重而关键的教育使命。高等教育机构是立德树人的主要战场，而"课程思政"的建设是实现立德树人目标的关键手段。

"课程思政"致力于创造积极向上的教育环境和氛围，构建全方位、立体的育人体系。教师在立德树人中扮演着引领者的角色，他们应具备优秀的政治素养、强大的科研能力、丰富的教学和管理经验等素质。教师只有具备扎实的教育教学基础，才能够有效地将解决学生的思想问题与解决他们现实生活中遇到的问题相结合，并在专业学习、学业规划、就业指导等多方面提供指导。在教学实践中，教师应坚持严谨的教育态度，将专业教育与思政教育深度结合，确保学生深入理解专业知识和技能，解决他们在专业领域遇到的难题，帮助学生明确职业目标，树立崇高的职业理想，并激励他们积极投身于国家最需要人才的领域。教师以立德树人为核心职责，通过自己的人格魅力感染学生，用自身的才智引导学生，在助力学生成长的同时，也推动自身的进步和发展。教师在"课程思政"建设中的这种"树人"作用，是提升立德树人实际效果的关键力量。

在新时代背景下，思想政治教育工作必须紧跟时代步伐，革新教育教学方法，否则将严重阻碍思想政治教育实效性和立德树人目标的实现。因此，高校更加清晰地认识到推动"课程思政"建设的必要性和策略。首先，"课程思政"的实施与高校的教学理念和发展宗旨相一致。高校不仅旨在培养具有良好品德、正确价值观和强烈责任感的学子，还致力于培养学习能力强、成绩优异、专业扎实、技能突出的学生。在这样的双重教育目标指导下，推进"课程思政"建设既符合高校的教育理念，也契合教育本身的内涵和价值。其次，"课程思政"的实践与高校课程规划的整体特征相吻合。高校通常将思想政治理论课程集中在学生前两年学习，课程结束后思政教育的效果可能减弱。而专业课在课时安排和教师队伍规模上都有优势，因此将思政教育融入专业课程中，可以确保思政教育的持续性和有效性。最后，"课程思政"顺应了新时代高校学生的学习需求。学生的学习目标不只是掌握专业知识和技术，更重视培养学习的综合能力，学会分析问题和解决问题的方法，以及规划未来的能力。"课程思政"的一个特点是其综合性，它能满足学生全面发展的需求。因此，"课程思政"不仅符合教育发展的目标和规律，而且对于提高立德树人实际效果具有显著的促进作用。

三、承载"时代新人"的培育责任

党的十九大报告中首次强调了培育能够担负起民族复兴重任的新时代人才的重要性。"青年兴则国家兴，青年强则国家强。"国家的未来和民族的希望寄托在青年一代身上。在当前的时代背景下，新一代青年人拥有自己的机遇和挑战，他们正通过自己的实际行动和能力来规划人生、书写历史。青年时期是确立理想信念、形成正确价值观的关键时期。"课程思政"的建设根据各高校的具体情况，针对以"立德树人"为根本任务的思政教育环境，对培养"时代新人"的使命作出了切实的回应。

"课程思政"旨在培养"时代新人"的爱国情感。青年一代的价值在于他们充满梦想和活力。自进入新时代以来，我国的青年一直怀揣着实现中华民族伟大复兴的美好愿景，并为之不懈奋斗，他们将专业知识的学习与崇高的理想信念紧密结合。在革命战争年代，青年们有着坚定的理想和愿景，对民族独立和人民解放充满希望，愿意为心中的信念献出青春和热血。在社会主义革命和建设时期，青年们同样不畏艰难，积极响应党和国家的号召，勇于面对荒原和困难，投身于国家的建设和发展。在改革开放新时期，广大青年团结一心，发出振兴中华的时代强音，为国家的发展和繁荣不懈努力。在新时代的培育下，青年一代必将有所作为，国内外环境的逐步改善也为青年提供了更广阔的舞台。"长江后浪推前浪"不仅符合自然规律，也符合历史发展的规律，"一代更比一代强"既是对青年的期望，也是他们应当承担的青春责任。在革命、建设、改革的各个历史阶段，中国共产党始终对青年一代寄予厚望，给予他们重视、关怀和信任。"课程思政"的教育教学中，培育时代新人的爱国情感，既要立足于民族的根本，也要面向世界的广阔视野，爱国主义精神必须深深植根于时代新人的精神和思想中，这也是党和国家对社会主义建设者和接班人的具体要求。

创业教育课程通过"课程思政"的方式，致力于培养符合新时代要求的优秀人才。

一个国家的繁荣昌盛、一个民族的坚挺不拔、以及个人实现自我价值的能力，在极大程度上取决于道德价值观的塑造。2014年5月，在北京大学师生座谈会上，习近平总书记专门向广大青年系统阐释了社会主义核心价值观，用"扣扣子"的比喻形象生动地说明了青年时期养成正确价值观的极端重要性。"我为什么要对青年讲讲社会主义核心价值观这个问题？是因为青年的价值取向直接影响未来整个社会的价值取向，而青年阶段正处于价值观形成和确立的关键时期，把握好这一阶段的价值观养成十分重要。这就如同穿衣服扣扣子一样，如果第一粒扣子扣错了，剩余的扣子都会扣错。人生的扣子从一开始就要扣好。"

创业教育课程中思想政治教育功能的深化，旨在培养新一代接班人，树立和践行社会主义核心价值观，主动吸收中华优秀传统文化的精华，为青年提供奋斗的动力和智慧的营养。我们需要致力于传统文化的展示和推动其创新性转化，让传统文化焕发生机，让古籍文字、博物馆文物、大地遗产等以创新的教育方式融入教学活动中，多角度深入挖掘传统文化的丰富内涵，理解其核心价值，从而传承和弘扬，培养出具有深厚爱心、道德情操和家国情怀的新时代青年。

"课程思政"培育"时代新人"的责任担当。习近平总书记在表达对时代新人的关心与期望时，也着重论述关于时代新人的责任与担当，时代新人是充满希望、后劲十足的新生力量，自当肩负实现中华民族伟大复兴的历史重任，"天下兴亡、匹夫有责"，时代新人在党和人民的培育和期盼下更需要树立远大理想，为国家和民族的前途而不懈奋斗。习近平总书记对时代新人始终抱有殷切的希望，他认为，时代新人经过历史和实践的证明，具有深厚的爱国情怀、远大的理想抱负、丰富的创造能力，他们经过时间的打磨，逐步成为实现中华民族伟大复兴的强大力量。尤其在新冠疫情来临之时，青年力量成为这场战役的主力军，冲锋在前、不畏艰险，完全展现出时代青年的奉献精神，也让党和国家看到时代新人的精神力量和勇往直前的责任担当。时代新人要始终勤于学习，要善于将所学知识转化为实践的基础，总结经验，产生独到的见解，丰富自己的头脑，开发创新创造的能力，将自身的力量投入到社会主义建设当中。

第四章 新时代高校创新创业教育课程思政体系建设

第一节 新时代高校课程思政建设

一、高校课程思政建设的主要内容

"课程思政"的实施，本质上是在高等教育体系中融入思想政治教育的元素，扩展其在课程教学中的影响和作用。具体来说，这里的"课程"不仅包括传统的思想政治教育课程，更涵盖了其他各类学科，如文学、历史、科学、技术等，旨在全面挖掘和利用各类课程的思政教育资源，实现思想政治教育与知识传授的有机结合。

根据教育部的《高等学校课程思政建设指导纲要》，这种建设内容的整合与实施，可以具体划分为五个重要方面：政治引导、思想引领、道德熏陶、劳动教育和心理健康教育。其中，政治引导着重于培养学生的国家观念、民族意识和社会责任感；思想引领旨在提升学生的理论素养、思维能力和创新精神；道德熏陶关注的是学生的品德修养、伦理观念和行为规范；劳动教育着重培养学生的实践能力、团队协作和艰苦奋斗的精神；心理健康教育则关注学生的情感、心理素质和健全人格的培养。

本书在深入理解和总结《指导纲要》的基础上，特别对政治引导、思想引领和道德熏陶这三个方面进行了详细的论述和阐释，旨在通过这三个层面的深入探讨，进一步明确课程思政在高等教育中的功能定位和价值取向，从而为推动我国高校课程思政建设的深入发展提供理论支撑和实践参考。

（一）政治引导

政治引导的核心任务在于帮助人们正确理解国家政治生活及其相关议题，确保社会成员能够从正确的政治视角出发，处理和参与政治活动。在高等教育阶段，这意味着要引导大学生运用马克思主义的立场、观点和方法来观察、分析和处理政治问题，以此来维护我国的意识形态安全。政治引导是大学生思想政治教育中的关键组成部分。

在新时代背景下，我国高校在育人工作中进行了"课程思政"的改革尝试。本书在归纳和总结的基础上，将我国高校"课程思政"建设中政治引导方面的内容归纳为政治理论教育、培养政治认同感和家国情怀。这三个方面共同构成了政治引导在"课程思政"中的重要内容，旨在通过课程教学的方式，引导学生树立正确的政治观念，增强国家意识和历史使命感。

1. 政治理论教育

习近平新时代中国特色社会思想是马克思主义中国化的最新理论成果，它是对"新时代坚持和发展什么样的中国特色社会主义、怎样坚持和发展中国特色社会主义的科学回答。"习近平新时代中国特色社会思想对新时代中国特色社会主义事业在实践、创造、经验等方面的革新进行了系统的理论表达，是马克思主义与发展的中国不断结合的结果。因此，引导大学生将习近平新时代中国特色社会主义思想入脑入心，对马克思主义进行科学的认知和把握，是新时代我国高校育人工作的重要任务之一。

新时代下，对大学生进行政治理论教育主要是对其进行世情、国情、党情、民情教育，习近平新时代中国特色社会思想是对当今世情、国情、党情、民情的深刻揭示，课堂是高校进行立德树人的主渠道，《高等学校课程思政建设指导纲要》指出"推进习近平新时代中国特色社会主义思想进教材进课堂进头脑，"由此可见，其他各门各类课程都要将习近平新时代中国特色社会主义思想作为一项重要的思想政治教育元素来抓，使其与专业教材的知识内容相结合，找到二者的联结点，有机融入，从而增强新时代大学生对党的创新理论的认同，实现将习近平新时代中国特色社会主义思想润物细无声地进入到大学生的头脑中、心灵中，为其以后"服务社会、实现个人全面发展打下坚实的思想基础。"

2. 政治认同教育

国家意识形态占据社会意识形态的主导地位，它是社会意识形态的主流和核心。在社会成员的政治生活中，政治认同是一种重要的表现形式，它指的是"社会成员在政治生活实践中逐渐形成的对现有政治体系的归属感和行为上的支持、服从。"在新时代，大学生的政治素质和信念对于我国意识形态建设具有举足轻重的影响。高校大学生的政治认同程度直接映射出国家政治体系的发展水平，因此，加强高校政治认同教育显得尤为关键。

在全球化和思想文化激荡的新时代背景下，国际国内形势发生了深刻变化。虽然这为不同文明之间的交流提供了机会，但也使得我国面临"和平演变"战略的挑战。西方价值观念的意识形态以多种形式涌入，对大学生的思想观念产生了深刻影响，如历史虚无主义、新自由主义、民主社会主义、后现代主义、实用主义和文化保守主义等社会思潮，在一定程度上对马克思主义意识形态的指导地位构成了威胁，影响了大学生的思想观念和政治判断，对国家意识形态安全构成了潜在威胁。

另一方面，改革开放三十多年来，我国取得了举世瞩目的成就，国家综合实力和国际影响力显著提升，人民生活水平实质性改善，中华民族的自信心和自豪感不断增强。然而，在社会发展过程中也暴露出一些需要解决的问题，这不仅表明我国在社会建设方面还需努力，也对党和政府的服务能力和水平提出了更高要求。如果不能及时有效地解决这些思想冲突和社会问题，将会对马克思主义意识形态的引导和保证功能产生消解，不利于其引导和保证功能的发挥，会使大学生质疑党和政府的服务宗旨和服务能力，从而减弱对中国特色社会主义道路、理论、制度的自信，威胁党的执政基础。

在新时代，对大学生进行政治认同教育主要目标是引导他们认同中国特色社会主义和中国梦。尽管这一教育内容传统上由思想政治理论课承担，但实际效果与期望之间存在差距。因此，党和国家更加重视对大学生进行中国特色社会主义和中国梦教育的重要性，将其作为"课程思政"的重要内容来推进。其他各类课程也应在知识传授和能力培养过程中融入中国特色社会主义和中国梦的元素，承担起对大学生进行中国特色社会主义和中国梦教育的责任。这样，中国特色社会主义和中国梦就成为了其他各类课程的重要思想政治教育资源，不仅明确了这些课程的政治导向，也为我国高校坚持社会主义方向提供了有力保障。

3. 家国情怀教育

对新时代的大学生开展家国情怀的培育，本质上是对他们进行爱国主义的教育。爱国主义教育，本质上是对人们施加影响，以提升他们的爱国情感，使之成为一种自觉遵循的政治理念和道德规范。在高等教育机构中，对大学生的思想政治教育是一项持续且重要的任务，其中爱国主义教育占据了核心位置，它是思想政治教育的核心和灵魂。因此，应当把青少年的爱国主义教育放在更为显著的位置，将爱我中华的理念深深植入每一个年轻人的心灵。在新时代的背景下，对大学生的爱国主义教育包含了更为丰富的内涵。

其一，2015年12月30日，习近平总书记在十八届中共中央政治局第二十九次集体学习时强调，实现中华民族伟大复兴的中国梦，是当代中国爱国主义的鲜明主题。也就是说，中国梦与新时代爱国主义具有内在的一致性，因此，高校所要培养的人才离不开爱国主义教育。

其二，《新时代爱国主义教育实施纲要》明确提出："爱国主义的真谛在于坚持爱国、爱党、爱社会主义的高度一致。"这三者并非孤立，而是相互依存、相互支撑的一个整体。因此，新时代的爱国主义教育应当将这三个方面的教育内容整合起来。

其三，爱国主义教育的核心目标应当是"以维护国家的统一和民族的团结为中心。"新时代的大学生应当树立起"国家统一、民族团结"的伟大理念，增强民族共同体意识，与全国各族人民共同建设一个更加繁荣和谐的中国。

其四，爱国主义并不意味着自我封闭，而应当正确理解爱国主义与对外开放之间的联系。在坚守民族特色的同时，我们还应该面向世界，以促进世界和平与发展作为我们的最高理想。

目前，有些大学生并未将国家利益放在首位，容易受到外部反动势力的诱导，通过网络等渠道泄露涉及国家安全的信息。这种看似微小的行为实际上对国家安全构成了严重威胁。此外，一些大学生对我国的发展目标、路径和未来缺乏关注，缺乏历史使命感和社会责任感。少数大学生未能认识到各民族平等、团结和共同繁荣的重要性，对其他民族表现出歧视，如在学校中对少数民族学生持有偏见和进行不友好行为。新时代的大学生自我意识增强，追求自由，不愿受到限制。当他们观察世界时，将我国文化与外来文化相比较，令人担忧的是，他们过分推崇外来文化，对我国优秀传统文化不屑一顾，丧失了民族信仰，家国情怀逐渐减弱。这些问题对高等学府的思想政治教育提出了警示。我国高等教育机构在"课程思政"建设中，要求所有课程在传授知识和培养能力的过程中融入家国情怀的元素，结合课程特色对大学生进行爱国主义教育，以此确保爱国主义教育成为所有课程的共同理念，共同致力于培养大学生的家国情怀，开辟新时代大学生爱国主义教育的新途径。

（二）思想引领

思想指导是大学生思想政治教育的一个关键方面。在某种程度上，个人的行为是在特定思想指导下发生的，因此，大学生思想观念的正确性直接影响其行为的性质。过去，思想政治理论课程及其教师主要肩负着对大学生进行思想指导的责任，但效果并不尽如人意。在新时代背景下，"课程思政"改革是对大学生进行思想指导的有效手段，它要求专业课程教师将社会主义核心价值观、中华优秀传统文化以及宪法法治等要素融入知识传授和能力培养过程中，使学生在掌握专业知识和提高专业技能的同时，思想上坚持社会主义核心价值观的价值追求，受到中华优秀传统文化的熏陶，树立宪法法治意识，从而增强隐性思想教育的实际效果。

1. 社会主义核心价值观教育

加强价值观教育对于促进社会发展和个人成长至关重要。价值观对个人的健康成长具有关键的指导作用，因此，新时代大学生的价值观是否正确将直接影响他们个性和优秀品德的塑造。然而，目前大学生价值观教育的成效并不完全令人满意，思想政治理论课程中的价值观教育与专业课中的价值观教育之间存在断裂。因此，"课程思政"改革要求所有专业课程都应融入价值观教育，将价值观的培养融入到知识传授和能力训练中，使学生在学习专业知识的同时，也能接受价值观的洗礼，从而突出了立德树人的根本教育任务。

本书所探讨的价值观教育，是以人文主义为核心，旨在引导新时代大学生正确理解个人价值与社会价值之间的联系，运用正确的价值尺度来审视自己的生命、生活、人生以及社会的发展变迁。这种教育旨在促使学生"正确理解社会的作用和人生的意义"，尊重生命的存在和价值，塑造崇高的精神境界，建立坚定的信念，培养关爱他人的人文精神，成为现代文明的参与者和传承者。在新时代背景下，高校教师在进行价值观教育时，主要是通过社会主义核心价值观来引导学生成长和成才，将社会主义核心价值观的教育内容融入到各类课程之中，这是促进新时代大学生健康成长的必要途径。随着改革开放三十多年来的发展，我国在经济领域取得了巨大成就，同时也出现了文化领域中价值观多元化和多样化的现象。在市场经济体制下，东西方文化的交流与碰撞不可避免，新时代大学生在多元价值观中可能会感到困惑，甚至迷失自我。因此，将社会主义核心价值观融入到各类课程中，持续地对新时代大学生进行科学价值观的教育，引导他们做出正确的价值选择，帮助他们解决个人价值与社会价值之间的冲突，提高他们的综合素质，增强他们对社会的认同感，这是势在必行的。将社会主义核心价值观的追求融入到高校的所有课程中，解决大学生在价值观上的困惑，是实现价值观教育最优化的必然选择。

无疑，思想政治理论课程是大学生学习和接受社会主义核心价值观教育的主战场，而其他各类课程同样也是他们接触和领悟这些价值观的关键领域，尽管这一点在过去常常被忽略。在传授专业知识的过程中，专业课程教师需要将社会主义核心价值观与教学中的关键点和难点相结合，并在此基础上指导学生以科学和理性的方式分析当前社会中的热点问题，对社会上的复杂局面和各种文化思潮采取客观公正的评价态度，帮助新时代的大学生从正确的价值观出发，理解和认识社会中的多元意识和现象，并推广文化领域的主流价值观。因此，专业课程应当强调"价值维度"，专业教师应当"改进课程设置、完善教学设计，努力创建一系列综合性和跨学科的新型课程群"，找准专业知识和社会主义核心价值观之间的结合点，引导学生正确理解个人价值与社会价值之间的联系，以期在价值观引领方面与"思政课程"形成协同效应。

2. 中华优秀传统文化教育

在我国高等教育机构的"课程思政"构建中，对新时代大学生实施中华优秀传统文化的教育，旨在积极推广以爱国主义为核心的民族精神和以改革创新为核心的时代精神。一个国家的精神与其物质生活条件紧密相连，是在物质生活条件之上发展起来的创造性意识活动的产物，其形成经历了长期的历史过程。这种精神是中华民族在历史长河中，在革命、建设和改革过程中形成的，具有中国本土特色和鲜明时代特征的稳定精神品质。"每个历史时代的经济生产及其必然产生的社会结构，构成了该时代政治和精神历史的基础。"民族精神和时代精神是人们精神世界的指南针。新时代的大学生是中国梦的实践者和见证者，弘扬和培育民族精神和时代精神是他们必须学习的一课。课堂教学是大学生接受民族精神和时代精神教育的主要途径。如何将仁爱、民本、诚信、正义、和合、大同等思想精髓和时代价值融入到其他各类课程的专业知识教学中，对于推动高等教育育人工作的深入发展以及弘扬和培育中国精神具有深远的意义。在高等教育机构的"课程思政"建设中，专业课程教师将仁爱、民本、诚信等元素融入到专业知识和能力培养中，有助于增强新时代大学生的民族认同感；将正义、和合、大同等元素融入到专业知识和能力培养中，有助于激发新时代大学生的创新和进取精神。

3. 宪法法治意识教育

自党的十八大以来，我国步入了新时代，全面依法治国成为新时代中国特色社会主义的基本战略之一。法治意识是指人们对法律的认同、尊崇和遵守，涉及对法治的思想、知识和态度。在我国高等教育机构的"课程思政"建设中，要求专业课程教师深入挖掘专业知识中蕴含的宪法法治要素，通过知识传授和能力培养，引导新时代大学生建立宪法法治意识。专业教师通过专业知识中内含的宪法法治要素对大学生的宪法法治意识进行培育，旨在让大学生理解社会主义法治国家建设的新理念，明确宪法作为治国安邦的总章程和人民权利的保障书，清晰界定权利与义务的关系，培养依法行事、依法行使权利、依法履行义务的习惯，使其成为课程教学价值表达的一部分，从而引导他们形成法治思维、树立法治意识。

在我国高等教育机构的"课程思政"构建中，专业课程教师在传授知识和培养能力的同时，致力于培养大学生的宪法法治意识，使他们认识到法律在日常生活的重要性，意识到生活中无处不在的法律存在。当遇到挑战时，能够及时运用法律手段来保护自己的合法权益。此外，还能引导大学生树立法治观念，心怀国家和人民，明确学习和研究的最终目的是为了国家和人类的福祉，而不是滥用科研成果，为所欲为，甚至威胁人民的生命财产安全。

（三）道德熏陶

"道德是通过对善恶的评判，依靠社会舆论和个人信念来调整人与人之间、个人与社会之间关系的行为规范，以及与之相关的心理意识和行为活动的总和。"社会主义办学方向是我国高等教育的核心方向，因此，我国高等教育机构培养的人才是否具备高尚的道德品质，直接影响到"新时代中国特色社会主义伟大事业的成败和中华民族复兴目标的实现。"赫尔巴特认为，道德教育和知识教育是密不可分的，应该实现二者的有机结合。在新时代背景下，"课程思政"改革推动了专业课程教师将社会公德、职业道德、个人品德等要素融入到专业课程中，以此对大学生进行道德教育。

1. 社会公德教育

"社会公德是公众在社会交往和公共生活中应遵守的行为规范，它维系着社会成员间最基础的社会关系秩序，"并且"是大学生必须遵守和实践的基本道德要求。"社会公德主要涉及三个层面的关系调节：人与人之间、人与社会之间、人与自然之间，因此，它的核心功能在于奖励善行和惩罚恶行。一方面，它肯定、激励并推广那些对社会和个人生存、发展和完善有积极影响的思想和行为；另一方面，它否定、反驳并限制那些对社会和个人生存、发展和完善有负面影响的的思想和行为。社会公德不仅是评估社会文明水平的重要标准，也反映了一个国家综合实力的强弱。作为未来社会建设的中坚力量，新时代的大学生肩负着民族复兴和国家繁荣的重任，他们的社会公德水平不仅关系到个人的成长和进步，也直接影响到国家的发展。因此，对大学生的社会公德教育是我国高等教育育人工作的关键组成部分。

我国高等教育机构致力于实施素质教育，旨在促进学生的全面发展，具体目标是不仅教会学生如何做事，更要教会他们如何做人，培养他们成为德才兼备的新时代人才。德才兼备也是"课程思政"建设的目标之一，因此，专业课程教师在教学过程中将社会公德元素融入知识传授和能力培养之中，这是有其必要性的。专业教师发掘专业知识中蕴含的社会公德元素，这对于大学生的健康成长和社会的精神文明建设具有深远的意义。一方面，社会公德是新时代大学生思想道德素质的外在体现，并且越来越成为评价他们综合素质的重要标准。将社会公德的基本要求融入专业课程中，有助于新时代大学生形成高尚的价值观，起到积极的促进作用。另一方面，精神文明是衡量一个国家软实力的重要标志，而社会公德是社会主义精神文明建设的重要组成部分。对新时代大学生进行社会公德教育，不仅有利于培养具有良好德性的社会公民，为国家未来的建设做出贡献，而且可以通过这些具有良好德性的社会公民来提升国家的软实力。因此，专业课程教师通过挖掘专业课程中潜在的社会公德元素，对新时代大学生进行社会公德教育，是非常必要的。

2. 职业道德教育

"职业道德是指从业者在职业活动中应持有的道德观念、情操和品质，以及应遵守的道德行为规范的总和。"在新时代背景下，我国高等教育逐渐趋向大众化，每年有越来越多的大学毕业生走出校园，步入社会。总体而言，大学毕业生的职业道德状况良好，但同时也存在一些问题，例如：缺乏职业理想，就业观念不正确；编造求职信息，诚信意识不足；在功利主义职业价值观的影响下，专业特长与工作性质不符；缺乏奋斗精神，责任感减弱；以自我为中心，自私自利，偏离集体，缺少服务和奉献精神。尽管这些现象并非普遍，但它们在一定程度上损害了大学毕业生的形象。因此，我国高等教育机构应高度重视这些问题，以人才培养质量为核心，加强新时代大学生的职业道德教育。

在我国的大学教育中，对于学生的职业道德教育并非通过所有课程系统性地进行，而是主要在部分课程中体现，这可能导致某些专业课程过于注重知识和技能的传授，而忽视了职业道德的培养。课堂教学是进行职业道德教育最正式的平台。因此，在"课程思政"的建设中，我国高等教育机构要求所有课程都要深入挖掘思想政治教育元素，不仅要在知识传授上发挥作用，还要在育人上发挥作用，将职业道德的核心理念融入到知识传授和能力培养中。专业课程教师应当引导学生深刻理解并自觉遵循各行业的职业精神和规范，增强职业责任感，培养守纪、敬业、无私、诚信、公正、创新等职业品格和习惯，以实现职业道德教育的全面课程化。

3. 个人品德教育

"个人品德是指个人在其思想和行为中体现的一定社会生产关系或阶级所要求的特定社会规范和道德原则，它是个体在道德行为中表现出的相对稳定的心理特征和持续的道德倾向。"根据《新时代公民道德建设实施纲要》，个人品德被视为公民道德建设的新焦点，因此，个人品德建设是公民道德建设的必要内容。大学生作为社会群体的杰出代表，他们的个人品德将对未来社会的发展质量以及党和人民事业的兴衰产生深远的影响。人才培养是一个持续的过程，只有各环节紧密相连，才能保证人才培养的质量。在这个过程中，我国高等教育机构扮演着关键角色。因此，如何提高大学生的个人品德，培养他们成为德才兼备的新时代人才，是我国高等教育机构面临的重要任务之一。

在我国高等教育中，普遍存在一种倾向，即重视专业知识教育而忽视个人品德教育。尽管素质教育理念已经提出多年，但并非所有高校都能将其有效融入教学实践中。一些高校仍然受传统思维的影响，导致德育工作遭遇发展瓶颈。

"观念引领行动，"因此，我国高校应首先改变过分重视专业知识教育而忽视个人品德教育的现状，深刻认识知识教育与品德教育分离的潜在危害，并以此为契机，以立德树人为核心，推动知行合一的教育模式，将大学生个人品德建设放在至关重要的位置。《课程思政》教育理念的提出，让我国高校意识到通过发掘专业课程中的德育元素，对大学生进行个人品德教育的重要性。专业课程教师应深入挖掘所教授课程中的德育资源，将个人品德教育融入专业知识传授和能力培养之中，针对与个人品德相关的社会热点、难点和疑点问题，精炼和深化个人品德培养的目标，以此实现个人品德教育的全面提升。

另外，劳动教育和心理健康教育同样是我国高等教育"课程思政"建设的关键部分。劳动教育在新时代教育发展中扮演着基础性的角色，高校在实现立德树人的根本任务时，必须将强化大学生的劳动教育视为一项基础而重要的工作。新时代我国高等教育旨在培养德智体美劳全面发展的优秀人才，因此，加强大学生的劳动教育是高等教育价值目标之一。在"课程思政"改革中，要求专业课程教师将劳动教育融入专业课程中，使其与知识传授和能力培养紧密结合，使新时代大学生在学习专业知识、提高专业能力的同时，正确理解劳动的价值，培养"热爱劳动、尊重劳动者、珍惜劳动成果"的情感态度，树立诚实劳动的美德，在生活中积极参与劳动、勤奋劳动、创新劳动。这样，我国高校立德树人的根本任务将得以顺利实现。

随着时代的发展，心理健康日益成为促进大学生健康成长的关键因素。许多行为不够理智、不够成熟的大学生，往往并非思想品德有问题，而是心理健康存在问题，这可能会对个人、家庭甚至社会造成不必要的损害。因此，作为人才培养的重要基地，我国高校应当承担起对大学生进行心理健康教育的重要任务。心理健康教育是思想政治教育的重要组成部分，而"课程思政"建设的核心在于"思政"，不应脱离课程内容空谈思政。因此，在课堂教学过程中，专业课程教师应将心理健康教育元素融入知识传授和能力培养之中，通过课程这一平台对大学生进行心理健康教育，这是势在必行的。

二、高校课程思政建设的策略

在发展过程中，任何事物都可能遇到挑战，识别这些挑战的目的是为了最终克服它们，从而清除事物发展的障碍。研究我国高等教育"课程思政"建设的策略，是确保立德树人根本任务有效实施、提高人才培养质量的关键途径。本书深入探讨了我国高等教育"课程思政"建设所遭遇的难题及其成因，提出应从原则、方法、途径三个维度加强"课程思政"建设。坚持党委领导、协同共建、贴近实际等原则，采取统筹与支撑相结合、自省与培训相结合、融合与联动相结合等方法，确保党委、宣传部、教务处等部门各尽其责，专业课程教师应确立"立德为先"的教育理念，同时使专业课程体现出科学的价值取向。

（一）高校"课程思政"建设的原则

2019 年 3 月 18 日，习近平总书记在学校思想政治理论课教师座谈会上指出："思想政治理论课是落实立德树人根本任务的关键课程。"然而，有效地开展思想政治教育理论课不仅限于显性教育方法，还应运用隐性教育手段，发掘各课程中蕴含的思想政治教育元素，也就是实施"课程思政"，以此实现立德树人如同春雨般润物细无声的成效。原则是观察或处理问题时所依据的规则或标准。本书提出，我国高等教育"课程思政"建设应当遵循党委领导原则、协同共建原则以及贴近实际原则等三项基本原则。

1. 党委领导原则

毛泽东曾强调："政治路线确定之后，干部就是决定的因素。"我国高等教育"课程思政"建设的推进不是无的放矢，这一教育理念是对新时代党和国家要求的积极响应，因此，需要学校干部将其落到实处。高校党委的责任是宣传和执行中国共产党的决议，"课程思政"教育理念充分体现了党中央的指导意见，因此，高校党委必须发挥其领导作用，推动"课程思政"改革在高校的深入实施和稳步推进。

中国共产党是我国高等教育建设和发展的领导核心，高校能否坚持中国共产党的领导，直接关系到其教育目标是否与国家要求保持一致，是否为国家发展服务。坚持党委领导原则是高校进行"课程思政"建设的根本原则，党委的力量至关重要。立德树人是高校的根本任务，人才培养的方向和基本要求不是随意规划的，而是以国家发展要求为基石，与国家要求的目标相一致。为实现国家要求的目标，就必须坚持校党委的科学、有效领导，通过这一领导力量，深入探讨人才培养的基本要求和人才发展的内在规律，研究出适应新时代加强育人工作的有效措施，为育人工作提供方向指引，确保其"不脱轨"。"课程思政"的本质在于育人，也就是说，坚持党委领导原则，能够对高校"课程思政"建设的落实和推进起到积极作用，只有坚持党委的领导，才能使高校的发展建设不偏离党的领导路线。党委领导能够使"课程思政"有目的、有计划、有秩序地推进，与党中央对高校的发展目标保持高度一致。高校党委需扮演好"带头人"的角色，重视"课程思政"建设，主动承担起贯彻落实"课程思政"教育理念的重任，以实际行动推动"课程思政"改革的顺利进行。

高校党委应时刻牢记自身的领导核心地位，树立"课程思政"意识，明确通过专业课程推进育人工作的理念，贯彻落实党中央的政策，引领各学院开展"课程思政"课程，要求专业课程在进行"课程思政"的过程中不离马克思主义的方向，不失立德树人的目标，与各院系的领导和教师们一道推进"课程思政"建设。此外，坚持党委领导原则，高校党委内部还要成立专门的"课程思政"建设领导小组，选调专门的校党委人员带动"课程思政"建设。专门人员的直接负责制能够在确保"课程思政"改革高效实施和推进方面起到积极作用。同时，高校党委之间还要定期或不定期地开展交流与合作，通过这一形式互通有无，取长补短，既借鉴"课程思政"建设的有益经验，又探讨"课程建设"亟待解决的问题，只有这样，高校党委才能以新理念、新思维、新方法引领"课程思政"建设，为"课程思政"建设提供有益指导。

2. 协同共建原则

在我国高等教育"课程思政"建设中，协同共建原则强调专业课教师与思想政治理论课教师应共同参与"课程思政"的建设工作。无论是思想政治理论课教师还是专业课教师，他们的言行都会对大学生产生深远影响。专业课教师作为"课程思政"的实施者，在传授知识和培养能力的同时，也肩负着教育学生如何做人以及成为何种人的责任。与思想政治理论课教师相比，专业课教师与大学生有更长时间的接触，因此，他们应更明确自己在"课程思政"建设中的关键角色，并要以身作则。然而，在实际教育教学过程中，一些专业课教师育人观念存在偏差，仅注重知识传授而忽视引导学生正确处理是非问题。因此，专业课教师需要思想政治理论课教师的协助，而思想政治理论课教师也应积极参与，双方共同努力推动"课程思政"建设。

思想政治理论课教师应协助专业课教师强化立德树人的意识。所有教师都承担着育人的职责，这是高等教育"课程思政"建设能否有效进行的关键。只有当专业课教师认识到立德树人的重要性，才能将"课程思政"的理念付诸实践。在"课程思政"建设过程中，专业课教师不仅要传授专业知识和培养能力，还要坚守育人的职责。在教育教学过程中，专业课教师除了理论讲授，还应注重与学生的交流和沟通，这对专业课教师自身的言行规范和道德修养提出了更高要求。思想政治理论课教师需要协助专业课教师用真理和人格的力量去影响大学生。真理的力量要求专业课教师深入学习马克思主义，了解中国共产党的相关理论，具有家国情怀，保持政治敏感性，将时政热点与专业知识结合，体现社会进步的发展趋势；人格的力量要求专业课教师锻造自己的人格修养，将提升道德修养作为崇高追求，不仅要研究专业知识，还要思考如何提升道德修养，以更高的道德标准要求自己。由于部分专业课教师在马克思主义理论知识和道德修养方面存在不足，所以，在学习马克思主义理论和提升道德修养的过程中，思想政治理论课教师应发挥辅助作用，引导专业课教师学会用唯物辩证法、历史唯物主义等观点观察、分析和处理现实生活中的问题，对社会发展中的问题保持理性、清醒的认识，坚守马克思主义意识形态的底线，重视马克思主义对国家发展进步的指导意义。通过这种方式，专业课教师的人格修养将得到提升，进一步认识到立德树人的重要性。

3. 贴近实际原则

在我国高等教育"课程思政"的实施过程中，有些大学生对于专业课中蕴含的思想政治教育元素持怀疑态度，未能认识到专业知识在引领社会发展和促进个人成长等方面的重要性。大学生是具有意识、情感和个性的社会成员，他们不会无意识地、被动地或机械地接受专业课教师的影响，而是具有强烈的主体意识。每位大学生都是独立的个体，在教育教学活动中，他们往往会对专业课教师提出的观点和见解形成独特的理解，但这种理解可能既领先于时代也可能落后于时代。也就是说，大学生的理解有时可能超越了时代的认知和实践局限，甚至超越了专业课教师的理解；有时又可能不符合时代发展的要求，产生阻碍社会发展的认知。课堂只是大学生学习生活的一部分，不能完全代表他们的学习生活全貌，尤其是那些对思想政治理论课内容本身就不太感兴趣的大学生，当专业课教师在专业知识中融入思想政治教育元素时，可能会加剧他们的厌学情绪。因此，专业课教师不仅要理解和掌握大学生的学习特点和思维方式，还要与他们保持密切联系，关注他们的课外生活状况。当发现大学生的思想和行为出现偏差时，专业课教师应发挥引导作用，有计划、有目的地进行调整和控制，建立和谐的师生关系，成为学生成长道路上的指导者。

因此，我国高等教育"课程思政"建设应当遵循贴近实际的原则，即专业课教师不应简单地将思政元素叠加在专业知识上，而应从大学生的实际需求出发，尊重他们的个性诉求，选取的思政元素不应超出大学生的认知水平，而应是与他们实际生活紧密相关的、他们能够接受的思政元素。专业课教师应从专业知识中深入挖掘思政元素，将其与国家发展状况相结合，以新时代民族复兴的使命为切入点，引导大学生认识到所学知识是为了推动社会主义建设、为实现中国梦贡献新力量的。例如，在全民抗击新冠肺炎疫情的背景下，医学类教师不仅应向学生传授医疗卫生技术的重要性，还应传递医护人员无私奉献、为国为民奋斗的精神。专业课教师也可以采用榜样示范法，向学生介绍学科建设和实际生活中的先进人物事迹，用他们的人格魅力激发学生通过专业知识接受价值观教育的热情。这一原则的有效实施离不开专业课教师坚实的专业知识基础，理论对实践具有指导作用，教师的专业知识越深厚，专业理论与生活实践的联系就越紧密。因此，专业课教师可以寻求教研室其他教师的帮助，共同发掘专业知识中的思政资源。由于骨干教师具有坚实的专业理论基础、丰富的社会经验和教学经验，能够将专业理论知识与学生的学习实际相结合，因此，骨干教师应主动承担起带头人的角色，积极组织"课程思政"经验交流分享会，既促进教师间的合作，又增强团队的力量。

（二）高校"课程思政"建设的方法

在我国高等教育中，实现立德树人的目标以及其成效的优劣，离不开恰当方法的引导和应用。在新时代的背景下，育人工作面临着与以往截然不同的环境和条件，针对大学生的思想动态和实际道德水准，唯有不断更新方法，推动创新，才能保持育人工作的活力和有效性，充分实现其价值。人们为了认识世界和改造世界，必须进行思维和实践的活动。这些活动所遵循和应用的方式，称为方法。然而，方法并非独立的实体工具或因素，它总是与人的活动密切相关，若离开了人的认识或实践活动，方法便失去了其存在的基础和价值。"课程思政"作为一种新兴的思想政治教育理念，是新时代大学生思想政治教育的新兴领域。面对一些高校对"课程思政"建设不够重视、一些专业课教师偏重教学而忽视育人、一些大学生对专业知识中的思想政治教育元素持怀疑态度等问题，我国高校在"课程思政"建设中应坚持统筹与支撑相结合、自察与培训相结合、融合与联动相结合的方法。

1. 统筹和支撑相统一

要解决好"培养什么人、怎样培养人、为谁培养人"的问题，这是决定我国高等教育成败的关键。我国高校的"课程思政"建设是为了确保中国共产党治国理政所需人才的质量，为社会主义现代化建设提供可靠的人才支持，为中华民族伟大复兴贡献新力量的关键措施。因此，我国高校"课程思政"建设的宗旨在于培养合格的社会主义建设者和接班人，以加强党的建设，推动中国特色社会主义的发展，实现民族复兴的使命。我国高校"课程思政"建设是对"怎样培养人"问题的新探索，在此之前，没有现成的、先进的成功模式可以参考，因此，急需党和国家的支持和指导。从"课程思政"教育理念的应用到建设，它有效地展示了党和国家在统筹规划和实践指导方面的作用，因此，统筹与支撑相结合是解决一些高校对"课程思政"建设不够重视的有效途径。

从整体协调的角度来看，首先是要统一规划和推进高校"课程思政"建设的高层次发展，引导全国各高校以"两个大局"的广阔视野、"后继有人"的战略需求、"民族复兴"的远大目标为关键点，明确其建设的价值定位，将"课程思政"建设提升到中国共产党治国理政和国家未来命运的战略高度，避免出现立场错误、政策失误、措施失当等问题，致力于提高"课程思政"建设的温度、高度和深度。其次是要统一激发高等院校"课程思政"建设的思想共鸣，引导全国各高校在灵魂归属、价值定位、内在机制、运行机制、体系格局等方面激发"课程思政"建设的思想共鸣，明确"课程思政"不仅是一门新课程，而是一种教育理念；不仅是通过专业课程在传授专业知识和技能的同时进行职业伦理教育，而是通过专业课程教会大学生如何"成人"；不仅是将专业课程上成思政课程，而是推动专业课程内涵式发展；不仅是思想政治理论课程的延伸，而是构建高校"大思政"育人格局，以此来澄清错误观念，解答思想难题，指明育人方向。最后是要统一规划和实施高校"课程思政"建设的基本路径，引导全国各高校理顺国家政策的一般性与地方执行的特殊性；育人目标的共同性与专业课程的差异性；教师教学的规范性与大学生需求的复杂性的关系，科学、深入、系统地解读国家政策，分析其核心要义，明确育人方向和目标，发挥自身专业课程的特色和育人资源的优势，有针对性地、有计划地、有目的地、灵活地进行"课程思政"建设。

从支持性的角度来看，首先是要加强高校"课程思政"建设的组织支持。高等院校"课程思政"建设是一项全面的育人工程，涉及教育部、地方教育部门和各高校等多个层面，每个层面都有推进"课程思政"建设的责任。因此，需要强化教育部的政策引导作用，地方的监管和督促作用，以及高校的具体执行作用，共同构建一个上下贯通、权责明确、协同合作、有效执行的组织领导体系。其次是要巩固和提升高校"课程思政"建设的科研支持。国家应提供资金支持"课程思政"建设，设立专项资金，全国各高校也应积极响应国家号召，为"课程思政"改革配套课题经费，鼓励教师根据地方实际、学校特色、学科特点、课程属性等因素进行"课程思政"建设，以此挖掘各地方、各高校独特的思想政治教育资源，为各学科、专业、课程增添思想政治教育特色，为"课程思政"教学实践提供丰富的素材，充实"课程思政"的教学资源。

综上所述，统筹的目的是为了引导"课程思政"建设，支撑的目的是为了规范"课程思政"建设。坚持统筹与支撑相结合的方法，确保沿着正确的路径前进，避免迷失方向，动员和整合多方面的力量与资源，构建一个共同参与的管理体系，这有助于推动"课程思政"建设的稳步发展。

2. 自察和培训相统一

专业课程教师是实施高校"课程思政"建设的核心执行者，采取自察与培训相结合的策略对于推动"课程思政"建设至关重要。在"课程思政"的实施过程中，专业课程教师扮演着决定教学内容、教学进度和教学手段的关键角色。然而，在"课程思政"的推进中，一些专业课程教师可能由于缺乏育人能力，导致教学过程中过于侧重知识传授而忽视价值观教育。为了在传授知识和培养能力的同时，有效进行价值观的教育，专业课程教师需要自我反省，提升教学能力，并主动参与由相关部门组织的培训，以树立和强化"课程思政"的理念。

首先，提升教学技巧。我国学校教育在教学流程上继承了赫尔巴特五段教学法，教师的教学工作主要涵盖备课、授课、作业布置与反馈、辅导、成绩评定等五个基本环节。因此，教师应具备的教学能力包括备课、上课、作业设计与指导、课外辅导、学业成绩评估等。

备课能力是教师为学生开展教育活动所做的准备工作。在这个过程中，教师依据课程标准、课程特点和学生的实际情况，选择最合适的表达方式和教学顺序，确保教学的有效性。备课是教育教学过程的起点，也是教师上好课、学生学好课的前提。为了提高"课程思政"教学的目的性、针对性和计划性，发挥教师的主导作用，提升专业素养和思想政治素质，高校专业课教师必须增强备课能力。一方面，教师要深入理解学科教学目标，清晰掌握教材体系和基本内容，挖掘课程中的思想政治教育要素，找到学科教育与价值观教育的结合点，明确学生能力培养、思想教育和教学方法的基本要求。另一方面，教师要了解大学生的身心发展特点和学习方式，及时有效地掌握他们的个性和兴趣，关注他们的思想状态，结合教学内容，采取适当方法提升大学生的专业素质和思想素质。

此外，教师还需具备前瞻性和规划能力。教师应制定学期教学进度、单元和课时等方面的计划。在学期教学进度计划中，教师需对学生的整体情况进行分析，将价值观教育融入知识和技能教学中，明确每个单元渗透价值观教育的具体安排。在单元计划中，教师应对单元教学内容中的思想政治教育要素进行系统考量，制定相应计划。在课时计划中，教师需对节课的知识点中的思想政治教育内容进行清晰规划，保持教学的张弛有度。

课堂教学能力是教师对学生进行教育活动的核心环节，它直接而鲜明地展现了教与学的结合，是提高教学质量的至关重要的部分。专业课教师需确立专业知识与价值观引导相结合的教学目标。一方面，根据课程标准、教材和学生的实际情况，全面而具体地设定课程应达到的价值观教育目标；另一方面，具备强烈的价值观教育目标实现意识，并将其贯彻于教学的全过程。专业课教师应科学地审视专业知识中蕴含的思想政治教育要素，确保专业教育与价值观教育同步推进的科学性，深入分析学生关注的社会问题，保证教学内容难点突出，并将知识传授、能力培养与价值观教育有机结合，注重内容的整体性和连贯性，确保教学内容能回应现实问题，实现理论与实践的统一。在引导大学生价值观的过程中，专业课教师应运用恰当的教育教学方法，根据教材、教师和学生的实际情况，采取灵活多样的教学方法，以激发学生的学习兴趣为目的，采用有趣、巧妙的教学组织形式，并以适应时代发展为出发点，运用现代化教学手段。在"课程思政"建设中，专业课教师需要具备扎实的教学基本功，包括教学语言、教学态度、板书设计、现代化教学手段以及对课堂的应变能力和控制力等。专业课教师应设计合理的专业知识与价值观教育相结合的教学流程，明确专业知识教育与思想政治教育融合的教学思路，科学地设置二者的结合比例，适度且有针对性地设置包含思想政治教育元素的练习题，提升"课程思政"的教学效果，熟练运用自评、互评、师评等反馈调节机制，确保"课程思政"的评价效果真实有效，并体现专业知识与思想政治教育元素融合的过程，让学生通过自我领悟和自我发现来达到教育目的。专业课教师应追求卓越的育人效果，在明确了专业课程教学的价值观教育目标后，营造民主、和谐、融洽的课堂氛围，将知识传授、能力培养与价值观教育控制在适宜的范围内，使学生能够有效消化吸收，寻求最佳学习方法，从而显著提升学生的学习兴趣、习惯和信心。此外，专业课教师还应使自己的课堂教学具有文化内涵和人格魅力，形成独特的教学风格。

布置与反馈课外作业的能力。课外作业旨在加深学生对课堂所学内容的理解和巩固，提高技能，培养独立思考和问题解决能力。专业课教师在挖掘专业知识中的思想政治教育元素时，不仅旨在促使学生内化这些元素，还希望他们能够将其外化为实际行动。因此，在理论知识讲授结束后，专业课教师应拓宽学生的学习领域，以价值观教育为目标，引导学生参与具有思想政治教育意义的实践活动，并鼓励他们及时分享自己的体会和反馈。这种能力是专业课教师推动"课程思政"建设的重要技能之一。

个性化辅导能力。个性化辅导是实现因材施教原则的关键措施，它发生在课堂教学规定时间之外，对学生进行额外的指导。"课程思政"建设是一项长期的系统工程，要求专业课教师通过课堂内外的双渠道对大学生进行价值观的引导。课堂之外，专业课教师也需关注学生的实际情况，对于他们在思想和行为上遇到的难题，应用启发式教学法激发学生的主动性和积极性，引导他们自觉提高思想政治素质。

学业成绩的评估与反馈能力。学业成绩的评估与反馈是衡量学生学习状况和教师教学成效、调整教学进度的重要工具。在"课程思政"改革的大背景下，教师应将学生的思想政治素质纳入学业成绩的重要考量范畴，提升评估与反馈的能力。专业课教师应基于客观实际，公正无私地运用多种评估方法，既要全面又要突出重点，对学生的学习成果和思想政治表现进行有效且可靠的评估。

接下来，扩展"课程思政"的培训内容。对专业课教师进行"课程思政"培训的宗旨在于解决他们在理论知识和教育理念上的不足，通过有组织、有目标的集中训练，使专业课教师在"课程思政"实施中遇到的难题得到有效解决，更好地适应"课程思政"改革的需求。因此，各地区、各高校应大力加强专业课教师的"课程思政"培训，帮助他们树立"课程思政"意识，摆脱传统专业课程教学的思维定式，明确教师的传道授业解惑职责与价值引领、知识传授、能力培养的相互关联，为开展"课程思政"建设提供潜在意识和思想支持。同时，"课程思政"培训项目需要思想政治理论课教师的积极参与。一方面，加强"课程思政"的理论培训。由于大多数专业课教师在思想政治理论水平上的不足可能严重影响"课程思政"的效果，思想政治理论课教师应积极利用自身优势，协助专业课教师提高思想政治理论水平，坚定正确的政治立场，明确"课程思政"建设的目标，找准与专业课程相关的前沿热点问题，挖掘和融入思想政治教育元素，在专业课程的知识教育中融入价值观教育。另一方面，加强"课程思政"的实践培训。"课程思政"建设不仅是理论知识的学习，更是具有强烈实践指向性的活动。因此，高校不应仅限于在教室内进行"课程思政"培训，还应将培训扩展到教室外，使专业课教师在实践中体验科学价值观的魅力。例如，革命根据地、博物馆、档案馆、红色纪念馆、红色旅游基地等地都含有丰富的思想政治教育资源。在实地考察过程中，思想政治理论课教师可以担任专业课教师的解说员，向他们讲述老一辈革命英雄为国家的贡献，让他们感受到老一辈革命英雄所展现的家国情怀、政治信仰、价值取向等内容，进而将这些作为生动的案例应用于课堂教学中，提升"课程思政"的教育成效。

综上所述，采取自我反思与培训相结合的策略是弥补"课程思政"建设中专业课教师育人能力不足的关键途径。在我国高校中，"课程思政"建设旨在将价值观引导与知识传授相结合，是实现价值引领与知识传授同步推进的有效手段。这一目标能否达成，取决于专业课教师是否具备相应的育人能力，而他们的育人能力水平直接影响着育人效果的好坏。因此，专业课教师应当主动提高自身的育人能力，学校也应多举办"课程思政"培训活动，确保自我反思与培训相结合的方法得到有效实施。

3. 融合和联动相统一

对于我国高等教育机构来说，课堂教学是推进"课程思政"建设的核心路径。"'课程思政'建设需全面关注高校的课程体系和结构，"在新时代背景下，课堂教学已不局限于传统的模式，而是融合了理论、实践和网络等多种教学方式。尽管这三种方式各具特色，但在"课程思政"建设过程中，它们都有一个共同目标，那就是实现专业课程内容与思想政治教育资源的有机结合，以及专业课教师、教材、教案、教学内容、教学方法、教学语言、教学载体、教学资源等要素的协同作用。因此，整合与协同成为帮助一些大学生理解知识传授与价值引领关系的关键策略。

从融合元素的视角来看，思想政治教育与专业课程各有所长，前者在知识内容和价值体系上较为完整，后者在专业领域和学科特色上独树一帜。在全面推进"课程思政"建设的过程中，如果忽视了专业课程的特性，将思想政治教育元素生硬地植入，就会导致两者的机械结合；反之，如果脱离了思想政治教育的系统性去挖掘专业课程中的思想政治教育资源，就可能造成混乱无序。只有把握住思想政治教育的主导性和系统性，同时重视专业课程的主动性和独特性，才能实现两者的无缝对接和有机融合。对于思想政治教育来说，应当从立德树人的高层次出发，将其价值内涵和核心要义融入专业课程体系，实现对专业课程的价值引领，特别是要用马克思主义中国化的最新理论成果来指导专业课程教学的政治立场和价值取向；对于专业课程而言，应以自身的根本特性为基准，以思想政治教育系统中与之相契合的知识内容和价值取向为参照，深入挖掘自身潜在的育人元素和资源，注重融入的深度，明确实施"课程思政"改革的关键点，从而增强思想政治教育与专业课程的向心力和凝聚力，实现有机融合。

从要素协同的视角来看，专业课程覆盖面广，涵盖高校的众多课程类型，每种课程在"教师、教材、教案、内容、方法、话语、载体、资源"等方面都有其独特的风格和特色，从而构成了与其他课程不同的吸引力。系统化和协同意识是专业课程实施"课程思政"建设的基础，不仅要突出自身在教育教学元素上的优势并有效利用，还要促进思想政治教育在团队建设、方法选择、话语使用、资源共享等方面的特点相互补充，实现优势互补。同时，应以思想政治教育的价值引领为准则，通过系统联动和整合重组，将自身教育教学要素的独特性转化为"课程思政"的育人优势，实现教学多元性的有效转化。

正如习近平总书记所说，要想做好思想政治工作，应该要使其像盐一样，但只是吃盐是不够的，要"将盐溶解到各种食物中自然而然吸收。"大学生并非被动接收信息的对象，而是具有主动性和能动性的个体。为了解决一些大学生对专业课程中思想政治教育元素缺乏认同的问题，必须采取融合与协同的策略，让专业课程在融合和协同上做出努力，使得思想政治教育元素能够像盐一样均匀地溶解在专业知识中，像血液一样深入到学生的内心，从而提高"课程思政"的教育成效。

（三）高校"课程思政"建设的路径

"课程思政"是在"三全育人"理念指导下的一项持久且系统的工程，它不仅仅是把专业课程简单地转化为思政课程，也不仅仅是打造某些特定课程的示范样板，而是要确保专业课程能够履行育人职能，专业课教师需要承担起育人的责任。因此，我国高校在推进"课程思政"时，需要从责任主体、实施主体和专业课程这三个维度加强建设。

1. 党委、宣传部、教育处各司其职

首先，习近平总书记指出："高校党委对学校工作实行全面领导，承担管党治党、办学治校主体责任，把方向、管大局、作决策、保落实。"⑥在我国高等教育机构的"课程思政"构建中，党委担当着责任主体的角色。因此，党委必须主动承担起立德树人的重任，纠正育人工作实施主体可能存在的认知偏差，摒弃思想政治理论课程单独承担育人任务的错误观念，接纳涵盖全课程、全员、全过程、全方位的育人理念。在"课程思政"建设中，高等院校不能偏离正确的方向，而校党委就是这一过程中的指南针。因此，高校党委"要认真学习习近平总书记关于高等学校思想政治工作的论述，认真研讨和落实国家教育部门的相关文件和要求，结合学校自身情况，出台系列性政策，为开展课程思政提供支持。"

其次，高校宣传部承担着宣传的重要职责。在工作导向上，高校宣传部与党委保持一致，两者均需执行党中央的决策，并保持与党中央一致的行动方向。意识形态工作尤其重要，高校党委和宣传部在推动大学生思想政治教育工作的有效实施和执行党中央的思想决策方面发挥着至关重要的作用。因此，高校"课程思政"建设的顺利推进不仅依赖于校党委的高度关注，也离不开宣传部的意识形态引导。

在高校推进"课程思政"的过程中，宣传部的职责是积极推广"课程思政"的理念，以增进师生对该理念的理解和认同。宣传部通过意识形态的引导作用，将"课程思政"的教育理念广泛传播，这种思想引领能够帮助师生树立起"课程思政"的意识，明确自己的角色定位，并为"课程思政"的建设做出贡献。对于专业教师来说，宣传部对"课程思政"教育理念的积极宣传将使他们深刻认识到党中央对高等教育工作的领导地位，以及高校工作应贯彻党中央的要求，从而在思想上加深对"课程思政"的理解。宣传部的思想引领作用还将激励专业教师在实际行动中以国家对教育发展的要求为指导，自觉地将"课程思政"理念融入到教学实践中，以实际行动推动"课程思政"的建设。

对于学生而言，宣传部通过舆论引导和文化建设两方面推动"课程思政"建设，能够引导学生对"课程思政"形成正确的看法，逐渐接受将价值观引导融入知识传授和能力培养的教育理念，认可专业课程中融入思想政治教育元素的教学方法，从而在获取专业知识和技能的同时，培养科学的价值观，实现德育和智育的共同提升。因此，宣传部通过思想引导、舆论引导、文化建设等手段，推动高校师生树立"课程思政"理念，是推进"课程思政"建设的一条有效途径。

第三，高校教务处在"课程思政"建设中承担着将教育理念转化为具体实践的责任。与校党委的领导和宣传部的宣传工作不同，教务处的重点在于将"课程思政"的建设落到实处。教务处通过课题引领来实施"课程思政"，以问题意识为核心，有针对性地解决教育教学中的问题，并确保解决方案的操作性。各学院、教研室和教师可以根据自己的学科背景，从多个角度研究"课程思政"，确立相关课题，为教学提供指导。教务处作为课题立项的主要部门，应明确自身责任，以课题为抓手，通过课题引领，将"课程思政"教育理念落到实处。

课题研究需要依托一定的形式，团队合作是推动课题高效完成的最优选择。各教研室在选择与"课程思政"相关的课题时，应以自身的学科归属为依据，结合学科特点和单位的研究条件、实际情况，拟定课题方向。马克思主义学院以其坚定的马克思主义信仰、专业化的教学团队和丰富的教学资源，可以为其他学院和教研室提供支持，成为"课程思政"课题研究的中心。具体来说，马克思主义学院的教研室可以从理论维度探讨"课程思政"的概念、特征和落实方式，其他学院的教研室则可以从实践层面对"课程思政"建设中存在的问题、原因和实施策略进行分析。团队合作的形式能够凝聚全校的力量，形成强大的教育合力，有效推动高校"课程思政"建设向纵深发展。

在我国高校中，各二级学院教研室通过课题形式对"课程思政"建设进行深入探讨和研究，将极大地促进高校和教师的发展。对于高校而言，开展以"课程思政"为核心的课题研究，能够为其提供理论和实践的双向指导，因为课题研究既需要理论的指导，也需要实践的支撑，只有理论与实践完美结合，才能完成课题研究。对于教师而言，通过课题形式进行"课程思政"建设，可以明确自身的实施主体地位，激发自觉性，培养兴趣点，将立德树人落到实处，自觉加入育人行列。通过课题形式帮助教师树立"课程思政"的问题意识，以此为切入点对"课程思政"的教育理念进行细致的剖析和探讨，能够促进教师在教育教学实践中落实"课程思政"的基本要求，将"课程思政"改革付诸实践。此外，通过课题形式对"课程思政"进行研究，还在一定程度上推动了高校的科研建设，为教师之间的学术交流与合作提供了有力的抓手。因此，教务处要积极发挥自身职责，设立与"课程思政"相关的课题，通过课题引领推进"课程思政"教育理念的贯彻落实。

2. 专业课教师树立"立德为先"的价值观

在我国高等教育机构推进"课程思政"的过程中，专业教师扮演着关键的实施者角色。然而，一些专业教师未能准确把握育人的重点，导致了过分强调知识技能而忽视道德教育的情况。这一问题与一些专业教师在道德修养方面的不足密切相关。因此，专业教师亟需加强自身的道德修养，确立"德育为先"的教育理念。价值观在个人生活中占据着至关重要的地位，对人类的发展和社会的进步起着决定性作用。换言之，任何时代、社会或个人的生活都离不开价值观的引导，没有价值观指导的生活不能算作真正的生活。价值观深植于人们的思想和观念之中，无论人们是否意识到，它们都在无声地影响着人们的思考、评价、选择和行动。个体的行为倾向和对事物存在与发展重要性的看法和评价，反映了其价值观。从根本上讲，个体的价值判断、行为准则和生活方式是由其内在的价值观所决定的。因此，高校专业教师的价值观对其行为具有显著的导向作用，是他们在社会生活和行为取向中的指南针，是他们立足、生存和发展的精神动力和内在追求。

新时代对高校教师提出了秉持"德育为先"的教育理念的要求。我们正生活在中国特色社会主义新时代，这一时代的高校教师肩负着为中国特色社会主义现代化建设培养合格人才的重要使命。他们面临着西方社会思潮的持续冲击和挑战，同时面对着实现"两个一百年"奋斗目标的客观需求。这要求他们能够培养一代又一代坚定社会主义方向、适应时代发展需求的合格人才。人才的培养与教育及其事业的发展紧密相连；脱离了教育和教育事业，人才培养就失去了基础，无从谈起，"两个一百年"的目标也将难以实现。目前，我国高校"课程思政"建设的核心目标是动员一切可用力量进行立德树人工作，从而提高育人工作的实际效果。同时，长期的教育教学实践表明，为了确保"课程思政"建设的有效性，必须加强教师队伍建设，引导教师树立科学的价值观，特别是要提高专业教师的道德修养。专业教师的道德修养不仅在一定程度上影响着"课程思政"的实施成效，而且直接关系到未来人才培养的质量。因此，总的来说，"两个一百年"目标的实现依赖于人才，人才需要教育，教育需要教师，教师需要修养。"德育为先"的价值观是"课程思政"对教师提出的基本要求。

　　在我国高等教育机构中，专业课教师是实施"课程思政"建设的关键力量。专业课教师应当积极推动课程内容的创新，将思想政治教育融入到专业知识的传授中，以此提升学生的思想政治素质和综合能力。同时，专业课教师也应当关注学生的个性化需求，通过灵活多样的教学方法，激发学生的学习兴趣和参与热情，促进学生的全面发展。此外，专业课教师还应当加强与学生的互动交流，建立良好的师生关系，为学生提供更多的学习机会和实践平台，帮助他们更好地理解和掌握专业知识，同时也更好地理解和践行社会主义核心价值观。通过这些努力，专业课教师可以在"课程思政"建设中发挥出更大的作用，为培养德才兼备的社会主义建设者和接班人做出更大的贡献。

　　追求"德育为先"的教育理念是高校教师个人发展的内在要求。无论是从事何种职业活动，人们的目的通常包含两个方面：一是服务社会，二是实现个人成长。一个人道德品质的塑造不仅受到学校、社会和家庭的影响，还需要通过职业活动来进一步塑造。高校教师也不例外。他们的道德品质塑造离不开在教育教学实践中的自我提升、锻炼和升华。经验表明，高校教师只有确立了"德育为先"的教育理念，才能在职业活动中积极向上，取得成就，真正履行教育育人的神圣职责。与其他教育工作者相比，高校教师的特殊性在于，他们是否拥有高尚的师德直接影响到高校立德树人的成效。由于某些原因，一些专业课教师没有认识到"德育为先"的重要性，导致教育观念出现偏差，过分强调知识和技能的培养，而忽视了对学生德性的教育，这严重影响了"课程思政"的实施效果。毫无疑问，"课程思政"为专业课教师追求"德育为先"的教育理念提供了新的视角。如果专业课教师能够认识到这一点，不仅能够促进他们个人的自我完善，还能够推动"课程思政"向更好的方向发展。

　　《资治通鉴》中提到："才者，德之资也；德者，才之帅也。"这句话深刻地表达了德与才之间的关系，强调了道德在个人发展和社会进步中的领导地位。自古以来，中华民族一直高度重视道德的作用，将道德视为个体素质中的首要因素。专业课教师若想为"课程思政"建设做出贡献，就必须树立"德育为先"的教育理念，将德性作为衡量自己是否为合格教师的关键标准。德性是个体在社会中生存的基石，追求"德育为先"的价值观是专业课教师作为高等教育工作者的基本职责。"课程思政"建设的核心在于将价值观教育融入知识传授和能力培养之中，专业课教师不仅要指导学生学习科学文化知识，提供理论上的指导，更要从思想上引领学生，引导他们在为祖国奉献的过程中成为合格的社会主义建设者和接班人。每位高校教师都有责任促进学生的全面发展，这种发展不仅仅是技能和特征的完善，更是一种多方面素质内在和谐共生的状态，这种状态是由道德主导的，是全面而不偏重、和谐而相互提升的。在以往的教育教学中，一些专业课教师存在误区，认为只要教会学生专业知识和技能就足够了，其他事情与自己无关。然而，"课程思政"要求专业课教师在做好"授业、解惑"的同时，还要进行"传道"，"传道"是首要任务，传道者自身需要明确道德之道。专业课教师对学生德性的影响往往不是通过刻意的教学形式实现的，而是通过自身的言行对学生产生潜移默化的影响。因此，为了改变部分专业课教师重"才"轻"德"的现象，专业课教师必须追求"德育为先"的价值观，立志成为具有良好德性的教育工作者。

3. 专业课程凸显科学的价值取向

专业课程在高校"课程思政"建设中扮演着重要的角色，每门课程都内在地承载着育人的功能，而课程本身也承载着显著的价值。课程价值的探讨起源于斯宾塞对"何种知识最具价值"的提问。进入二十世纪，阿普尔提出了"谁的知识最具价值"的新观点，这一观点超越了"何种知识最具价值"的议题，使得课程选择不再局限于课程本身的属性，而是转向了价值主体，即课程"对谁有价值"。在此基础上，形成了"个体本位"和"社会本位"两种价值维度。"个体本位"强调课程价值在"知识"与"行动"、"德行"与"才能"、"知识"与"信念"、"知识"与"能力"等方面的差异；而"社会本位"则将课程价值的内涵扩展到国家政治、经济、文化等领域，认为课程价值应涵盖政治认同、经济增长、文化传承和民族振兴等方面。

"课程思政"致力于实现个人价值与社会价值的统一，旨在培养大学生的主体意识，但这种意识并非无限制的自主性，而是在特定条件下的自我认知。通过"课程思政"，大学生被教育运用科学的价值观来分析和解决学习和工作中遇到的难题，逐步形成将这种分析视为日常生活的必要组成部分。同时，"课程思政"旨在培养德才兼备的个体，强调德行的重要性，并引导大学生在正确的道路上发挥自己的才能，强调德与才的相辅相成，反对只有才没有德或只有德没有才的观点。在社会价值方面，"课程思政"旨在提高大学生的政治和文化认同，引导他们为人类的幸福而奋斗，并践行符合社会主流价值观的行为，继承和弘扬优秀传统文化，为民族振兴贡献青春力量。个人价值与社会价值的统一实际上体现了立德树人的核心要义，既传承了我国立德修身的教育传统，又促进了社会主义核心价值观对国家、社会和个人的整合。

在"课程思政"改革之前，高校专业课程在个人价值与社会价值的教育方面往往存在偏差，过分注重知识的传授而忽视价值观的引领，导致学生在融入社会方面的理念和能力的缺失。因此，在"课程思政"的实施过程中，可能会遇到一些大学生对知识传授与价值引领的同步性不认同的情况。专业课程应当坚持个人价值与社会价值相统一的教育理念，为大学生树立科学的价值观奠定坚实的基础。同时，思想政治理论课与"课程思政"在价值导向上是一致的。由于专业课程在新时代大学生个人价值与社会价值教育方面的实践经验和时间尚不充分，实际教学中可能会遇到一些难题。因此，"思政课程"也应当发挥其优势，为"课程思政"的建设提供指导和支持，共同推动教育目标的实现。

第二节　高校创新创业教育课程思政实践教学体系建设

作为高等教育体系的一部分，创新创业教育扮演着培养具有创新精神和创业能力的高素质人才的关键角色。关键在于如何在整个创新创业教育过程中融入思想政治教育，充分发挥课程的育人作用，增强全体教师的育人责任感，从而提升人才培养的整体质量。这正是创新创业教育课程思政教学改革与创新的核心目标。因此，深入研究创新创业教育课程思政的实践教学体系，构建一条可行、可操作、可推广的高素质创新人才协同培养之路，是教育事业发展中的新要求，对于提升高校人才培养水平、支持社会主义现代化建设以及国家经济发展具有时代性的重要意义。

一、高校创新创业教育课程思政建设的必然性

（一）创新创业教育和思想政治教育相辅相成

高等教育中的思想政治教育是培养学生意志品质、塑造人格、建立社会主义核心价值体系的关键。创新驱动发展战略依赖于创新人才的支撑，因此，应运而生的创新创业教育旨在为国家的发展战略和经济社会需求培养高素质的创新人才。始终坚持"立德树人"的理念和价值追求。然而，在当前多元价值观交织的背景下，高校传统的思政课程体系在内容、模式、方法、评价等方面面临挑战，传统的思政课在引导学生价值取向方面的局限性日益显现，难以满足创新创业时代下高校思想政治教育的需求。创新创业教育本身是一种"隐性"的思政教育资源，它能够引导学生树立正确的价值观，丰富新时

代爱国主义教育的内涵，帮助创新人才建立对中国特色社会主义的"道路自信、理论自信、制度自信、文化自信"。从创新创业实践中涌现出的创业者们，他们展现出的家国情怀和责任担当，将持续激励着一代又一代的学生为实现"中国梦"而努力、勇往直前。同时，在社会经济体系不断完善的过程中，大学生面临着各种社会思潮和价值观念的冲击，在创新创业过程中可能会受到不良社会思潮的影响。思想政治教育能够帮助学生塑造所需的创新创业精神、创业人格和心理素质，使他们在创新创业实践中保持独立性和坚持不懈。历史的发展趋势表明，社会主义核心价值观念必将成为新时代创新创业教育目标和发展最终的价值引领。因此，在课程思政理念的推动下，高校创新创业教育应持续加强与思想政治教育的融合，日益凸显思政教育的指导作用和教育功能，不断强化创新创业教育的德育和人才培养功能，真正实现创新创业教育和思想政治教育的同频共振，相互促进。

（二）课程思政引领创新创业教育改革与创新

课程思政是一个应时代而生的概念，它不是一门新开设的课程，而是思政课程的补充和延伸，本质上是一种创新的课程理念。它的目标是让所有高校、教师和课程都承担起育人育德的责任，实现教学与育人的结合，将教育的"显性"与"隐性"要素结合起来，开创"课课育人"、"人人育人"、"全面育人"的新局面。课程思政的引入为创新创业教育的改革和创新提供了新的机遇，为实践教学的创新提供了方向和优化空间。作为旨在培养学生创新思维、创业精神和创新创业能力的课程，创新创业教育不仅是多数高校开设的公共必修课，也是实践类课程思政建设的重要组成部分，肩负着"为党育人、为国育才"的重要使命。在制定创新创业教育的总体目标时，应深刻把握课程思政的理念，强化价值引领，充分挖掘和提炼课程中的思政资源（包括创新创业本身所蕴含的思政资源），积极探索创新创业教育课程思政实践教学，以期构建新的创新创业教育格局。因此，应充分发挥课程思政在创新创业教育改革和创新中的引领作用，将课程思政理念融入创新创业教育教学建设中，这既有助于培养创新型人才和提升课程思政的育人效果，也有助于大学生将创新创业的热情与国家主流观念、价值观的追求相结合，真正实现"创新创业知识传授"与"价值追求"的有效融合，推动创新创业教育课程思政的全面深化改革与创新。

二、高校创新创业教育课程思政实践教学体系建设

随着时代的发展，课程思政实践教学改革与创新在中国大地之上热烈展开，并取得了显著成效，同时也在持续深化。尽管如此，思政课程与其他课程在协同育人方面的实际效果并不突出，课程之间仍然存在分离的现象。这种现象的原因是多方面的，主要包括在课程知识体系中挖掘和提炼思想政治教育资源的不足；将知识传授、能力培养和价值观塑造三者分割开来；教师在课程思政中展现的育人意识和能力还不够；教学实践中存在表面化、形式化和生硬融合的问题。为了解决这些问题，应以社会主义核心价值观为指导，遵循《纲要》的精神，根据课程知识体系的特点、教学原则、教学过程的基本规律以及学生身心发展和认知的特点，紧密围绕创新创业教育课程思政建设的总目标，重点关注和加强教师队伍建设，从教学内容、方法、平台、评价等方面入手，将教书育人的理念融入到创新创业教育改革的全方位，设计实践教学体系。

（一）高校创新创业教育课程思政建设总目标

目标犹如照亮航船前进的灯塔，缺乏指引则可能导致在广阔海域中迷失方向，甚至忘记出发的初衷。高校创新创业教育课程思政建设的总体目标旨在指导解决课程建设的内容、方法、建设者选择、建成后评估以及评估方式等问题。因此，必须强化课程思政的价值导向，细心规划创新创业教育的总体目标，确保创新创业教育课程实践教学体系的设计有明确的指导原则。

1. 课程建设目标

首先，高校应组建创新创业教育课程教学研究团队，打造一支专业而强大的教师队伍，以便引领和指导教育改革。以教师为核心，选取某一门课程如"大学生创新创业基础"作为改革的关键切入点，聚焦教学大纲、教学体系等方面，全力推动该课程的试点教学和改革工作。一旦该课程改革取得初步成功，应迅速进行推广，将其作为其他创新创业课程的思政教学改革和创新典范，从而构建起"创新创业系列课程思政实践教学模式"，为其他院校提供可借鉴的模板，充分发挥示范和引领作用。最后，积极推动教材的开发，特别是校本教材的编写。由于现有创新创业课程教材无法完全满足当前阶段创新创业教育课程思政教学的新需求，高校应依托自身优势，深入挖掘和扩展教育资源，结合专业特色或行业特点，大力推动创新创业相关优质、特色教材的编写工作。

2. 育人目标

在课程目标的指导下，育人目标涉及深入挖掘和提炼创新创业知识体系中包含的思想政治资源（以下简称"思政资源"），并将其有效地融入教学和实践活动中。这样做的目的不仅是让学生掌握创新创业的基础知识和技能，还包括培养他们坚韧不拔的创新精神、勇于挑战的拼搏精神、推陈出新的创造意识和实践能力，同时重点塑造学生的价值观、家国情怀、团队协作、勇于探索和创新、法治意识等综合素养，完善学生创新创业的道德品质，提升他们的责任感和担当精神，为国家创新驱动发展战略培养出具有开创精神的人才。

（二）聚焦把握创新创业教育课程思政教学内容

思政资源是创新创业教育课程思政改革与创新的核心结合点，也是教学内容规划的出发点和落脚点。因此，必须深入分析课程的教学内容，精细地发掘和精炼课程中潜藏的思政资源，准确地找到思政课程与课程思政相结合的切入点，坚决避免"贴标签"和"两张皮"的现象出现。同时，教材作为课程传递的重要工具，具备思想性、前瞻性和科学性，教师应当深入解读教材的内涵，挖掘其中所包含的思政资源，以丰富和扩展教学内容的深度和广度。

《纲要》强调，"创新创业教育课程应着重培养学生'敢闯会创'的精神，通过亲身实践提升他们的创新意识、创造精神和创业能力"。因此，在创新创业教育课程思政教学内容的设计上，我们应摒弃过去只专注于"创新技巧"、"创业计划"和"商业模式"等知识点传授的做法，而应深刻融入实践类课程思政建设的理念，将"社会主义核心价值观"、"中华优秀传统文化"、"家国情怀"、"法治意识"、"敢闯会创"和"责任担当"等思想价值观念根植于当代大学生的理想信念教育之中，引导他们树立正确的创新创业观念，培养高尚的创新创业人格。例如，在创业者和创业团队的教育环节中，应融入理想信念、道德情操、团结合作等思想价值观，以帮助学生树立远大志向，形成高尚的人格魅力和道德品质；在创业动机的培养过程中，应渗透家国情怀、人格和人文素质等精神内涵，使学生在多元价值观的交织中能够做出正确的价值判断，树立科学的创业观，摒弃仅追求利益的功利创业观。通过这种方式，学生可以在"润物细无声"的过程中自然地接受思想洗礼，同时也有助于实现思政课程与创新创业课程的有效整合。

3. 以多样化、组合式教学方式增强创新创业教育课程思政的生动性

教学方法的创新对于推动教学改革和提高育人效果至关重要。多元化、组合式的教学方法是以学生为中心，根据知识内容的特点、教学环境和学生的认知规律，采用的一种灵活多变的创新教学方法。这种方法可以使原本枯燥的理论知识和学习过程变得生动有趣，提高学生的学习兴趣和参与感，使知识传授更为自然顺畅。例如，在讲解创业计划相关知识时，可以采用问题导向的教学方法，教师通过创设问题情境来提供学习支持，让学生沉浸在解决问题的思考中，以"主人翁"的姿态进行自主探究，自觉地认知、构建和提升知识，通过问题解决过程中的协作、评价和反思，最终将知识转化为能力和价值观。在讲授创业者及其创业精神等知识点时，教师可以采用线上与线下相结合的教学模式：利用网络纪录片、影视资料等线上学习资源，将真实的创业典范和大国工匠展示给学生，让他们直观感受创业精神和工匠精神的时代价值和意义；同时，通过线下实地走访创业者，尤其是白手起家的年轻创业者，让学生深刻理解创业的困难，培养他们坚韧不拔的品质。

（四）着力搭建创新创业教育课程思政教学实践平台

在创业教育课程中，思政教学应当通过实践来促使知识转化为信念、价值和精神追求。因此，以思政教育为指导，引领创业教育课程建设，通过学习和研讨优秀的课程思政案例，致力于建立创业教育课程思政教学实践平台。

首先，建立"互联网+创新创业"的综合性教学平台。在信息技术高速发展的当下，高校应利用现代信息技术，创建集学习与研究为一体的教学平台，以扩展思政教育和创新创业教育的协同育人范围和深度。该平台包含全面的思政知识和创新创业知识，以及优质的课程资源，并定期更新。教师可以通过平台进行教学研究和合作讨论，提升教学和育人能力；学生可以随时在平台上进行交流、分享和提问，满足灵活学习的需求，提升学习体验和效果。

其次，高校应整合学校、企业、地方资源，建立教学资源库，并通过孵化基地、众创空间、校企共建基地等形式，积极开展与思政教育相符合的实践教学活动。这样为学生提供更优质的实践和实训机会，不仅提升了创新创业教育的质量，也展示了思政教育育人的成效，增强了学生的学习体验和实效。例如，鼓励学生参与"挑战杯"、"创青春"等系列竞赛活动，特别是中国"互联网+"大学生创新创业大赛中的"青年红色筑

梦之旅"活动，通过思政教师、双创教师和专业教师的联合指导，引导学生组建创业团队，让学生在大赛中学会创新和合作，这样不仅锻炼了学生的创新创业能力，也培养了他们的团队合作精神，并让学生在实践中深入了解国情民情。

（五）改革创新创业教育课程思政教育评价方式

评估创新创业教育课程思政建设的成效和育人效果是课程思政建设的核心关注点，也是教育评价需要深入探讨的议题。教育评价是基于教学目标，以评价指标为准则，对教育教学中达到的标准和要求进行科学判断的教学认知活动，它是判断教育目标实现与否和教学质量提升与否的重要手段。

首先，推崇"知识技能+思政素养"的增值评价理念。在创新创业教育课程思政的增值评价中，不仅关注学生对创新创业基础知识和技能的掌握，还要关注学生在学习和实践过程中体现出的思政素养，如德育、情感、价值观等方面，并增加了"学生在自我成长中的获得感和幸福感"的评价指标。通过课堂互动、案例报告、创业计划书、创新创业大赛等方式来衡量思想政治教育的融入效果和课程思政的育人效果。

其次，建立教学反馈机制。学生是教育的直接对象，是学习的主体，应当重视学生在教学效果中的反馈。创新创业教育课程思政建设的基础在于"课程"，重点在于"思政"，最终的归宿仍然是"学生"。学生的认可是衡量课程思政建设成效的"金标准"。因此，必须向全体学生建立教学反馈评价机制，以确保课程思政建设不流于形式。高校可以通过学生座谈会、问卷调查、评教系统等方式，了解学生的真实感受（尤其是创新创业教育融入课程思政的成效），听取学生的反馈意见，最大限度地满足学生个性化需求，真正做到课程思政建设"固化于制、内化于心、外化于形"。

最后，形成课程思政改革创新机制。课程思政不是一成不变的，需要根据增值评价、教学反馈，定期对课程思政的实施情况和存在的问题进行深入挖掘和分析。同时，要了解国家对学生教育发展提出的新要求，尤其是在经济新常态下，面对多元价值观体系相互交织、缠绕、渗透的复杂情况，要及时调整和更新课程内容，优化思政资源，与时俱进，形成课程思政不断革新的机制。

（六）培育具有思政涵养和多学科知识的"金师"队伍

《纲要》强调，"全方位推动课程思政的发展，教师的作用至关重要"。教师的育人观念、实际教学能力以及所承担的责任和使命，直接影响到课程思政的实施效果。在整个学习过程中，教师始终扮演着指导者的角色。因此，我们必须着重加强教师团队的建设，努力培养一支既具备思政素养又有专业学科背景的卓越教师队伍，为创新创业教育课程思政的改革与创新贡献力量。

首先，我们需要提升教师对于创新创业教育课程思政建设的理解力，让他们深刻认识到思想政治教育与创新创业教育相辅相成的重要性，从而根本改变"互不相关"、"与我无关"的错误看法。通过组织教师参与培训、外出考察、访问名校等方式，增强教师对课程思政教学理念和科学教学方法的了解，提高他们的育人能力和德育意识，推进"金牌教师"队伍的优质化和专业化发展。

其次，我们鼓励教师在创新创业教育课程思政的教学中进行自我反思。科学的教学反思是教师自我发展和完善的必要过程，它可以帮助教师发现教学中的优点和不足，并及时进行改进。教师可以通过观摩、交流、评课、微格教学、撰写反思日记等多种方式，及时识别并改正自己的不足，吸取他人的长处，稳步提升科研能力和教学水平。

第三，我们应该整合思政教师、创新创业教师、专业教师、辅导员等多方资源，构建一支拥有跨学科知识背景、能够紧密协作的高素质教师团队，形成"全员育人"的协同效应。教师可以通过集体备课、讨论、学习、解答疑问等形式，整合各类思政资源，使课程教学体系的设计更加符合学生的认知规律和成长需求，提高课程思政育人的实际效果。

最后，应提高课程思政建设成果在教师评估体系中的分量。评估体系作为指导教师投入教学活动的"风向标"，对于增强教师的教学成就感至关重要。应当将教师在课程思政建设中的参与程度和教学成果与教师的岗位聘任、职称晋升等激励机制相结合。此外，应增加课程思政建设的优秀成果，如思政示范课程、典型案例等，在教师评估中的比重。通过表彰先进、建立典范、分享经验，激发教师群体参与课程思政建设的积极性。

高校的创新创业教育课程思政旨在培育具有情怀、责任感、使命感，且符合国家战略发展和社会经济需求的创新型人才。这是课程思政的起点和关键着力点。将思政元素融入创新创业教育的课堂教学中，构成一个包含认知、实践、再认知的连续过程。不仅需要紧扣课程的整体目标，提炼思政教育资源，找到恰当的融合点，并构建科学的教学体系，还要重视学生在实践中培养"敢于尝试、善于创新"的精神，通过实际行动锻炼能力，在挑战中锻炼意志。同时，要求全体教师亲力亲为，以"全心、全情、全爱"的态度投身于教学和育人工作，为培养高素质的创新型人才创造一个积极向上的教育环境。

第三节　基于课程思政理念的大学生就业指导课程教案设计

作为推进课程思政建设的关键途径之一，大学生就业指导课程的本质和目标与高校思想政治工作相契合，有助于课程思政改革的深入实施，与传统的思政理论课程协同前进，构建起"大思政"的教育格局。然而，现有的课程教案设计由于缺乏课程思政理念的支持，存在不少不足，这影响了其育人效果的最大化。因此，以课程思政理念为指导，对大学生就业指导课程的教学案进行设计，既要满足新形势下高校课程思政建设的总体要求，又要与就业指导课程的特性和目标紧密结合，同时针对该课程现有设计的状况和不足进行改进。这样，就业指导课程才能与其他课程协同，形成一体化的育人体系，切实履行立德树人的根本任务。

一、大学生就业指导课程的性质与目标内容

根据教育部 2007 年颁布的《大学生职业发展与就业指导教学要求》，大学生就业指导课程在教学内容上不仅凸显了就业选择在个人成长路径中的重要性，而且重视学生综合素质的培养。随着社会需求的演变，经过持续的课程革新，大学生就业指导课程已经转变为高校人才培养体系中的核心环节。课程的内容、性质和目标均已明确，其在价值观塑造和思想政治教育方面的作用与传统的思政课程相承继，这也是依照课程思政理念对大学生就业指导课程教学案进行设计的重要依据。

（一）大学生就业指导的产生与发展

在 20 世纪初期，受到西方国家教育理念的影响，并在黄炎培等教育先驱的推动下，我国的就业指导教育开始生根发芽。然而，由于历史等多种因素的制约，这一教育领域曾一度陷入停滞。直至 20 世纪 80 年代，改革开放的春风吹拂，市场经济体制的建立与完善，加之我国对毕业生就业体制的改革，取消了之前的包分配制度，转而推行毕业生双向选择、自主择业的就业模式，这促使就业指导教育在我国重新焕发生机。

随着高等教育的扩招，毕业生人数激增，就业市场的竞争日益激烈，这一现象进一步推动了高校就业指导教育的进步，并取得显著成效。首先，社会各界普遍认识到就业指导的重要性，从国家层面到地方政策，再到高校教育，都强调了对学生的就业指导；其次，人们开始将就业指导视为一门新兴的交叉学科，它需要整合思想政治教育学、哲学、心理学、社会学等多学科的研究成果，并将其作为一门独立的课程纳入高校教学体系；最后，通过不断的改进与发展，大学生就业指导课程的核心内容已经形成，旨在帮助学生树立正确的就业观念，制定科学的职业生涯规划，指导他们进行就业求职，正确理解就业形势，掌握求职技巧，并培养职业道德，协助大学生合理合法地维护自身权益，这对于解决毕业生就业问题提供了有力支持。

（二）大学生就业指导课程基本属性与定位

"就业工程即民生工程"这一理念凸显了就业对于社会的重要性，尤其是高校毕业生的就业问题。大学生作为社会进步的生力军，他们的世界观、人生观和价值观的发展方向对社会未来的走向具有重要影响。传统的大学生就业指导课程旨在明确职业在人生发展中的关键地位，并注重学生的全面与终身发展。思想政治教育则是一种积极的意识形态教育活动，以社会主义核心价值观为核心，与大学生就业指导课程的理念高度一致，在内涵属性、实践属性和成长属性等方面展现出高度契合。

首先，大学生就业指导课程旨在通过知识和技能的传授，引导学生树立正确的职业发展和就业选择观念，为社会输送有用之才。思想政治教育同样强调正确、积极思想的重要性，认为这是人成功的关键因素。为了利用课程思政建设有效引导大学生就业指导，必须深入挖掘课程中的思政育人元素，提升思政教育的育人效能。正确引导思想是思想政治教育的积极作用，为大学生职业发展和就业指导提供了思想动力。因此，课程思政理念与大学生就业指导课程的内涵属性是相符的。

其次，大学生就业指导课程是一种实践性教学，而思想政治教育也越来越倾向于体验式教学，鼓励学生通过参与社会活动和研讨会，通过亲身体验提升实践能力。基于课程思政理念进行大学生就业指导课程建设，可以摆脱传统的灌输式教育方法，高度激发大学生就业思维，以最有效的方式引导大学生求职就业。因此，课程思政理念与大学生就业指导课程的实践属性是相符的。

最后，大学阶段是学校与社会衔接的关键时期。大学生虽然未完全步入社会，但已与社会有所接触，成长阶段的矛盾使他们对自己职业生涯的选择感到迷茫。思想政治教育从学生成长的规律和特点出发，从思想的高度引导大学生自觉塑造良好的职业素质，以适应社会需求。同时，思想政治教育的多样形式可以为大学生就业指导课程创造更优化的平台，注入新活力，帮助学生提高道德素养和专业质量，实现思想与事业的双重成就。因此，课程思政理念与大学生就业指导课程的成长属性也是相符的。

随着高校扩招，毕业生人数逐年增加，大学生群体能否顺利获得高质量就业，关系到社会的稳定与发展。要实现大学生的高质量就业，必须发挥就业指导课程的关键作用。大学生就业指导课程的基本属性和定位决定了该课程是高校人才培养体系的重要组成部分，它不仅帮助大学生提高就业观念，促进毕业生尽快找到工作，还能培养他们成为德、智、体、美、劳全面发展的社会主义合格建设者和可靠接班人，引导他们积极参与国家发展，全力投身实现"中国梦"的伟大事业。

（三）大学生就业指导课程的目标内容

"立业必先树德"的理念体现了大学生就业指导课程的目标，即在传授知识和技能、提升学生就业选择能力的同时，通过融入思政元素，激发学生的爱国主义价值观，增强他们对社会的使命感和责任感，引导他们积极投身于新时代社会主义现代化建设。

"少年智则国智，少年强则国强"的观点强调了大学生综合素质对未来国家发展的重要性。高校开设就业指导课程的目的是帮助学生在大学期间通过学习和自我探索，将个人兴趣与社会需求相结合，发挥个人潜能，规划职业方向，为社会服务。课程思政理念则在于发挥课程的育人作用，提升学生的思想道德素质，增强他们认识世界和改造世界的能力，培养职业道德和社会责任感，与就业指导课程目标相一致。

大学生就业指导体系庞大，但并非所有内容都属于就业指导课程。通过文献阅读和教材整理，笔者认为，大学生就业首先需要自我评估，了解自己的性格、兴趣、能力和价值观，即"知己"；其次需要分析现实情况，了解外部环境、政策，结合职业性质了解社会需求，找到合适的岗位，即"知彼"；最后在找到理想工作的基础上，应对薪酬、保险等问题，培养正确的职业道德，保障就业稳定。这三个步骤是就业指导课程的重要内容，包括职业生涯规划与职业价值观引导、就业形势分析与求职心态调整、就业权益保护与职业道德培养。

基于课程思政理念，对大学生就业指导课程进行教案设计，将世界观、人生观、价值观、道德观、法治观、政治观等内容融入就业指导的各个方面，相互渗透、相互支撑。思想政治教育是就业指导课程的灵魂和核心，思政因素是关键，同时就业指导课程也使思政教育的目标和内容更具体化；思政教育为就业指导课程指明方向，就业指导课程为思政教育功能的实现提供条件和载体。因此，课程思政理念与大学生就业指导课程在教育目标和内容上具有一致性，相辅相成。

二、大学生就业指导课程教案的现行设计及其主要缺陷

在遵循课程思政理念对大学生就业指导课程进行教案设计时，除了考虑宏观政策引导和课程本身的性质与目标外，还需分析现有课程教案设计的不足，以便指导新教案的制定。

大学生就业指导课程作为一门公共基础课程，自设立之初便注重就业在个人发展中的重要性，并着眼于学生的全面成长和终身学习，旨在通过树立正确的就业观，帮助学生更理性地规划个人发展，并在学习过程中提升就业选择能力和职业道德。自高校普遍开设该课程以来，课程教案设计已趋于稳定，课程目标、内容和教学方法均已明确。

在职业生涯规划与职业价值观引导方面，课程旨在帮助学生全面认识自己，了解职业世界，掌握科学的决策方法，形成初步的职业发展规划，并明确不同人生阶段的职业目标和生活模式。通过课堂讲授、评估工具等手段，引导学生正确理解自身特点与职业选择的关系，形成初步的职业发展目标；同时，教授学生搜集和管理职业信息的方法，了解职业发展决策的类型和影响因素，将决策技能应用于学业规划和职业发展的全过程，培养正确的就业观念。

在就业形势分析与求职心态调整方面，课程通过课堂教授、小组讨论、课堂活动、案例分析等方式，使学生了解影响就业的各种因素，为科学有效的求职准备打下基础；帮助学生根据不同职业的需求，分析所需通用技能和专业技能，有针对性地提升就业技能和综合素质；使学生能够深入了解当前的就业形势，了解所处环境中的资源和限制因素，充分利用各类资源，顺利实现就业。

在就业权益保护与职业道德培养方面，课程通过经验交流、模拟面试、团体训练等方法，教授学生如何依法维护个人合法权益，增强心理调适能力，有效管理求职过程，保障就业稳定。然而，总体来看，现有的大学生就业指导课程教案设计偏重于知识和技能的传授，对态度和价值观等方面的培养不够重视，未能充分将个人发展需求与国家、社会发展需要相结合。

（一）课程目标价值观导向不够凸显

传统的大学生就业指导课程作为高校的公共基础课程，其核心教学目标在于教授学生专业的就业和择业知识及技能，以帮助他们获得理想的工作。课程内容着重于激发学生的创业意识和职业选择自主性，鼓励他们以理性和目标为导向地规划未来，并在日常学习中主动提升就业和创业能力。虽然课程结构相对完善，且能在特定社会环境下辅助学生顺利就业，但基于课程思政理念的分析揭示了一些不足。

现有的大学生就业指导课程在价值观导向上不够明确，过于侧重于理性就业和择业知识的传授，而忽视了人文思想的融入。课程往往注重知识的深度挖掘，而忽略了知识广度的拓展，以及就业理论技能的应用实践。这种倾向在一定程度上忽视了爱国敬业、诚实守信、廉洁自律、客观公正等思想道德品质的培养和提升。在考核评价过程中，课程过于重视知识和技能的掌握，而忽略了德育知识的考核。整体教学安排未能全面回答培养何种人才、如何培养人才、为谁培养人才这一根本问题。这些问题同样给就业指导教师在授课时融入思政教育元素带来了挑战，影响了"课程思政"的教学质量。

随着经济社会的快速变化，大学生在就业选择过程中出现了越来越多的利己主义者，他们在求职时仅以个人发展前景和薪酬高低为衡量标准，追求所谓的大厂职位，而完全不考虑国家和社会的实际需求，甚至轻视基层工作。这种趋势与国家和社会的人才培养目标相悖。因此，高校作为培养未来社会栋梁的集中教育场所，必须在源头上树立正确的育人理念，纠正学生的就业观念，着力培养真正能够为国家和社会做出贡献的、德智体美劳全面发展的社会主义合格建设者和可靠接班人。

（二）课程资源思政元素融入不够完善

在传统的大学生就业指导课程教案设计中，每个章节和模块都设定了价值观目标。教师在授课过程中，根据自己的教学水平和课程的实际案例，在传授知识和技能的同时，融入价值观目标的教授，以帮助学生建立正确的职业观和道德观。

然而，基于课程思政理念对现有大学生就业指导课程教案的深入分析，我们可以观察到一些问题，如育人资源的挖掘不够充分，资源配置不合理等。课程资源中的思政教育元素融入不够完善，虽然价值观目标中包含了明确的思想政治教育内容，但在实际教学内容分解和教学方法运用方面，思想政治教育资源的体现不足。就业指导课程的教材版本众多，质量参差不齐，缺乏针对性。教材是教学的主要依据和内容来源，质量不一的教材可能对教师造成误导，不利于教师挖掘思想政治教育元素，也不利于将思想政治教育内容合理分配到授课的各个章节中，导致课程思政推进表面化，思政元素的融入不够深入和完善。

（三）教学手段思政教育契合程度不高

大学生就业指导课程作为一门公共基础课程，包含了大量的实践性教学内容，这要求教学手段必须多样化，既要有理论教学手段，也要有实践教学手段。在传统的大学生就业指导课程教案设计中，教学手段已经相当丰富，能够结合课程教学内容，帮助学生最大程度地掌握知识技能，并在一定程度上提升了正确的价值观。

然而，基于课程思政理念对现有大学生就业指导课程教案的深入分析，我们可以看到现有教案设计中的教学手段和方法更倾向于知识技能的传授，传统的"你讲我听"、"一言堂"式的灌输式理论教学手段仍然占主导地位。由于大学生就业指导课程的教师队伍具有特殊性，不同于普通专业课程有专门、固定的教学团队，许多教师身兼数职，导致他们在事务性工作繁忙时无暇顾及教学方法及新媒体手段的运用更新，对新方法掌握不足。同时，受到自己授课技巧和知识储备的限制，授课形式变得单一、枯燥无味。灌输式理论教学不仅无法正确引导学生树立价值观，甚至无法保证学生对就业择业知识技能的学习和理解。更有甚者，为了完成"课程思政"目标，对一些思想政治教育内容进行生搬硬套，在就业知识技能讲授之余表面化地加入马克思主义理论相关知识，与实际就业指导课程教学内容毫无关联，反而会引起学生的抵触情绪，限制了大学生就业指导课育人功能的发挥。因此，教案设计中的教学方法引导使用变得尤为重要，必须更加强调师生双向互动，增强授课的亲和力和针对性，以形成良好的课堂氛围，促进学生对于知识和技能的学习，也有利于教师充分了解学生的意识形态思想观念，更有针对性地进行思政政治教育，塑造其价值观。尽管部分就业指导教师已经意识到这个问题，开始结合案例教学等方法加大对学生的吸引力，但总体融合程度不高，且新方法的使用在整个教学过程中占比较低，生搬硬套不仅不能触及学生的心灵深处，甚至在一定程度上会影响实际教学效果，起到相反的作用，因此还需要从教案层面予以规范化。

（四）教学评价育人指标不够全面

在传统的大学生就业指导课程教案设计中，由于课程性质和应试要求的影响，为了简化考核的复杂性，大多数就业指导课程的教师仍然主要采用笔试作为课程结果的通用考评手段。他们利用行业调研报告、求职简历、实习实践报告等方式来重点考核学生的知识理解程度和技能掌握程度。这种考核方式简单、直接、有效，能够在最大程度上客观反映学生知识技能的掌握程度，并据此适当调整后续教学过程。

然而，基于课程思政理念对现有大学生就业指导课程教案的深入分析，我们可以发现现有的教案教学评价部分几乎没有能够通过课程阶段考核或课程结课考核来了解学生思想发展状况以及择业观、就业观等抽象价值观的树立情况，也无法为后续教学跟踪和课程改进提供有益的参考。此外，对于任课教师课程思政教学能力的评价存在缺陷，未能正确评价和反馈教师对学生思想状况的把握、课程思政课堂的教学管理水平。对学生的思想政治教育水平的评价也存在缺失，不能真正实现对学生价值观的引领。同时，课程思政理念的实际推行成果并未被明确列入考核评估制度，课程培养方案一直侧重于知识的传授和技能的培养，而对于价值观的培养和思想政治教育内容的融入的考核却缺乏依据，在实际评价过程中更是没有可操作、复制的方案，甚至还被认为过于抽象和宏观。总体教学评价更加侧重于简历的制作、学生就业创业技巧的获取以及最终找到何种理想工作等客观指标，而对于职业理想、家国情怀等价值观的考核则无从下手，甚至在一定程度上会影响客观指标的评价，严重影响任课教师的授课积极性和课程思政教学理念的推行以及课程育人实效的发挥。当前，中共中央在推进各大高校、各门课程进行课程思政建设的要求多停留在会议精神和政策文件之中，暂未落实到具体措施之上，更没有硬性的要求和考核制度，导致在课程实施过程中更多地侧重于知识技能的传授而忽视价值引领的要求，影响课程思政理念的落实。结合大学生就业指导课程当前的教学教案，究其根本原因在于当前大学生就业指导课程的评价侧重于学生所学习的知识技能程度，评价模式主要以考试为主，很少对学生的团队合作、创新精神等思政元素进行考察，激励措施不足，考核评价制度不合理，考核内容局限化，缺乏评价反馈设计，这种不够全面的评价模式不利于教师了解学生现状，也无益于之后课程思政教育的优化。长此以往，课程思政的目标将无法真正实现。

四、基于课程思政理念的大学生就业指导课程教案的主要设计

课程思政理念的实施凸显了在知识技能传授过程中价值观引导的重要性，其推进的难点在于如何确保高质量的实施，尤其是如何实现从整合到融合的质的飞跃。以课程思

政理念为指导，设计大学生就业指导课程教案，应将育人理念贯穿于教学的各个阶段，确保在职业生涯规划与职业价值观引导、就业形势分析与求职心态调整、就业权益保护与职业道德培养等教学内容中，全面培养学生的职业道德、文化素养、家国情怀等价值观念。这样做可以最大限度地发挥大学生就业指导课程的育人功能，形成协同效应和育人合力，更有效地引导大学生树立正确的价值观念。

（一）凸显价值导向的课程教学目标设计

在新时代立德树人的教育背景下，大学生就业指导课程作为高校的一门公共基础课程，必须在教案设计过程中将思政教育贯穿于教学的每一个环节，以增强其育人功能。首先，需要制定突出价值观引导的课程教学目标，这既是为了选择合适的思政教育内容和方法的依据，也是为了指导课程教学和评价的方向。一方面，要明确课程的总目标，重视打破学科界限，将思想政治教育理念像春风化雨一样全面融入教案设计中，在教授学生如何增强就业择业能力和提升竞争力的同时，强化思想教育和价值引领，培养正确的世界观、人生观和职业素养；另一方面，要具体化各个模块和章节的目标，深入挖掘课程中各章节的思政教育元素，有重点地将就业指导相关知识与学生思政教育相结合，避免简单粗暴的嫁接和嵌入，真正帮助学生树立热爱国家、服务社会、诚实守信、乐于奉献的积极就业观念。

1. 明确课程教学总体目标

在构建针对大学生就业指导的教学方案时，必须遵循当前培养德才兼备人才的核心目标。整个设计过程需贯彻历史和辩证唯物主义观点，强调社会主义核心价值观的指导作用，并指导学生深刻理解国际形势、国家状况、党的状况和民众情感。要努力消除不同学科间的界限，将思想政治教育的要素巧妙地融入到基础学科的教学内容中。在教导学生提高个人综合素质和增强就业竞争力的同时，应贯穿价值观和思想的引领，帮助学生确立健全的就业观念，并激发学生的创新创业潜能。

在制定创业教育课程的教学方案时，应遵循以下指导思想：首先，确保知识传授和技能培养的连贯性与完整性，避免因融入思想政治教育内容而牺牲原有教学目标的质量；其次，重视思想政治教育与专业知识技能的有机结合，使两者互相促进，共同支撑教学目标的实现；最后，积极并适时地融入社会主义核心价值观，如爱国、敬业、诚信、友善等，将其贯穿于课程教学的各个层面，以确保学生在毕业步入社会时，能够成为具备良好道德素质的新时代公民。

价值观层面：始终致力于用习近平新时代中国特色社会主义思想塑造学生的灵魂，引导学生在面对就业选择时坚定"四个意识"、增强"四个自信"。教育学生掌握科学理论，培养他们在就业选择上的自主性；同时，培育他们的社会责任感、社会公德以及正确的人生观、价值观和世界观。鼓励学生坚定爱国信念，深植家国情怀，将远大理想与个人抱负、家国情怀与个人追求相融合，自觉为个人发展和社会进步贡献力量，努力成为合格的社会主义建设者和可靠的接班人，为实现"中国梦"而不懈努力。

知识层面：本课程旨在帮助大学生更深入地了解自己的特质、职业倾向以及社会发展趋势，培养他们正确的就业观念。学生将学习当前的社会就业形势、就业政策以及相关法律法规，并掌握就业市场的最新资讯、职业分类和创新创业的基础知识。

技能培养层面：课程旨在教授大学生如何进行自我探索和自我发现，提高他们收集和处理信息的能力，以及运用职业规划和决策技巧。学生还将学习如何进行就业和职业选择，并提升包括人际交往、问题解决和自我管理在内的通用技能。

总体而言，本课程通过将思政教育与专业知识技能教学相结合，强调价值观的引导。课程旨在实现"知识传授、能力提升与价值引领相结合"的教学目标，将个人价值观的探索、兴趣的培养和技能的提升与社会主义核心价值观教育相结合。通过这种方式，引导学生形成自我意识，在提升专业知识和技能的同时，结合国家经济和社会发展情况，合理规划职业选择，树立正确的就业观念，为实现中华民族的伟大复兴中国梦做出贡献，主动到人民最需要的地方去实现自己的人生价值。

2. 细化模块章节具体目标

在确定各个教学模块的目标时，应在整体教学目标的指导下，充分考虑专业的综合特性和各模块的教学内容。深入研究专业教育中思想道德素质的要求，发掘课程中固有的思想政治教育资源，并在整合的基础上，提出课程思政建设的具体目标、任务和要求。将社会主义核心价值观等育人要素具体化到每个模块和章节的课堂教学目标中，并分解到教学方案、教学计划以及教案讲义中。在编写教案讲义时，应将思想政治教育内容作为必不可少的一部分，并在教学的所有环节中，引导学生坚持"四个正确认识"。

首先，在"职业生涯规划与职业价值观引导"这一章节中，课程应旨在帮助大学生深刻理解设定发展目标的重要性，并认识到不同职业的特色。学生将探索自己的专业学习与理想职业之间的联系，逐步建立一个稳定和长远的发展目标，从而激发学习的动力。

通过阐述职业对个人生活的影响，学生将理解职业规划的基本原则，并激发对职业的兴趣。课程还将探讨影响职业发展和规划的关键内部和外部因素，为学生制定有效的职业规划打下基础。此外，课程将强化学生的意志力，深入培养他们服务社会、扎根基层的意识和能力，注重培养学生实事求是、创新和艰苦奋斗的品质，提升他们在就业、择业和创新创业方面的实践能力。通过这样的教育，学生能够科学合理地规划大学生活，将爱国情感、强国志向和报国行动体现在职业选择中，并自觉地融入实现中华民族伟大复兴的中国梦的实践中。

其次，在"就业形势分析与求职心态调整"这一章节中，课程应向学生介绍社会发展的最新动态和就业市场的现状，帮助他们了解自己所处环境中的资源和限制。学生将学习如何利用这些资源来进行职业选择和决策，并拓宽就业信息的获取途径。课程旨在提升毕业生收集和处理就业信息的质量和效率，确保个人理想与共产主义的远大理想以及中国特色社会主义的共同理想相一致，增强民族自尊心和自信心，并激励他们积极参与社会主义伟大事业的建设。此外，学生还将掌握最新和全面的就业选择方法，以挖掘个人潜力，尽可能地找到与自己理想相匹配的职业，提升个人综合素质。课程将引导学生将个人理想与社会理想相结合，确保社会人力资源的最大化利用。

最后，在"就业权益保护与职业道德培养"这一章节中，课程应以学生为中心，引导他们在就业选择过程中树立正确的世界观、人生观和价值观。在此基础上，深化学生对就业权益保护的理解，让他们在掌握就业过程中基本权益和可能遭遇的侵权行为知识的基础上，学会有效维护自己合法权益的方法。课程还将帮助学生提升求职技巧，增强心理适应能力，并指导他们掌握适宜的心理调适技巧，以便更好地应对求职过程中的挫折，释放消极情绪。此外，课程将注重提升学生的道德素养，培养他们良好的职业道德和对工作的忠诚度。学生将了解学习和工作、学校与职场的差异，从心理上为就业角色转变做好准备，对工作环境建立客观合理的期望，实现从学生到职场人的无缝对接，为未来的职业发展打下坚实的基础。

（二）完善支撑课程价值目标的教学内容组织

在组织教学内容时，应始终遵循课程思政的理念，强调在知识和技能传授过程中凸显价值引领的重要性。将社会主义核心价值观的培养和贯彻放在首位，根据大学生就业指导课程思政建设的总体目标和各模块章节的具体目标，深入发掘思政育人的元素，并将其融入课程教学的各个环节。最重要的是将这些元素整合进教学内容中，将大学生社会适应能力和综合素质的培养等思政育人要素分散到课程的各个模块，形成虽分散但精神集中的教育格局，充分激发课堂的育人效果，实现育人目标。

课程思政与传统的思政课程有显著区别，它不要求单独开设一门课程，而是在课程教学的各个环节中自然融入思政元素，确保价值引领与专业知识传授和技能培养的有机结合。尽管不同版本的大学生就业指导课程教材章节设置不尽相同，但通过系统分析，可以将其主要分为三个部分：职业生涯规划与职业价值观引导、就业形势分析与求职心态调整、就业权益保护与职业道德培养。在此基础上，充分挖掘理论教学资源，避免传统理论教学中过分侧重知识传授和技能培养而忽视职业理想等价值观教育的缺陷。将社会主义核心价值观的培养和贯彻放在首位，将课程思政元素贯穿于理论教学的始终，就像"盐溶于水"一样，将大学生社会适应能力和综合素质的培养等思政教学元素融入到课程各个模块的内容中，实现形式上的分散与精神上的集中统一。

1. 职业生涯规划与职业价值观引导

在人的一生中，成长的道路不可能总是一帆风顺，困难和挫折是难以避免的。只有坚定的理想信念才能帮助人们真正克服这些艰难险阻，勇往直前。因此，在教案设计过程中，我们可以参考马克思的中学毕业论文《青年在选择职业时的考虑》等经典案例，以此加强学生的职业理想教育，塑造他们的就业观念，强化职业价值观的引导。引导学生学习红船精神，培养他们的奉献精神，将个人理想与国家的未来命运紧密相连，在职业生涯规划和就业观念养成的过程中，培育政治认同、国家意识、文化自信和公民人格。在就业观念的培养和就业选择过程中，引导学生自觉践行社会主义核心价值观，坚定共产主义远大理想和中国特色社会主义共同理想，培养诚信友善、爱岗敬业的精神，促进良好道德行为规范的养成。不断深化学生扎根基层、服务地方的意识，致力于培养理论与实践相结合、能够克服困难挑战的优秀人才。帮助学生树立正确的职业价值观，培养他们的奉献精神和社会责任感，明确个人需求与社会需求的关系，以集体利益为重。鼓励大学生在培养自身职业目标的同时，将个人价值与社会价值统一起来，将个人理想追求与中华民族的伟大复兴梦想相结合，以实际行动参与社会主义现代化建设，扎根基层工作，为实现中华民族的伟大复兴梦想贡献力量。

对于不同专业背景的学生，在"职业生涯规划与职业价值观引导"这一教学内容中，应根据各自专业的特色和类别，有针对性地挖掘思政教育元素，并组织相应的教学内容。例如，在针对教育学类专业的学生进行就业指导时，课程教学应重视师德师风的教育，强调在课堂教学中育德、在规范中立德，引导学生树立成为"学为人师、行为示范"的教育职业理想，培养他们的爱国主义精神、遵纪守法的意识，以及规范从教的职业操守。同时，引导学生将热爱祖国、热爱教育和热爱学生融为一体，努力成为具有"四有"品质的好教师。又如，在针对理工科学生的就业指导中，应将科学精神的培养与马克思主义的立场和方法教育相结合，重视培养科学思维方法和科学伦理道德，提升学生正确认识、分析和解决问题的能力，同时培育学生精益求精的工匠精神和探索未知、追求真理、勇攀高峰的责任感，激发他们的家国情怀和科技报国的使命感。

2. 就业形势分析与求职心态调整

在当前时代背景下，就业市场的环境经历了显著变化，这对学生把握社会和就业形势的能力以及求职方法的运用提出了更高要求。因此，在"就业形势分析与求职心态调整"这一部分，我们需要采取双管齐下的策略。一方面，我们要提升学生的文化素养和竞争意识，引导他们成为具有"四有新人"特质的大学生，培育他们社会主义核心价值观，使他们始终以社会主义接班人的标准来要求自己，增强对社会主义各方面的认同感，强化"四个自信"。例如，定期举办以"中国梦·我的梦"、"朋辈互助"等为主题的讲座，为学生解答就业指导和职业规划等方面的问题，培养他们的自信心，增强在政治、理论和情感等方面的认同，促进他们的成长和成才。

另一方面，我们通过教师对就业环境的全面解析，结合心理健康教育，切实提高学生的心理健康水平，多角度帮助学生克服心理障碍，调整求职心态，避免传统教育模式中对心理素质调整的忽视。同时，注重培育个人道德，引导大学生形成礼貌、诚信的优良品质和乐观、坚强的人生态度，帮助他们继承和发扬艰苦奋斗精神，确保在面对困难和挫折时能够坚忍不拔，勇往直前，客观、理性地面对就业过程中出现的问题，做好技能和心理的双重准备。

3. 就业权益保护与职业道德培养

鉴于许多学生在毕业前缺乏足够的社会经验和对法律的认识，他们在就业选择过程中可能会遭遇各种陷阱，这不仅会导致个人损失，还可能对整个社会的就业前景造成负面影响。此外，一些学生可能缺乏职业道德和职业忠诚度，这对他们的职业生涯发展和社会就业市场的稳定性都是不利的。因此，在教案设计过程中，我们应当采取以下措施：一方面，引导学生在学习知识的过程中回顾改革开放以来我国经济社会发展的巨大成就，强化革命传统教育，增强民族自豪感和中国自信，培养学生的社会责任感，增强"四个自信"，并培养职业道德；另一方面，加强对大学生的道德和法制教育，根据他们的实际需求在课堂上开展相关的法律知识教育，引导学生在就业和创业过程中遵守法律，同时学会用法律手段保护自己的权益，并遵守职业道德和商业道德。此外，教师可以根据课程特点，明确岗位所需的职业素质和职业道德，实现课程教学与思想政治教育的有机结合。例如，教师可以在课堂上介绍与工作相关的政策法规，明确行业从业人员应遵循的道德标准，提高学生的职业道德意识；在培养职业道德的同时，还可以进行社会公德教育，以社会中存在的失信、食品安全、产品质量等问题为例，加强学生对社会主义核心价值观的理解，并指导他们在学习和工作中切实践行这些价值观。

（三）契合育人元素与育人逻辑的教学手段选择

高等教育课程改革是实施课程思政建设的根本，教师应依据思想政治教育的基本原则，全方位推动实践教学的改革。这需要紧密结合课程固有的育人元素和逻辑，重视教学内容与方法手段的整合，确立课程的思政教育方向，并在此基础上进一步精炼和优化课程内容，为课程思政的有效实施提供必要且充分的条件。教学手段的现代化是增强思政课堂说服力、吸引力和感染力的关键。课程教学手段的创新直接影响到课程思政理念在课程中的实际应用，恰当的教学手段能够更深入地挖掘课堂育人元素，加强课堂育人逻辑，确保课程思政理念在大学生就业指导课程教学中得到全面贯彻，从而全面提升课堂教学的创造力、影响力和感染力。这种创新旨在实现从专业知识点讲解到思政育人的转变，引导学生实现价值塑造、知识获取和能力提升的统一，充分展现专业课程的教学效果和思政育人的功能。同时，这种改革也体现了对学生自然成长规律的尊重，增强了思想政治育人理念在就业指导课程中的渗透力和感染力，从而提升了育人效果。

1. 结合课程知识模块进行价值引领

课堂教学是传递理论教学资源的关键途径。在教案设计过程中，应确保在理论知识传授的同时，引导学生增强对党的创新理论的政治、思想和情感认同，深入理解国际国内形势以及党和人民的状况，从而坚定"四个自信"。教育学生自觉地将个人发展融入国家和民族的事业中，为国家的进步贡献力量。同时，教育学生深刻理解并自觉遵循各行业的职业精神和道德规范，培养他们守法敬业、公平公正、诚实守信、开拓创新和无私奉献的职业道德和行为习惯，增强他们的社会责任感，以推动社会的发展。教师要巧妙运用教学技巧，主导课堂话语权，尽可能以学生感兴趣的时事热点作为教学案例，以此吸引学生，并运用各种先进的教学方法，如案例教学、线上平台浸润式教学等，营造开放而有趣的教学氛围。在教学的各个知识模块中，有针对性地融入思政育人元素，使学生在学习基础理论知识的过程中提升思想认识，树立正确的价值观，从而提高学生的理论创新能力和引导他们形成正确的价值判断与选择。

在教学过程中，可以采用案例教学法，将思想政治教育元素适时地融入到教学内容中，通过分析学生真正关心的社会热点和现实问题，不仅能够实现就业创业技能培养与思想教育的有机结合，还能够激发学生在思想提升过程中对知识技能的主动学习，这种主动学习的效果远胜于被动接受灌输式教育。例如，在自主创业教育和就业政策讲解等方面，可以通过案例分析、观看访谈视频或纪录片等方式，引入广为人知的创业成功故事，帮助学生更好地理解自主创业所需的能力和品质，以及创业过程中可利用的政策支持；同时，通过分析创业失败的案例，引导学生客观地分析失败原因，从中吸取教训和经验。案例教学法不仅能够让理论知识变得生动有趣，还能够激发学生的学习兴趣和探索热情，使他们在教学过程中主动提出问题、分析问题，揭示不同论点之间的内在联系，并及时进行总结和归纳。在日常教学中，教师还可以穿插一些典型案例，提升学生的民族自豪感，培养爱国情怀。例如，在讲授职业价值观相关课程时，由于职业价值观的概念较为抽象，使用实际案例可以使知识更加形象化，帮助学生更好地理解价值观的内涵和重要性。教师在选择案例时，可以从社会层面选取高质量的案例，也可以根据学校的实际情况选择一些更贴近学生的案例，以此吸引学生的注意力，让他们更深入地了解课程内容。

在教学过程中，可以借助线上平台实施浸润式教学，将适当的多媒体教学手段融入课堂教学，这样可以使学生更直观、具体地感受到就业指导课程中的思想政治教育内容，加强课程育人逻辑，从而提高教学效果。特别是鉴于当前疫情防控常态化和课程学时等限制，一些高校的大学生就业指导课程可能面临停滞，缺乏系统性和持续性指导，更无法实现育人目标，这对大学生就业产生了严重影响。在这种情况下，利用多媒体手段从各个知识模块合理切入，可以加强课堂育人逻辑，充分释放课堂育人效果。同时，可以利用新媒体平台追踪和了解学生的最新思想动态，用学生喜爱的方式积极开展线上沟通，利用新媒体平台缩短授课教师与学生之间的距离，辅助线下教学，帮助学生在网络思想政治教育下解决价值选择上的困惑，有效补充"枯燥单调"的理论教学。

例如，运用各种创新的多媒体手段，更自然地帮助学生关注当前社会热点就业问题、典型就业案例、重大事件等，使课堂更具吸引力，紧跟时代发展，反映时代脉搏。通过微信推文推送与学生关心的话题产生互动，或通过视频录制、虚拟互动等方式，打造传统课堂之外的网络延伸课堂。还可以利用学生更喜欢的短视频、动漫、图像等手段创造更生动逼真的教学环境，在学习过程中充分调动学生的感官，提高学习效率，引发共鸣，提升学习积极性，进而帮助学生坚定理想信念、培养爱国主义情怀、提升文化素养、法治意识、道德修养、奋斗精神等，实现立德树人的根本目标。最后，要全面运用多媒体技术为学生搭建广阔的就业指导服务资源平台和网络集体授课平台，依托网络平台，通过视频模拟面试等方式全面考察学生的职业素养、道德品质。要利用易班、中国大学生在线等成熟网络平台打造就业资源平台和网络集体授课平台，搜集整合信息，确保学生充分掌握就业信息，使学生在课堂学习之外，能够随时查阅相关信息，充分发挥信息网络的沟通作用，实现全方位、全过程的育人目标。

2. 配合课程实操部分增强情感体验

作为一门公共基础课程，大学生就业指导课包含了大量的实操性教学内容，这要求教学手段必须多样化，既包括理论教学手段，也包括实操教学方法。在传统的大学生就业指导课程教案设计中，教学手段已经相当丰富，能够帮助学生掌握知识技能，并在一定程度上提升正确的价值观。然而，传统的单一课堂授课形式可能显得枯燥乏味，无法有效引导学生树立正确的价值观，甚至无法确保学生对就业择业知识技能的基本学习和理解。因此，在实际授课过程中，需要打破第一、第二课堂的界限，采用主题讲座、翻转课堂等形式，以第二课堂活动检验第一课堂教学效果，配合课堂实操部分，充分提升学生的情感体验和感知能力，全方位激发育人元素。

一方面，可以增加主题讲座模块，确保大学生就业指导课不仅讲授知识和培训技能，还注重态度和观念的转变，使之成为集理论课、实务课和经验课为一体的综合性课程。例如，在主题讲座中引入能引起共鸣的身边故事、专题讲座或事迹报告会等，邀请优秀校友、榜样典型或企事业单位相关专业人员分享经验，将理论与实践相结合，课内与课外相补充。教师应抓住机会，让学生在思想认识上产生转变，将理念和情感充分融入，通过互相交流分享的过程，隐性嵌入价值目标的教学过程，适时地将育人元素融入其中，培养学生脚踏实地、吃苦耐劳的品质和团结协作、锐意进取的精神，同时也可以了解学生的思想动态和学习状态，活跃课堂气氛，激发学生的效仿热情。

另一方面，可以采用翻转课堂等教学形式，在大学生就业指导课程中增加自由讨论环节，或采用师生角色互换的教学手段，让学生通过备课授课更加深入地强化对知识的理解。对于某些深奥的理论问题或具有争议的问题，可以由学生进行头脑风暴自由讨论，最后由专业教师总结并给出科学权威的解释。在课堂中开设模拟面试、模拟招聘等环节，一方面可以强化课堂的互动性，增强学生的学习兴趣，加深学习印象；另一方面也可以引导学生积极思考，并通过自身的积极思考和教师的及时纠正，增强学生的实际情感体验，引导学生自觉树立正确的世界观、人生观和价值观，在就业创业选择过程中寻找到正确的人生价值取向。

3. 利用课程实践环节强化实践育人

鉴于大学生就业指导课程的独特性质，在教学内容和时间安排的允许下，建立校企合作机制，鼓励学生走出教室，走进企业，参与研究、生产和管理的实际工作，亲身感受职场环境，掌握工作技能，体验职业精神。这样可以将校园内的思想政治教育与社会的实际需求相结合，将课堂上学到的专业知识和技能以及思想政治教育的内容应用到实际工作中，确保课堂内外教学活动的相互融合和延伸，拓宽教学范围，引导学生通过实践进行思考、学习和成长，通过社会实践这一大课堂，了解真实的就业环境，同时培养个人的职业道德，增强实践育人的效果。

在教学过程中，可以采用体验教学法，利用大学生就业指导课程的实践性质，为不同年级、不同专业的学生设计融入特色体验项目的教案，引导学生积极参与，并及时进行提炼总结和反馈，以此产生显著的教育效果。例如，可以与企业团队合作，设计有趣且富有教育意义的体验游戏，围绕性格测试、生涯规划、职业定位、求职探索、政策指引等方面，通过模拟招聘、角色扮演、团队建设活动、创新挑战等环节，打破学生的心理障碍，增强团队协作能力，让学生全身心投入，激发积极情绪和执行力，增强团队凝聚力和协作意识。同时，教师以观察者的身份提供适当的提示和引导，激发学生对未来职业生涯的深入思考，通过实践体验锻炼学生的知识掌握和能力运用，确立为国家发展贡献力量的目标，促进学生在实践体验中全面了解自己，科学规划未来发展道路，提升综合素质和竞争力，实现人生价值。课后应进行总结归纳，形成"情景模拟-角色扮演-分享交流-归纳总结-内化吸收"的教学模式，提高学生的职业素养和协作精神，锻炼逻辑思维、分析判断和解决问题的能力，进一步提升思政教育水平。

另一方面，可以组织学生深入企业进行实习实践，突破传统教学的空间限制，强化校企合作，扩展教学环节。在原有教学环节的基础上，增加企业实习实践板块，让学生在实际工作中与用人单位交流，通过招聘现场的亲身体验进行自我感知和自我反思，充分认识自己的兴趣和专业领域，掌握所学专业的就业动态和企业信息。通过实践，培养学生将学习与思考相结合，知识与行动相统一，增强探索创新精神和解决问题的实践能力，在亲身体验参与过程中增强创造意识、创新精神和创业能力。教育引导学生弘扬劳动精神，在艰苦奋斗中锤炼品格意志，在实践中增长智慧才干，深入了解国情民情，为实现"中国梦"而不懈奋斗。

（四）体现育人导向的课程评价设计

习近平总书记在学校思想政治理论课教师座谈会上明确提出："要坚持灌输性与启发性相统一，坚持显性教育与隐性教育相统一"©，要"抓好教学目标设计、课程设置、教材编写、教学改革、教师培养、考核评价等环节"©。为了客观而全面地评价大学生就业指导课程的育人效果，并将评价结果用于课程建设，有必要建立一个完善的教学评价反馈机制。这样的机制不仅有助于大学生就业指导课程中思想政治教育建设的全面实施，还有助于确保课程育人方向不偏离，持续提升教学质量和水平。

在课程思政理念指导下，就业指导课程的评价设计应当多样化，改变过去以知识掌握和技能培养为主的硬指标评价模式。在传统的课堂考试基础上，应增加对学习过程和实践活动的考核，纳入价值观引导、情感体验和实践环节评价等软指标，实现智育与德育的有机结合，以智育促进德育的发展。同时，建立动态评估机制，确保课程思政理念的贯彻实施。

1. 将价值引领内容纳入课程考试

"未经反思的经验仅是狭隘的，至多只能形成表面的知识。"©教学评价设计能够激励教师对教学过程进行深入反思，这是教师识别并改进自身不足、提升教学质量的关键途径，也是学生识别并强化自身弱点、实现自我提升和发展的关键途径。教师应依据课程思政建设的总体要求，拓宽教学评价的维度，将价值引领作为评价体系的重要指标。在基于课程思政理念的大学生就业指导课程教学中，增加思政育人指标的同时，不应忽视知识传授和技能培养的基本目标。因此，在保持原有课堂考核评价模式的基础上，可以在确保学生完整掌握知识和技能的前提下，加入价值引领的考核，以实现更加全面和客观的学习效果评价。

例如，在期中、期末考核中，可以继续使用生涯规划书撰写、简历撰写、模拟面试和模拟招聘等多种评价方式相结合。这些方式不仅能够检验学生在就业指导课程中的知识理解和应用能力，还能通过书面作业和模拟演练进一步了解学生的自我认知能力以及世界观、人生观、价值观和职业观的培养成效。教师可以根据这些评价结果进行客观的总结性评价，为下一阶段的教学活动提供反馈和参考，从而进一步加强教学的价值引领功能，确保育人实效的体现。

2. 将情感体验状况纳入过程考核

作为一门注重实践的课程，大学生就业指导课的学习效果评估不能仅依赖客观指标，而应加强过程性考核，关注学生在日常学习中的情感体验。这样的评价方式能够更全面地反映学生的实际学习状况，并为进一步改进教学提供依据。

虽然知识可以通过讲授直接传递给学生，但能力和态度的培养以及价值观的形成是一个逐步深入的过程。在教学实践中，我们既要科学评价学生的知识掌握、学习态度、日常表现和综合能力，又要关注学生在学习过程中的情感体验，记录他们在模拟择业、就业活动中的心态和情感变化。根据课程目标和实际教学效果，适时调整教学计划，及时反馈并修正教学过程，确保大学生就业指导课程能够全面提升学生的思想政治素质、道德品质、心理健康、法律素养和业务能力，通过积极的情感体验真正实现价值引领，达到课程思政的隐性教育目标。同时，这也能体现全程育人理念，最大化育人效果。

3. 把实践环节表现计入课观绩

在实施大学生就业指导课程时，应贯彻课程思政的理念，始终以促进学生德智体美劳全面发展为宗旨。评价机制不应仅限于课堂上的客观成绩和过程中的素质培养，而应深入挖掘学生与用人单位双方的真实需求，发掘和发展学生的潜能。重点在于评估教学内容与学生就业择业实际需求的契合度，以及其在塑造学生价值观和品德行为方面的有效性。

思想政治教育根植于每个人的社会现实生活，是人在社会生活中需求的一种体现。大学生就业指导课程的目的是帮助学生在学习就业和创业知识、技能的同时，满足他们对社会的认知和需求。基于课程思政理念，对就业指导课程进行教案设计，推进教学改革，是将思政"小课堂"与社会"大课堂"紧密结合的有效途径，能够准确反映现实、表达现实、回应现实。因此，在课堂教学评价中融入实践性考核，如实习表现、企业评估报告撰写等，可以激励学生积极拓展学习空间，引导学生深入了解自己和社会的实际需求，真正理解社会主义核心价值体系的重要性，并激发学生对个人职业价值和社会价值统一的思考。这样的评价设计能够自然地传达思政教育中的责任感，具体化社会主义核心价值观等育人元素，使学生产生情感共鸣，实现知行合一、学以致用，并内化为行动的准则，从而充分展现全过程、全方位育人理念。

第五章 新时代高校创新创业课程思政和思政课程同向同行

第一节 高校课程思政与思政课程同向同行

一、"课程思政"与"思政课程"的关系

在创业教育中，思想政治教育的作用不仅体现在专门的"思政课程"中，还体现在"课程思政"的实践上。所谓"课程思政"，并不是简单地增加新的课程或进行几次课外活动，而是在所有课程和教学改革中，将价值观的培养和塑造作为一种"嵌入式"和"基因式"的元素，深入到教学的每个环节。这种做法是将思想政治教育融入到各类课堂教学中，确保育人目标通过课堂教学这一主要渠道得以实现，从而使所有课程都能够体现出"思政"的色彩，展现出育人的价值，实现立德树人的目标，这种教育方式是潜移默化、无声无息的。作为育人体系的重要组成部分，"课程思政"与"思政课程"既相互联系又相对独立，正确理解和处理这两者之间的辩证关系，对于构建"三全育人"体系具有重要的实践意义。

(一)"课程思政"与"思政课程"相同之处

在创业教育中，思想政治教育的作用在于确保培养出的人才在政治上坚定正确的方向，坚定对马克思主义的信仰，并将其作为根本的价值遵循。高校的所有课程都应以马克思主义为指导思想，坚持正确的政治方向，遵循社会主义核心价值观，并开展全面深入的宣传和学习。因此，"课程思政"与"思政课程"都应具有明确的政治认同，树立宏观的大局意识，共同承担起对青年学生进行思想政治教育的责任。我们不能因为课程内容和学科属性的不同，就错误判断"课程思政"与"思政课程"的政治立场，或者陷

117

入"课程思政"更具政治认同等理论误区。高校的所有课程和传授的知识都是为了武装青年学生的思想，引导他们厚植爱国主义情怀，保持对民族的自豪感和对国家的归属感，立志听党话、跟党走，将爱国情、强国志、报国行融入建设社会主义现代化强国、实现中华民族伟大复兴的奋斗中，确保青年学生成为新时代的同行者、开创者。青年学生正处于塑造正确的人生观和价值观的关键时期，思政课老师和专业课老师所提供的精神指引在这一阶段都起着至关重要的作用。因此，学校在进行教育时要善于引导学生从政治角度看待问题，在遇到政治问题或事件时要坚定意识，保持理性思维和头脑清醒。

在创业教育中，思想政治教育的重要性体现在它是高等教育根本任务的核心部分，即立德树人。无论是"课程思政"还是"思政课程"，在育人方向上都旨在实现这一目标。高校教师无论专业背景如何，都应将立德树人作为首要任务，强化学生的思想教育工作，不仅传授知识，更培养人才。我国高等教育体系所培养的人才，旨在服务新时代中国特色社会主义的建设，将社会主义核心价值观融入教学全过程，增强学生的"四个自信"，在课堂上对学生进行坚定的政治立场、正确的理想信念和坚强的思想引领的教育。随着中国特色社会主义进入新时代，"课程思政"与"思政课程"在完成立德树人的根本任务和把握正确的育人方向上，都应紧密围绕"四个自信"展开，做好学生的思想政治教育工作。同时，应努力探索全员育人和专业育人的共通点，实现对学生价值观的引领，推动"课程思政"与"思政课程"齐头并进，实现协调发展，形成融汇互通的教育趋势。

在探讨创业教育课程中思想政治教育的职责时，我们必须回答一个关键问题：我们到底要培养何种人才？这构成了中国教育不可回避的核心任务。习近平总书记强调，坚持把服务中华民族伟大复兴作为教育的重要使命。致力于推进中国特色社会主义伟大事业和实现中华民族的伟大复兴，是当代青年肩负的历史责任。青年一代是否能够担当起这一历史责任，取决于他们坚定的理想信念。高等教育机构承担着培养社会主义建设者和接班人的重要政治责任，其党的建设直接影响到办学方向，关系到党的未来事业是否有足够的人才接续，以及国家的未来和命运。要完成这一历史使命，需要全体教师和广大教职工的共同努力。

在新时代的高等教育中，教师不仅要传授理论知识，更重要的是将知识中蕴含的价值观传递给学生。同时，不可忽视德才兼备的教学理念，立德树人始终是教育的根本任务。在培育学生的过程中，教师要特别注重德育教育，将思想政治教育的德育作用融入课堂教学，以实现育人目标。

无论是"课程思政"还是"思政课程"，在育人问题上都有着共同的目标，即培养德才兼备的全面发展人才。随着时代的进步，对这种新型人才的需求日益增长，他们在专业技能、政治觉悟、思想水平、道德素养等方面都面临着严格的挑战。教育教学的全过程有其自身的发展规律，"课程思政"在各专业的教学过程中也必须遵循这些规律，首先是学生的成长规律，其次是思想政治教育的规律，最后是教师自身教书育人的规律。通过不断适应时代的变化、事物的变化和形势的变化，我们可以提高思想政治工作的能力和水平。

（二）"课程思政"与"思政课程"差异之处

在创业教育课程中，思想政治教育的作用体现在其与其他课程的融合和渗透。所谓的"课程思政"，其核心在于将思想政治教育融入到各类课程之中，而不仅仅是传统意义上的政治课程。这种模式强调在专业课的教学中，教师需要挖掘和传递社会主义核心价值观，如家国情怀、人文精神、社会责任和文化自信等，将其有机地融入教学的各个环节。这样，学生不仅学习到专业知识，还能在过程中自然地形成正确的世界观、人生观和价值观，实现了思想政治教育从单向灌输到无声润物的转变。在此过程中，"思政课程"作为马克思主义理论教育的主渠道，扮演着价值引领的核心角色。它是"课程思政"建设的核心和灵魂，是高校课程体系中的重点发展方向，承担着价值教育最核心的任务。"思政课程"是进行马克思主义理论教育的主战场包括树立正确的历史观教育、社会主义核心价值观教育，特别是习近平新时代中国特色社会主义思想教育的主渠道，奠定学生思想政治教育的根基、本体和主体，展现出具有鲜明底色的社会主义大学的政治属性和方向。在"课程思政"体系中，"思政课程"是系统的价值教育课程，其他课程则通过知识传授和能力培养实现价值教育的载体功能。

在创业教育中，思想政治教育的实施方式有其独特性。所谓的"思政课程"在高等教育中通常以必修课的形式出现，由思政教师以明确和直接的方式传授马克思主义理论，这种教学方式是公开和直接的，旨在系统地向学生传递社会主义核心价值观。在这种课程中，教师应当理直气壮地讲授思政知识，确保学生能够接收到主流价值观的熏陶。因此，"思政课程"可以被视为一种显性的育人方法。

而"课程思政"则侧重于通过专业课程来隐性传递思想政治教育。它不是直接作为教学内容出现在教学计划中，而是通过专业课教师在教学过程中的深入挖掘和持续引导，将思想政治教育元素悄无声息地融入到教学的各个层面。这种育人方式是隐性的，它要求教师在传授专业知识的同时，还要关注学生价值观的培养。为了更好地实现知识传播与价值引领的结合，以及在价值传播中凝聚知识底蕴，需要改进教育教学方法，构建一个结合显性与隐性育人方式的"课程思政"体系。

教师在长期的教学活动中积累了丰富的学科建设经验以及对学生进行思想政治教育的有效做法。

2019年3月18日，在学校思想政治理论课教师座谈会上，习近平总书记对思政课教师提出了的六点要求：首先，教师应具备坚定的政治立场；其次，深厚的情怀；再次，创新的思维；接着，广阔的视野；然后，严格的自律；最后，正直的人格。这六个方面的要求精辟地总结了教师职业的规范，不仅思政课教师需将这六点内化于心，所有教师也应将其作为自律的标准。思政课教师的教学内容和方法旨在讲授理论知识，同时结合当前事件，贯彻党和国家对思政课程的改革要求和教育目标，从而提升思政课程的地位。而"课程思政"旨在提高专业课程教师对思想政治教育的认识，引导他们积极参与到学生的思想政治教育中去，并对此给予高度重视，改变专业教师各自为政的局面。通过有效整合和扩展思想政治教育资源，吸引专业教师积极参与构建全面的思政教育体系，但这并不代表专业教师会取代思政课教师的工作。相反，这将促进高校思想政治教育创新效能的提升，激励教师在提高思想理论素养的同时，积极探索创新的教育理念、模式和教学方法，通过跨学科的方式和理论，在传授知识的同时实现育人目标，使理论知识与实践相结合，拓宽学生的视野，营造浓厚的思想政治教育氛围，确保正确的政治方向，促进学生思想的健康发展。

（三）"专业教育"与"思政教育"的融合

2020年5月28日，教育部颁布了《高等学校课程思政建设指导纲要》，强调在构建高水平人才培养体系时，必须将思想政治工作贯穿其中，并且要重视课程思政的建设，以解决专业教育和思政教育分离的问题。这一指示表明，在新时代，课程思政的建设需要更广泛的推广和全面的努力，特别是要推动育人工作中的融合。这不仅是对育人体系发展的要求，也是课程思政建设的未来趋势。在从局部教育向全面探索改革的进程中，我们既要加快那些育人元素明显的课程实施课程思政，也要逐步将其他具有潜在育人功能的课程纳入课程思政的范畴。同时，要妥善处理专业教育与思政教育的关系，确保思政课程不会取代专业课程，专业课程也不会变成思政课程。我们应该从提升思政课程学术内涵的角度出发，引导专业课程在传授知识的同时，以启发的方式融入思政教育。我们坚持思政教育的学术性，发掘专业教育的思政潜能，寻找共同点，增强育人的整体力量。

坚守思想政治教育的学术底蕴。在新时代背景下，高校的思政课程体系主要由四门核心必修课程和"形势与政策"课程构成，这些课程致力于全面深化学生对于马克思主义基本原理的理解，对马克思主义在中国发展的重大理论成果进行探讨，并致力于贯彻实施新时代中国特色社会主义思想。同时，这些课程还致力于将思想政治教育领域的最新研究成果融入日常教学之中，以此提升课程的学术内涵。在教学活动中，教师应持续关注学生的思想发展状况，理解他们的观点，以增强教学的针对性和提升教师的亲和力。在构建"课程思政"的过程中，我们应不断提升和巩固马克思主义理论在学术研究中的指导地位。马克思主义理论内含的科学性和真理性，不仅指导了社会主义建设的伟大成就，而且证明了其科学性和真理性在中国特色社会主义建设中的实践可行性。正如所言，"马克思主义是我们立党立国、兴党强国的根本指导思想。"

通过"课程思政"，专业课教师对于育人工作的指导思想变得更加清晰，他们在看待和解决问题时拥有更加清醒的认识，学术研究的立场也更加坚定，对于学术价值的追求有了明确的方向。这些因素有效地促进了教学与科研之间的良性互动。在知识传授过程中，教师采用更加通俗易懂的语言来讲解思政课程的理论知识和最新进展，确保思政教育既保持了学术专业性又增强了教育的影响力。思政课程能够为专业课程的教学提供基本的学术理论支持，尤其在教学规划与设计、教案内容的深入开发、具体思想政治教育原理的应用实践等方面发挥着关键作用。

发掘专业教育中的思政内涵。需要精确把握专业课程与思政课程之间的联系，通过课程设计将二者有机结合。专业课程旨在传授专业知识、培养专业技能，根据高校的培养目标而设置，旨在使学生掌握所选专业的基本理论知识和技能，并培养其分析和解决专业问题的能力。与思政课程相比，专业课程的教学更侧重于知识传授，而在德育意识和育人能力方面则相对不足。为了发掘专业教育中的思政内涵，需要从多个方面进行改进。课前可以引入教学内容的历史背景、相关社会热点以及教师的相关经验和感受；课中可以通过知识点引出，例如在统计学中讲解期货保证金，从而引导学生理解自由与纪律的关系，强调遵守纪律才能享有充分的自由。通过案例教学，鼓励学生多角度思考问题，结合当前美国的单边主义，理解我国提出的多边贸易和合作共赢的理念；在会计学中，可以从无形资产的自行研发这一知识点切入华为被美国商务部列为贸易管制"实体名单"的应对，从而内涵思政元素，教育学生自信与忧患意识并存，脚踏实地坚持科技创新、技术领先的企业精神。课后可以进行知识拓展，指专业课程教师对教材中未提及的相关专业内容的补充说明。例如，在讲解婚姻法相关知识时，强调家庭的和谐稳定是社会和谐稳定的基础，大学生处于恋爱适婚年龄，构建正确的婚恋观是树立正确人生观的必要组成部分。特别是对女同学，要告诫她们在婚恋中保持经济独立，保持独立人格，不攀附依靠任何人。最后，可以通过习题引导，在讲解习题的过程中与学生讨论交流，对知识点进行全面复盘总结，这样展开"课程思政"对专业教育思政味的挖掘。为了实现"课程思政"建设改革的整体目标，应启发专业课程在育人方面的功能，立足于各专业课程的特色，设计符合本专业"课程思政"的专业教材，鼓励专业课教师参与教案设计，既有效学习德育知识又能提升自身的思想意识，并深入发挥课堂主渠道的育人作用，在知识传授中强调社会主义价值引领，提炼专业课程中蕴含的价值范式、文化基因和德育元素，明确思政元素融入专业课程的具体切入点，建立起专业知识点与思政元素之间的内在联系，实现细致、深入、有效的融合，进而在专业技能知识学习中融入理想信念层面的精神指引。

构建耦合式的教育模式。专业教育与思政教育的结合要求教育模式从"各自为战"转向"协同作战"。在高校思想政治教育中，采用"协同作战"的模式，旨在实现思政课程与专业课程育人目标的有机结合、育人功能的互补、以及育人模式的相互借鉴。思政课程与其他专业课程在性质和功能上存在显著差异，因此"课程思政"的建设应寻求共同点，同时保留差异，将隐性的思政元素融入专业课程，强调专业课程的思政育人作用。若不考虑专业课程的特点和边界，盲目地在专业课程中全面引入思政元素，或者机械地将思政元素与专业知识结合，可能会降低专业课程的教学效率，并影响"课程思政"追求的价值目标。因此，思政课程与专业课程的"协同作战"需要找到合适的契合点，以自然、科学的方式相互融合，达到育人效果。在"课程思政"的整个育人建设过程中，专业课教师是课程实施的关键主体。专业课教师应勇于打破学科间的障碍，共同整合教学资源，积极参与"课程思政"理念的规划和教材的二次开发，密切关注学生在专业课堂中对思想政治教育内容的理解和接受情况，根据学生的反馈及时调整教学偏差，并将教学结果反馈给专业课教师，帮助他们进行教学反思。课后，还应提供充分的理论支持和实践层面的解答，以便更有效地实施融合的教育模式。

（四）"灌输教育"与"渗透教育"的统一

思想政治教育中的灌输教育，是指教育者在有目的、有计划的基础上，向受教育者传授马克思主义理论，运用马克思主义的立场、观点和方法来建立科学的世界观、人生观和价值观，并对科学社会主义进行宣传和教育，引导、激励和武装学生，使学生充分理解社会发展的基本规律，坚定社会主义的理想信念，并树立共产主义的远大理想。灌输教育的核心在于以理服人，是教育者将自身的思想认识转移到受教育者头脑中的过程。传统的灌输教育往往带有强制性，教师处于主导地位，学生则无条件地服从和接受，基本形式是教师讲、学生听。这种教育方式强调教师对学生的约束和知识对学生的控制，学生缺乏判断和选择的机会。教学过程往往是封闭和模式化的，教学方法也显得刻板和机械化。在传统教育中，整个教育教学过程往往不考虑学生的实际需求，缺乏有效的互动沟通，缺乏针对性，难以判断思想政治教育是否对学生发挥了实际有效的作用。而在现代的灌输教育中，教师与学生之间的关系转变为相互尊重，知识的传授也需要双方的认同，教育教学过程要求教师和学生的共同参与，教育体系呈现出开放性的特点，知识的传授更加注重引导性和启发性。教师与学生的有效互动确保了理论灌输与主体接受的有机结合。

思想政治教育中的渗透教育，是指教育者在开展教育活动时，通过特定的载体，引导学生进行体验和感悟，从而使学生在潜移默化中非自觉地接受教育者希望传达的思想、观念和看法，进而对学生的思想和行为产生积极影响。与灌输教育的强制性、封闭性特点相对，渗透教育则表现出间接性、隐蔽性和渐进性，它是一种开放式、无声润物的教育方式，将教育的真正目的和思想导向巧妙地融入到教育载体之中。渗透教育不受时间和空间的限制，没有固定的身份和地位，教育者可以根据不同的时间、地点和思想活动转变为受教育者，受教育者也可以在不同的空间环境或接收到的信息中转变为教育者，渗透教育中的对象角色可以互相转换，教育的载体也可以超越课堂和书本，实现教育空间的自由扩展。渗透教育更加贴近现实生活，它可以在日常生活中实现教育目的，在自然环境的熏陶下达到教育的效果，实现无声润物的教育成果。灌输教育鼓励学生思想的独立性，面对教育者提供的思想教育内容，学生可以运用自己的知识结构和现实经验进行初步的判断，并进行选择和接受。

在新时代的高等教育中，实施"课程思政"建设需要在教育方法上坚持多角度的教育灌输与立体化的融合渗透相结合，同时并重。这两种教育方式风格迥异、各具特色，拥有不同的功能与特点。只有通过相互渗透和融合，才能充分发挥各自的优势，实现事半功倍的效果，共同达成德育树人的教育目标。

理解主体间性是实现灌输教育与渗透教育统一结合的基础。在传统的灌输教育中，教育主体与教育对象之间存在地位不平等的问题，通常是教育主体占据主导地位，而教育对象处于被动接受教育的状态。渗透教育则强调教育对象的主观能动性，将教育内容的内化视为教育成功的标准。而"课程思政"的建设是将灌输教育与渗透教育有机结合的创新教育模式，理解主体间性是其核心教育理念。在确立正确的政治方向的基础上，教育主体与教育对象应建立平等的沟通关系，相互理解，在思想政治教育活动中激发自身的主动性，实现思想政治教育的主导性与主动性的有机结合。

贯彻以人为本的原则是实现灌输教育与渗透教育统一结合的关键。将人本思想置于灌输教育的核心地位。在新时代的灌输教育中，教育者将摒弃传统的主导立场，转而从学生的视角出发，通过有效的沟通交流，逐步转变传统教育者的主导地位，建立起相互尊重、平等、民主的师生关系。教育者与教育对象之间的互动反馈，教育者将充分尊重学生的主体地位，避免采用单向命令式的教育方式和教学手段，而是通过引导激发学生的主动性和积极性，挖掘他们潜在的求知欲望，促使学生从"被动学习"转变为"主动学习"，教育者本身也从"给予知识"转变为"教授学习方法"。将人本思想置于渗透教育的中心位置。以人为本是渗透教育的根本要求。在渗透教育过程中，教育者应体现"人性关怀"，以尊重学生的内在需求为前提，将教育的重点放在满足学生的真实需要上。通过营造良好的教育环境和提供丰富的实践活动，使渗透教育的过程更加立体化，更符合人的本性和情感。

提升教师的综合素质是关键，以此确保思想政治教育中灌输和渗透两种方式的有机结合。教师在教育过程中扮演着核心角色，是联系理论与学生实践的重要纽带。教师的思想政治教育效果，在很大程度上取决于其个人素养的高低。具备优秀素质的教师，在进行知识传授时能够获得更广泛的认同，同时在潜移默化中影响学生，起到身教重于言教的作用。作为教育工作者，首要任务是培养深厚的政治意识和坚定的政治立场，这在思想政治理论课程的教学中尤为重要。教育者还需掌握坚实的理论知识，这是其职业本质和教育基本任务的要求，全面理解教学内容是进行有效教育的根本。在"课程思政"的实践中，教育者需要理解不同课程与思政课程之间的关系，以及教育者与学生之间的相互作用。"课程思政"不仅仅是教育者单向的活动，而是一个涉及多方面交流的过程。在这一过程中，教育者传递的内容可能会与学生现有的思想发生冲突，因此，教育者必须敏锐地识别并解决这些矛盾，以确保教育活动的顺利进行。此外，教育者还应具备崇高的道德风范，因为在教学过程中，他们的行为和言辞会对学生产生深远的影响。育人的关键是教育者，教育者是引路人，又是示范者，高尚的师德不仅能够温润学生，而且能够塑造学生。

扩展教育手段是融合直接教育和间接教育的重要途径。首先，根据课程的不同特点，整合丰富的教育材料，结合各专业特色，提取融入思想政治教育元素的教学资源，使专业课程体现出思想政治教育的内涵，将政治观点、国家观念、道德规范和法治理念等思想政治教育内容自然融入课程教学。接着，坚持理论教学与实践操作相结合，贯彻学以致用的教学理念，依据专业特色组织实践活动，有效拓展专业课程的深度、广度及温度。实践类课程能够增强学生的探索意识、创新能力、劳动观念和团队精神，全面培育学生坚韧不拔的意志和品质。最终，构建课堂教育与日常教育相融合的模式。在保证课堂教育质量的同时，不失时机地在日常生活中渗透思想政治教育，紧跟国际国内形势发展，宣传最新党建理论和政治思想，通过各类专题讲座，确保学生始终保持政治上的清醒和坚定。通过座谈讨论、宣传讲解等实践活动，激发学生之间的相互启发和学习动力，提升思想认识，通过观点交流提升思想境界，增强学生的逻辑思维和表达能力，实现共同学习、一起进步、协同发展的教育目标。

二、同向同行是推动课程思政建设的必然要求

为了应对目前思想政治教育面临的分散性和缺乏整合的问题，提出了同行并进的理念。实现思想政治教育与创业教育课程的同向并进，需要教师团队的紧密合作。首先，教师们必须深刻理解课程中融入思想政治教育的意义；接着，需要不断提高他们在育人方面的能力和素养；最后，实施方案应强化思政课程与其它课程的配合，清晰界定不同主体间的职责和目标，以期在高等教育中形成强大的育人合力。

（一）深化课程思政理念认知

1. 提高高校及专业课教师对课程思政的认识，增强主体认同感

在高等教育机构中，对于将思想政治教育融入课程的理念，需要更深入的理解和实践。首先，教学管理机构对于这一理念的理解存在偏差，导致实施措施之间存在显著差异。一些大学能够全面理解课程思政的深层含义，并据此制定出详尽的推进计划，明确具体的实施步骤，组织领导干部和教师团队进行集体学习，共同探讨不同专业课程的人才培养和教学内容设计，鼓励专业课程教师参与课程思政的建设，充分发挥其在提升思想政治工作质量方面的作用。然而，也有大学将课程思政的推广简化为新增一门紧跟时代潮流的理论宣讲课程或综合素养课程，仅在专业课程中添加思想政治教育内容，这种做法会严重影响课程思政工作的有效开展和作用的发挥。其次，一些专业课程教师对课程思政持有偏见和误解，担心思政教育会削弱专业教学。如果教师不能妥善处理"思政"与"专业"的关系，认为加入思政教育会影响学生学习专业知识的效率，导致教学过程中只传授知识而不进行价值观引导。课程思政作为一种新的教育理念，强调知识传授与价值教育相结合，在知识教授中引导学生的人生思考，实现道德教育的潜移默化。为了提高课程教学中的育人效果，专业课程教师需要深入思考专业知识与思政元素的融合点，并将其融入学生的专业知识学习和实践技能提升过程中，积极引导大学生提高道德修养和精神境界。目前，这一教学理念尚未在高校中形成广泛共识，更未成为教育工作者的自觉行动。因此，高校的同行并进建设旨在通过教师的协作，加深专业课程教师对课程思政理念的理解，为他们将思政元素融入课堂教学提供直接的参考经验，并充分激发他们在实践课程思政理念时的积极性。

2. 激发专业课教师践行课程思政的主动性，提高主体自觉性

建立同向同行的教育体系有助于专业课教师将专业教学与课程思政改革相结合，使思想政治教育理念在教师中得到广泛认同，并不断提升教育主体在专业课中实施课程思政的归属感。育人不仅是思政课教师的专属任务，而是所有高校教师的责任和使命。高校同向同行的工作有助于专业课教师深刻理解课程思政的内涵，纠正认为实施该理念会削弱专业课教学和效果的误解，为专业课融入思政元素提供直接的参考，消除专业课教师的顾虑，增强他们的认同感。教师需要从思想层面认识到推进"课程思政"的重要性，才能在实践中提高主动性，并积极采取行动。教师应自觉加深两个方面的理念认同：

一是深刻理解教学与育人、育人与育才的统一要求，改变过去重视知识传授、忽视价值引领的倾向，让所有课堂都承担起育人功能，自觉承担立德树人的责任，履行培养党和国家人才的任务；二是不断探索专业教学与思想政治教育融合、渗透的方法和技巧，以此提高学生的学习兴趣，增强专业教学的效果，实现专业教学与思想政治教育的和谐统一，成为培养学生品格和品行的大先生，并为专业课教师开展"课程思政"提供正面反馈，增强教师主体的实践自觉。

在高等教育机构中，"课程思政"与"思政课程"的同步发展，意味着要求所有思想政治教育工作者确立起育人意识。特别是专业课教师对课程思政理念的理解程度和主动实施程度，直接影响到高校同行并进建设工作的进展。因此，明确立德树人是高校所有教师的共同责任和目标，自觉地将育人任务贯彻到教育过程的每一个阶段，有助于提高高校思想政治工作的实际育人效果。

（二）优化课程思政实施方案

1. 提高不同课程挖掘思想政治教育元素的有效性

考察高校课程的历史和演变，可以发现它们天然蕴含着思想政治教育的成分。与成熟的思政课程相比，其他课程覆盖了广泛的学科和专业领域，思想政治教育元素的发掘遍布整个高校课程体系，这对教师来说是一项挑战性的任务。教师能否准确识别并有效挖掘这些思政元素，直接关系到课程思政建设的成效。为了准确把握和深入挖掘课程中的思想政治教育元素，教师需要对专业知识点的每一个细节，甚至每一章节内容中是否包含思政元素以及具体包含哪些元素进行详尽的梳理和总结。在教学中有效整合和开发这些潜在的隐性教育资源，对教师的教学方案设计和课程讲授能力提出了更高的要求。同时，需要改变一些高校在专业课中实施课程思政理念时采取的敷衍态度，避免仅仅是表面配合完成几个动作。通过思政教师与专业课教师的紧密合作，可以帮助专业课教师更深刻地理解和掌握课程思政的内涵，更好地把握融入思想政治教育的关键点。此外，通过加强顶层设计，设定各类课程的育人总体目标和根据不同阶段设立的具体目标，建立信息共享平台，可以改善课程间缺乏交流和沟通的问题，帮助各门课程更有效地挖掘和开发育人资源，实现课堂教学的协同发展，发挥课程育人的整体效能。

2. 促进"课程思政"理念与"专业课程"之间的有机融合

"课程思政"的课堂教学改革旨在充分利用各类课程作为育人的基本工具，进一步拓展和加深高校育人的范围和深度，实现"教书"与"育人"的统一。这要求思想政治教育内容与专业知识必须实现有机结合，而不是简单的叠加或者各自独立。教师需要发挥主观能动性，研究思想政治教育元素与课程内容之间的自然契合点，在教学方法上追求悄无声息的渗透，在融合方式上实现"盐溶于水"般的有机结合。"课程思政"与"思政课程"的同向并进有助于课程思政与"专业"之间的有机结合，主要表现在以下几个方面：一是内容上寻找专业知识与思政元素的契合点，提高融合的深度。教师在深入挖掘专业课中的思想政治教育元素基础上，通过梳理专业知识与思政元素的联系，明确各思政元素之间的关系，寻找融合的切入点，建立两者之间的内在联系，实现无缝对接。二是在方法上将思政元素融入学科的特定视角，扩大融合的广度。这种融合是一个持续的过程，需要长期的互动交流才能实现两者之间的相互渗透和相互促进。由于学科间的视角不同，需要根据课程类别特点，实现融合专业特色的课程思政建设目标。三是在手段上以学生关注的现实问题为切入点，提高融合的有效性。教师利用课堂教学这一主渠道，从课程教学出发，将课程内容学习与社会民生热点相结合，鼓励学生表达对现实问题的看法，在互动合作的氛围中引导学生树立正确的价值观，从而对国计民生等社会现实问题做出正确判断，实现"思政"与"专业"的相互补充，提升课程育人效果。

（三）加强课程思政建设合力

"课程思政"作为一个整体工程，需要系统内各要素之间的相互作用和协作，共同致力于育人目标，以发挥协同效应的整体力量。为了实现高校课程思政的整体效能，需要改变高校传统的分割式管理体系，摒弃旧有的管理观念。首先，要促进不同课程教师之间的沟通与协作，形成全员参与的育人合力。同向并进意味着要摒弃教师在育人过程中各自为战、缺乏交流的状态，增强教师团队的凝聚力。在这个过程中，思想政治理论课教师应成为支持者，发挥价值引领的示范作用，为专业课教师提供理论和实践上的指导；辅导员应及时与学生思想政治理论课教师和专业课教师沟通学生的思想状况、日常生活和心理健康等方面，以便更深入地了解学生；专业课教师在做好专业教学的同时，应利用专业优势和学生日常交流的平台，通过与思政课教师和辅导员的积极沟通，了解学生的价值观和日常行为，从而优化思想政治教育内容，进行更有针对性的引导。教师团队的协同建设旨在发挥不同教师的育人优势，实现互补和高度协作，使教师在教书与育人相结合的育人责任下，共同构建一个复合型的育人共同体。

二是推动专业课与思想政治理论课之间的协同作用。协同的基础在于两者既有各自的任务，又要实现合作。在实施课程思政理念的过程中，专业课教师应加深对协同作用的理解，认识到两者的协同不是简单地将思想理论课的要求强加于专业课，为其披上思想政治教育的外衣，而是基于专业课内在知识体系，对思想政治教育的基本原理和内容进行选择和优化，在专业课程这一更广阔的教育平台上对学生进行思想性引导，从而显著扩大了高校的育人范围。因此，专业课程在践行课程思政理念时，需要思政课程提供思想指导和教学方法引领，思政课程在这一过程中扮演着提供理论支持的保障角色。在具体实践环节中，思想政治理论课不仅要提供基本的理论支持，还要根据不同专业和课程的"差异化"和"特殊性"提供符合课程特色的方法论指导，避免一刀切的模板化教学，帮助专业课在知识传授中更自然地融入价值观引导，这种在理论和实践层面的支持和指导是课程思政高效运行的关键。推动专业课与思想政治理论课之间的协同效应，明确教学过程中分工与协作的具体实施细节，在互助合作的环境中增强教师团队的协作能力，为协同育人注入强大的凝聚力，构建共同参与的育人局面，促进高校协同育人的实现。

四、同向同行是促进思政课程改革创新的重要推力

"课程思政"与"思政课程"的同向并进对于优化思想政治理论课的教学，促进新时代思政课程的创新与改革，发挥了至关重要的作用。具体而言，它激发了思政课教师的教学热情、积极性和创新精神，增强了思政课程的思想深度、理论内涵和实际效果，并且扩大了思政课程的师资队伍、课程平台和教育资源。

（一）激发思政课教师的积极性、主动性、创造性

习近平总书记强调："办好思想政治理论课关键在教师，关键在发挥教师的积极性、主动性、创造性。"观察"课程思政"与"思政课程"同向并进的实施主体，我们可以看到，在高校对学生进行价值观教育时，不仅需要思政课教师发挥价值引领的作用，还需要激发专业课教师和综合课教师的德育意识，提升他们的育人能力。这种同向并进的做法有助于促进教师的专业成长，教师之间的合作与互动对思政课教师来说，可以扩展知识视野、增强理论认同、完善教学体系、提高工作能力和水平。对于专业课教师而言，它可以提升他们的思想政治素养，改进教学方法，优化教学组织形式。思想政治理论课

与一般专业课程不同，其内容的复杂性和敏感性以及教育对象的多样性为高校思想政治教育工作带来了挑战，因此，思政课教师迫切需要不断提升自身的综合能力，以便更好地发挥在学生价值观培养方面的积极作用。

"课程思政"与"思政课程"的同向并进对进一步激发思政课教师的积极性、主动性和创造性提出了新的要求，主要通过以下三个方面来实现。首先，是提升思政课教师的理论水平。思政课教师需要不断提高自身的理论素养和技能，才能深入浅出地讲授思政课程内容，提升课程的育人效果。教师在现实中的言行会被学生模仿，因此教师要提升个人修养，坚定理想信念，用自己的魅力和政治信仰影响学生，成为他们的榜样。此外，思政课教师只有不断提升理论素养，才能在与专业课教师的合作中更好地开发思政元素和实现育人目标，为专业课教师提供直接的参考。其次，是提高思政课教师对学生的热爱。思政课教师从事的是人的思想工作，要提升教学效果，就必须关注、热爱和关心学生，这是教师应具备的职业道德和情感。教师要学会与学生拉近距离，产生情感共鸣，体验学生成长成才的成就感，并深入了解学生关注的社会问题、网络舆论和热点话题，以实事求是、客观公正的态度进行有针对性的引导和纠正，提升思想疏导和舆情控制的能力，从而增强思政教师教学的信心和满足感，激发教书育人的积极性。第三，是提升思政课教师的责任感。课堂教学是大学教学的基础，也是师生联系的纽带，是教育意义产生的场所。课程思政建设是一项长期而艰巨的任务，需要广大教师积极参与到高校课程思政建设中，增强使命感、荣誉感和认同感，主动挖掘各类课程中的思政元素，并认真负责地进行课程思政教学的设计与实施，共同打造高校思想政治理论课教师与各类教师合力育人的新局面。

（二）提升思政课程的思想性、理论性、实效性

高校课程思政的改革，从"思政课程"向"课程思政"的转变，并探索建立"思政课程"与"课程思政"同向并行的模式，是提高育人效果的关键措施，也是对新时代大学生思想政治教育工作的创新和发展。高校的同向并进基于统一性与多样性的辩证关系原则，旨在不断提高思想政治课程的思想深度、理论内涵和实际效果。统一性要求所有工作必须在一定的制度和规范框架内进行，避免主观随意性。多样性则强调根据不同发展阶段和实际情况进行适当调整，避免僵化不变。这种统一性与多样性的辩证关系原则，不仅适用于思想政治理论课的改革和创新，也有助于课程思政理念在高校的推广和发展。

在同向并进的理念下，我们坚持思想政治理论课作为育人主渠道的统一性要求，同时探索高校育人多样性的实现途径，逐步扩大思想政治教育的范围，将其融入到高校的各类课程中，并与各级思想政治教育管理部门形成合力，共同加强思政课程的建设。

在坚守思想政治理论课统一性原则的同时，我们不断拓宽高校育人的途径，以此提高思政课程的实效性。高校从传统的思政课程向"课程思政"的转型，以及实现两者的同向并进，体现了从统一性到多样性的转变。统一性是实现多样性的基础，因此，高校同向并进的建设对思想政治理论课的改革和发展提出了更高的标准，同时也为思政课程的发展带来了新的机遇。思政课程在其发展过程中已经积累了丰富的理论成果，并在育人方面具有内在的规定性，这体现在课程目标的设定、内容的选择和教学方法的运用等方面，这些都是坚持思政课程统一性的具体体现。实现统一性是提升实效性的基础，没有这一基础，实效性的提升就无从谈起。此外，为了提升思政课程的实效性，必须将其与实践教育相结合，让学生在日常生活和学习中内化理论知识为自我认知。因此，思想政治理论课应基于高校的实际情况，结合学生的发展需求，设定科学的教学目标，并不断丰富思想政治教育的内容，改进教学方式和手段，这样才能真正实现统一性的要求，并不断提升思想政治理论课的育人实效。

在探索高校育人方式多样性的基础上，我们重视提高思政课程的思想深度和理论内涵。在思想政治理论课的统一性和多样性发展要求中，两者之间存在相互补充和相互促进的关系。从统一性到多样性的转变，不仅扩展了高校育人的平台，也丰富了思想政治教育的内涵，但我们也要注意，追求育人方式的多样性并非没有界限，最终还是要回归到对统一性的坚守上。思政课教师需要考虑不同时期教育对象的思想特征和差异，从学生的思想认识水平和接受能力出发，发挥课堂作为育人主渠道的作用，同时与其他课程协同发力，共同形成思想政治理论课建设的新局面，以有效应对不断变化的新挑战。学生正确理想信念和价值观念的树立，离不开高校各类课程发挥育人功能。在"思修"课上，我们鼓励学生要在实践中领悟人生真谛，努力实现有意义的人生。并通过"概论"课将个人的理想追求融入到国家的改革发展和社会主义现代化建设中。在价值观念方面，我们要引导学生正确理解个人、社会与国家的关系，将个人的前途命运与国家的发展紧密相连。

在高校同向并进的"大思政"教育模式中，我们不仅重视各类课程之间的积极互动，而且始终坚持不断改进和强化思想政治理论课作为基础。如果思政课程偏离了价值引导的方向，将难以实现教学与育人的目标。因此，充分挖掘各类课程的多样性并不是要切断专业课与思政课的联系，而是要在坚持思政课程作为高校思想政治教育"主战场"的前提下，推动与各类课程的协同配合。

（三）拓展思政课程的师资力量、课程载体、教育资源

同向并进的建设策略有助于扩展和深化新时代高校的育人模式，这主要体现在以下几个方面：首先，它扩大了思想政治理论课的师资队伍。同向并进的理念强调，在大学生思想政治教育中，需要发挥来自不同背景的师资力量的集体作用。这不仅仅是指思政课教师在课堂上的主讲，还包括根据学生的专业背景和教育经历，邀请相关领域的知名专家来为学生授课，丰富思政课的内容和形式。通过建立校际教师合作平台，集合众多优秀教师的智慧和力量，共同设计思政课程的教学内容，打造高质量的思政课堂，形成思政课程的"品牌效应"，从而打破思政课教师孤军奋战的局面。育人不仅是思想政治工作者的职责，也是所有教职工的共同责任。包括专业课教师、辅导员、党政干部、心理咨询师等在内的队伍都参与了"全员育人"的思想政治工作，使合力育人的理念成为高校教师的广泛共识。

其次，同向并进的建设策略拓宽了思想政治理论课的教学载体。这一策略推动了从"单向课程"向"全课程"育人模式的转变，将思想政治教育的职能从传统的"思政课程"扩展到了包括综合素养课、专业课程在内的所有课程中，极大地扩展了思政课程的教学平台。一方面，通过综合素养课来加强思政课程的教学。综合素养课立足于多学科知识，融合人文与科学等多重视角，追求语言、艺术等方面的平衡发展，旨在拓宽学生视野、丰富知识、培养出全面而有教养的人才。在"课程思政"教育理念的指导下，综合素养课发挥其育人功能，探索知识、美德与价值之间的内在联系，实现知识传授与价值引领的结合，将通识教育与智育、德育相结合，成为新时代课程育人有效途径的探索。另一方面，通过专业课程来深化思政课程的教学。教师首先要受教育，深刻理解高校"课程思政"改革的重要性，认识到对学生进行主流价值观教育的必要性，主动承担起教书育人的责任，将正确的价值引领作为课程育人的核心。不断挖掘各类课程中蕴含的科学素养和德育元素，开展课堂教学，这是实施"课程思政"改革的关键条件，从而加深思政课程的教学内涵。

第三，同向并进的建设策略还拓宽了思想政治理论课的教育资源。这种策略不仅限

于课程内部发挥育人作用，还通过开发实践、网络、心理等方面的育人功能，进一步扩展了育人平台并丰富了育人元素。例如，通过积极构建校园文化，让大学生在参与校园活动的过程中不知不觉地接受教育和熏陶，充分发挥"第二课堂"在塑造大学生思想行为等方面的重要作用。同时，利用网络新媒体平台创建"网络思想政治课"，这是"课程思政"与网络教育功能相结合的典范，通过引人入胜、潜移默化的教学方法实现教学目标，有助于突破传统思想政治教育所面临的时空限制，从而显著提升育人的实效性。

五、"课程思政"与思政课程建设的策略分析

（一）明晰差异以确定同向同行的着力点

在当前的大思政工作体系和教育发展新时代中，"课程思政"与"思政课程"既密切相关，又存在明显差异。在指导理念上，两者都坚守马克思主义的指导核心，在育人目标上，都是培育德才兼备人才的关键方式。它们的主要区别体现在"课程"的定位层面、"思政"内容的侧重点以及课程特色和各自的优势三个方面。只有充分认识并明确这些差异，才能更有效地发挥两者在育人方面的协同作用。

1. 定位差异

在高等教育机构中，实施育人工作时，需区分"课程思政"与"思政课程"的不同定位。这两种课程体系虽目标一致，但各自代表了不同的教育路径，因此，如何最大限度地发挥每门课程的育人作用成为关键。对于这两者定位差异的理解，应从两个角度进行分析：一是它们在共同前进过程中的定位问题，即"课程思政"不应被误解为"思政课程"，也不应简单地归为通识教育课程。二是要明确"课程思政"与高校其他课程的关系，对现有课程进行筛选和分析，确保其育人资源的丰富性和与思想政治教育的紧密联系，选择合适的课程融入"课程思政"体系，以此避免所有课程过于泛化，并明确每门课程的定位和功能。在共同前进的关系定位中，思想政治理论课是育人体系的核心，起着关键作用，其建设至关重要。同时，也应认识到思政课程在育人上的局限性，它的作用是有限的，不能涵盖学生成长的所有方面。课程思政的理念旨在弥补这一局限，通过激活各类课程的育人潜力，共同承担培养大学生的责任。各类课程是高校共同育人目标不可或缺的组成部分，旨在打破思想政治教育仅由特定人员负责的传统观念，促进高校所有课程共同参与育人工作，丰富和扩展高校的育人内涵，提高思想政治工作的整体质量。

关于创业教育课程中思想政治教育的功能，我们需要关注两个方面的问题。首先，是高校思政课程在大学生思想政治教育中的核心地位。相关政策文件明确指出，高校思政课程作为大学生思想政治教育的主渠道，肩负着培养全面发展的社会主义建设者和接班人的重要使命。它是引导大学生树立正确的世界观、人生观、价值观，坚定理想信念，积极投身中国特色社会主义伟大事业的关键措施。习近平总书记在高校思想政治工作会议上强调"要利用好课程教学这个主渠道"，这两个"主渠道"的定位差异是从不同的视角来看待的，二者之间并不存在矛盾和排斥关系。思想政治教育的主渠道功能主要是指在学校实施的各项教育活动中，通过思政课程对大学生进行思想政治教育的重要性。这强调了必须充分利用和优化思政课程的教学。《高校思想政治工作质量提升工程实施纲要》中提出的十大育人环节明确指出，课程教学是思想政治教育的主渠道。为了确保课程育人的实际效果，必须强调"课程育人"的核心地位。无论是思政理论课的主渠道还是课程教学的主渠道，关键在于把握"育人"这一核心目标。在坚守思政理论课主渠道地位的同时，应不断推动思政课程的改革创新，增强其吸引力、针对性和感染力。

2. 内容差异

在研究创业教育课程中思想政治教育的功能时，我们可以看到"课程思政"与"思政课程"在内容上具有一致性，这体现在它们育人目标的契合、资源的互补和价值逻辑的关联。它们的内容差异主要体现在授课内容的具体性上。在"思政课程"中，"思政"强调理论学习的层面，明确指出对大学生的思想政治教育应围绕理论掌握、价值认同、实践能力等方面展开。课程内容以马克思主义为指导，传播社会主义意识形态，具有明显的政治性质，旨在提升大学生的理论水平和综合素质。

而"课程思政"中的"思政"更侧重于价值引导，将社会主义价值观转化为爱国主义、理想信念、法治意识、社会责任等具体教学内容。它通过将思想政治教育融入其他课程的教学中，采取隐性教育的方式，悄无声息地立德树人。课程思政的理念旨在改变传统的思想政治教育模式，拓展教学育人的载体，并不断创新教学方法。

"思政课程"的"思政"与"课程思政"的"思政"侧重点不同，主要体现在高校各类课程在教学过程中"思政"功能的发挥上。专业课程作为课程思政建设的重要载体，发挥育人功能是其应有之义。课程思政作为一种创新的育人理念，旨在通过高校各类课程的载体作用发挥育人功能，实现专业知识学习与思政元素的有机融合，构建"大思政"教育格局。这并不意味着将高校其他各类课程的教学过程变为"各类课程思政"

或另一种形式的"思政课程"。高校所开展的各类课程都有其特点和边界,专业课程既不同于专注于思想政治教育的思政课程,也不同于综合素养课的非专业性教育,它是一种扩展和增强科学思维及职业素养的"育才"式教育,但这并不代表专业课与"育人"相脱节。

因此,通过分析"思政"内容的不同侧重,是为了在实现同向同行教育实践的过程中,避免思政课程的"通识化"和专业课程的"思政化"倾向,更好地发挥合力育人效果。思政课程的"通识化"是指在推进高校课程思政改革中,忽视思政课程的主渠道作用,而追求各类课程都发挥育人功能。专业课程的"思政化"则是不尊重专业课的教学规律,没有分析具体教学内容与思想政治教育元素结合的可能性,没有找到二者在内容和方法上的契合点和切入点,导致专业课程变成了另一门思想政治理论课。

3. 优势差异

在研究创业教育课程中思想政治教育的功能时,我们需要认识到"思政课程"与"课程思政"在本质上是有区别的。尽管它们都致力于实现思想政治教育的目标,但它们的课程内容和教学方法各有侧重。实现二者的同向同行,需要在尊重各自独立性的基础上,发挥各自的优势,并在课程教学中找到合适的平衡点。

高校的各类课程,无论是专业课程还是综合素养课程,都有其独特的学科属性和教育目标。这些课程在历史发展中形成了自己的独立性、开放性和综合性,但同时也存在边界,不能无限制地扩展。在推动课程思政的过程中,应当保持课程的个性化发展,避免将所有课程都与"思政课程"趋同化。思政课程应当保持其理论性、权威性和引领性,同时在提升亲和力和感染力的同时,不失理论自信。综合素养课和专业课程在践行课程思政理念时,应立足于自身的培养方案和教学体系。

在实现同向同行的过程中,我们应当遵循知识传授的基本原则,同时考虑不同专业和学科的特殊性,适度地融合教学内容与思政元素。思政课程作为意识形态教育的主渠道,应当发挥其优势,提升课程育人的启发性。而课程思政则应当发挥其拓展创新的优势,提升课程育人的显性化。

实现"课程思政"与"思政课程"的同向同行,需要找准二者的着力点,解决方向上的"显"和行为上的统一问题。在政治方向上,二者需要保持一致,这是同向同行的前提。思政课程在此过程中发挥着价值引领的作用,为其他课程提供指引。各类课程在政治方向上与思政课程保持一致,才能更好地发挥育人功能。课程思政则以其隐蔽性和不易察觉性，更利于思政元素的渗透。

在行动上，课程思政与思政课程应相互支持，共同促进教育对象对思想政治教育的认同。这样的同向同行不仅有助于高校育人工作跳出思想政治理论课的局限，也突破了思政课教师单方面育人的困境，体现了教育理念在新发展环境下的进步和转变。

（二）立足过程以提升同向同行的协调性

实现"课程思政"与"思政课程"的同向同行是一个涉及多个层面的系统性工程。为了提高这一过程的协同性，需要确保各个参与主体能够有效地履行自己的职责，并有序地协作。在这个过程中，我们需要从三个层面来探索如何提高二者的同向同行协调性：从宏观层面来看，需要党委在顶层设计上提供指导和支持；从中观层面来看，需要各类课程教师之间的合作与协调；从微观层面来看，需要将思想政治元素有效地融入课程内容之中。

1. 加强学校党委统一领导，做到顶层设计、统筹推进

为了实现"课程思政"与"思政课程"的同向同行，必须加强高校党委的集中统一领导，将课程思政建设纳入学校整体发展规划之中，并将同向同行模式的研究纳入党委工作议程。这样做可以最大程度地激发教育工作者的积极性，并在育人共识的基础上发挥高效的合力。

在同向同行模式的实施过程中，学校需要进行顶层设计，合理安排实施步骤，并协调校内各个要素。通过科学的制度化规范，从宏观方向指导、中观组织协调、微观操作落实三个层面来探索高校"同向同行"模式的可行性。重点是把握两个关键点：一是加强高校党委的主体责任，在推进"课程思政"改革过程中，高校领导集体应发挥示范引领和"智库"作用，为教师的改革实践提供思想和行动上的指导，逐步推动同向同行模式的研究。二是从操作层面来看，党委需要统一领导、统筹推进，实现课程思政改革的制度化和规范化。显然，高校党委主体作用的发挥程度将直接影响课程思政改革的顺利进行和同向同行建设是否能够成功实现。

首先，高校党委应当以党中央和教育部提出的人才培养方案为指导，为育人工作提供方向，并进行顶层设计，将课程思政建设视为一项关键的政治任务和战略工程。在坚持社会主义大学办学特色和育人导向的基础上，确保教书育人工作的实施。其次，高校党委应发挥其凝聚力，协调学校各级组织和部门的力量，共同推进思想政治工作，实现

资源的有效整合和合理利用，为思想政治工作提供强有力的组织、人力和制度保障。最后，在推进课程思政改革和实现同向同行的过程中，高校党委不仅要加强思想政治工作的主体责任，还要在实际工作中密切联系高校党组织、师生员工。将党的建设融入高校的组织领导和全体师生的教育教学过程中，党的领导能够激发教师们在思想政治工作上的积极性和主动性。这不仅促进了高校党建水平的提高，也检验了高校在组织建设、作风建设、制度建设方面的成果，以及各部门组织协同的能力和水平。

高校在实施"课程思政"改革时，党委主体责任的落实涉及三个主要层次。在宏观层面，高校党委需确保"课程思政"的正确方向和大局，进行顶层设计。这主要体现在确保立德树人目标的实现上。面对国内外复杂多变的新形势，高校党委必须引导课程思政改革始终沿着正确的道路前进。为此，高校党委的顶层设计应包括以下几个方面：首先，定期举办全校性的课程思政改革研讨会，实时掌握改革动态，组织领导与教师面对面交流，共同探讨教育部关于课程思政的新指示和新政策，通过不断的交流反馈，及时调整教学方法和内容，以最大化提升育人效果。其次，制定监督检查责任清单，完善各部门和组织的分工合作制度，明确各自的工作内容和范围，确保党委主体责任的有效落实，并实现常态化的监督检查。二级学院党组织应对本院的课程内容、队伍建设、教学方式、学生学习等情况进行持续监督，及时发现问题并提出建议。最后，统筹改革思政课程、综合素养课、专业课程等所有课程，不仅要发挥思政课程的价值引领作用，使其成为综合素养课和专业课程的理论基础，也要充分利用其他课程的补充作用。为此，需要全面推进思政资源的挖掘、教师队伍的交流合作，打造全方位立体的协同育人格局，并且党委对课程思政的顶层设计要紧跟时代步伐，不断完善高校课程思政建设的具体实施方案。

在中等层面，高校党委肩负组织责任，需要在具体操作上实现统一部署，协调好学校与学院之间的关系。建立有效的运行机制，明确责任分工，确保教学改革工作的高效进行。学校党委总体负责改革试点的统筹工作，并加强对二级学院党委的指导，整合课程思政改革所需的资源。

首先，落实学校党委的主体责任，成立以校党委书记为组长的课程思政工作领导小组，确保党委书记作为第一责任人。加强学校其他领导的职责，明确各自的职责范围，并严格执行政策保障。其次，学院职能部门要积极配合学校党委的统一调度，为课程思政改革提供必要保障。二级学院党委是课程思政改革的前线组织，需要将改革目标具体落实到课程中，不仅要执行有力，还要结合本院课程实际情况进行调整，形成具有本院特色的改革思路。最后，二级学院教师党支部要组织集体学习研讨，理解学校党委"课程思政"改革的精神，根据改革目标和要求，通过集体备课修订教学大纲。

为此，二级学院党委的组织实施可以从以下几个方面进行：首先，开发和利用网络资源，加大对思政资源的挖掘力度。二级学院党委和职能部门应充分利用网络资源的丰富性和即时性，对思想政治教育的内容和方式进行创新。思政教师和专业教师应充分利用多媒体技术，在课堂教学中激发学生学习理论知识的兴趣，并积极帮助学生解决实际问题，提高学生对现实问题的认识和解决能力。其次，二级学院党委及职能部门要完善培训和教师升职激励制度，通过培养和吸收思想政治理论课教师来加强学院"课程思政"教师队伍的师资力量。同时，加强对专业课教师的培训，严格执行定期培训计划，并制定多维度考核标准，从教学、实践、科研等方面进行全面考核，切实提升专业课教师的育人能力。对于教师的升职激励要落到实处，完善教师福利保障制度，充分调动教师参与改革的积极性。最后，注重校园文化建设，打造好"第二课堂"。对大学生的思想政治教育不仅要加强理论学习，还要注重实践提升。二级党委及职能部门要统筹学院与学校之间的合作，开展丰富多彩的校园实践活动，在实际锻炼中提升学生的综合能力。

在具体操作层面，高校党委需承担起推动"课程思政"改革的责任，充分激发二级学院党委及基层党支部的积极性、主动性和创造性，确保改革措施得到实际执行。学校课程思政工作领导小组、二级学院和职能部门之间应形成明确的思路、制度、落实和成效，最终构建一个权责清晰、高效运作、条理分明、操作性强且能有效反馈的"课程思政"与"思政课程"同向同行建设方案。

作为思想政治教育的基层工作者，教师及其所在党支部需要及时了解课程思政改革的最新进展、课堂教学效果以及学生的思想状态，并将发现的问题及时反馈给二级学院党委。为了有效实施"课程思政"改革，学校党委和二级学院党委应充分利用教师党支部的组织力量，对传统教学模式进行改革和创新。

首先，创新思想政治教育的内容。在遵循教育基本规律的基础上，党支部应给予教师更多自主权，选择增加的思政元素和融入方式，以学生的思想、心理特点和关注的国内外时事热点为切入点，设计课程教学内容，增强课程的吸引力和关注度，激发学生的学习兴趣。

其次，鼓励采用体验式和互动式的教学模式。让学生参与到讲台展示中，成为思政内容的传播者，注重提升学生的参与感和成就感。党支部应积极吸纳教师的反馈意见，对新教学内容和教学方式进行总结和创新，通过不断的实践，探索出一种可复制和推广的教学方案。

在推进高校"课程思政"与"思政课程"同向同行建设时，必须强调规范化的教学管理，并重视课程设计和实施的操作性。从领导层面来看，上海大学已经成立了专门的课程思政教学改革领导小组，由校领导领衔，校党委书记和校长共同担任组长。在全面开展课程思政试验之前，该校先在小范围内进行了课程探索，制定了切实可行的初步建设方案。在此基础上，成立了专门的课程思政研发小组，邀请相关思政课教师参与研讨，由学校和二级学院共同领导，负责全校课程思政改革的指导、调研、评估等工作。这表明，实现同向同行需要高校党委切实履行主体责任，从宏观、中观、微观三个层面发挥领导作用，坚持顶层设计与试点培育相结合的工作原则，营造课程思政改革的良好机制和环境。

2. 促进各类教师合作实践，做到取长补短、共同提高

实施课程思政理念是构建同向同行育人体系的关键措施，其中教师团队是协同育人的核心。思想政治理论课教师是高校育人的主要力量，但并非唯一的责任承担者。辅导员和专业课教师同样是育人共同体的重要组成部分，但由于分属不同的管理体系，拥有不同的专业背景，思想政治理论课教师与其他两支队伍之间存在隔阂，尚未形成共同育人的合力。发挥教师团队的育人合力主要面临以下三个挑战：首先，存在思想认识不足的问题。一些思想政治理论课教师仅关注自己的本职工作，提升课堂教学质量，缺乏与其他教师队伍的交流合作；专业课教师则专注于专业课程内容的研究，履行专业教学职责，对思想政治教育的认识不够充分。辅导员则主要关注班级日常管理、学生心理健康教育和升学就业等问题，与任课教师的交流较少，忽视了对学生工作的全面把握。对课程思政的认识容易局限于专业课教师和思想政治理论课教师的教学任务，导致认识偏差，协同育人效果不佳。其次，是能力不足的问题。课程思政要求思想政治理论课教师发挥引领作用，引导教师以德立身，成为先进思想的传播者和实践者，不断提升自身素质。课程思政对专业课教师的思想道德素养、专业素养、教学能力等方面提出了全面挑战。专业课教师不仅要适应新形势下的课程开发、人才培养、资源挖掘等要求，还要解决思想政治教育元素与专业内容有效融合的问题。对辅导员而言，受限于工作经验、人生阅历等因素，以及岗位要求与实际工作内容所需知识体系的差异，需要在理论知识、道德

规范、理想信念等方面作出提升，同样面临能力不足的问题。在实际工作中，这三者往往心有余而力不足，导致同向同行效果受限。最后，是机制不健全的问题。同向同行的实现不仅需要教师个人意识和能力的提升，还要不断完善高校思想政治工作体系，建立健全体制和保障措施。实际上，由于高校教师主体分属不同管理序列，拥有不同的考核体系、管理方式、任务目标导向，以及职业发展路线、晋升途径的差异，导致教师主体间的资源互通、信息共享、优势互补未能充分发挥，教书与育人"两张皮"的现象依然存在。在高校教书育人的总体目标下，明确不同教师主体的责任，并着力实现三者具体目标的相互融合，是目前高校思想政治工作体系亟待解决的问题。

无论是挖掘和融合思政元素，还是发挥各类课程的育人功能，教师都是组织和实施的关键，而实现思政课程与课程思政的协同育人则必须建立在教师队伍的协同合作之上。首先，需要加强思政课教师与辅导员队伍之间的合作。思政课教师专注于马克思主义理论的教学和研究，擅长理论探讨和课堂教学，但在管理育人和了解大学生日常思想行为方面可能经验不足。相比之下，辅导员作为日常思想政治工作的主要执行者，能够及时掌握学生的思想行为变化，具备丰富的管理经验和较高的管理水平，但在理论研究方面可能略显不足。辅导员在日常工作中的职责包括传达学校通知和要求，以及安排班级日常事务性工作，这使得他们可用于理论研究的时间有限，对学生的思想行为问题缺乏必要的理论阐释能力，这可能会影响育人工作的有效性。因此，加强这两支教师队伍的合作至关重要，以确保课上与课下思想政治教育相互衔接，充分发挥各自优势，提升整体育人效果。目前，加强这两支队伍的协同合作可以从以下两个方面进行：一是科学合理地配置两支队伍的教师数量和结构。在数量上，应严格按照教育部规定的师生比例配备思想政治理论课专任教师和专职辅导员。在结构上，可根据参加工作年限、所学专业、职称等不同因素，组建两支队伍的合作小组。二是促进两支队伍在工作上的相互支持。在日常管理方面，鼓励思政课教师参与学生的日常学习和生活管理，增加与学生的沟通机会，了解学生的思想和心理动态，提高教学活动的针对性。在科研方面，鼓励思政课教师与辅导员队伍共同申报课题，共同研究思想政治教育典型案例，发挥各自特长和优势。在教学方面，应畅通思想政治理论课教师与辅导员队伍集体备课的教学通道，鼓励优秀的辅导员上台授课，用自己的亲身经历讲述对育人工作的理解，丰富学生的情感体验，提高对价值观教育的接受度，与思政课教师共同做好育人工作。

其次，强化思政课教师与专业课教师之间的合作至关重要。高校不仅应提升学生的专业素养和技能，还应关注学生思想道德素质的提升，这是培养全面发展的人才的必要条件，也是高校高质量完成思想政治工作的关键措施。然而，一些专业课教师对思想政治教育持有偏见和误解，认为这类课程不重要，认为自己主要负责学生的科学文化教育以及专业素养和技能的培养，而学生价值观念的培养是思想政治理论课教师的职责。那些缺乏理想信念、思想政治素养不高的教师在课堂教学中的不当言论和做法可能会与思想政治理论课的教育效果相抵消。这些偏见和误解阻碍了专业课教师与思想政治理论课教师的正常合作，凸显了加强这两支教师队伍协同合作的紧迫性和必要性。首先，思政课教师和专业课教师都应树立起协同育人的意识，这是双方合作的基础。需要不断强化教师的政治底线意识，提升教师的自我修养，将教书育人视为首要职责，致力于学生综合素质的提高。其次，思想政治理论课教师与专业课教师应相互进入对方的课堂。将思想政治教育内容与学科教学相结合，让学生在专业课学习中也能体会到理想信念、爱国主义、艰苦奋斗等精神在专业知识中的融入。建立协同合作的育人平台，鼓励专业课教师与思政课教师共同上一堂思政课。例如，在讲授《马克思主义基本原理》时，可以邀请经济学、政治学、社会学等专业课教师对相关内容进行深入讲解，这样既能帮助学生理解课程内容，又能加深对知识点的记忆。在双方互动进入课堂的过程中，可以增进两支教师队伍之间的理解，提升育人效果。

实现同向同行，关键在于各类教师之间的互动合作，以形成共同育人的合力。这就要求思政课教师、专业课教师、辅导员队伍之间必须相互协作、相互支持。重视互动性，坚持教师之间的互动、师生之间的互动以及学生之间的互动；注重问题导向，通过课堂提问、课后反馈等手段，搜集学生的问题；强调启发式讨论，围绕问题组织讨论，鼓励学生多提问、多思考，以此激发学生的学习积极性。课程由来自多个学科的资深教师组成优质的跨学科教学团队，团队成员坚持集体备课，通过思维的碰撞和不同领域知识的互补，完善教学内容。坚持团队授课，每堂课安排 2 至 4 名教师共同教学，紧密结合当前国家发展的重大现实问题，让学生在对国家重大问题的思考中，加强对主流意识形态的认同，增进对世情国情的理性认识。

3. 强调思政元素有机融入，达到春风化雨、润物无声

"好的思想政治工作应该像盐，但不能光吃盐，最好的方式是将盐溶解到各种食物中自然而然吸收。"

要将思政元素有效地融入专业课程，以达到"潜移默化、无声育人"的效果。专业

课程因其独特的学科属性和专业界限而注重真实性；思想政治教育则以其完整的知识框架和价值内涵，强调善与美的追求。将善与美融入对真的追求中，实现真善美的和谐统一，是课程思政建设的关键，也是同向同行教育的挑战所在。在融合思政元素的过程中，我们需要明确两者的界限和差异，界定课程思政的范围，并在尊重学科价值体系的基础上，寻找专业课程与思政元素的完美契合点。具体而言，我们应该研究和探索思想政治教育元素与专业知识结合的方式，基于充分挖掘思政元素的基础上，进一步精选与之匹配的元素，确保在情感态度和价值观目标上的一致性，建立思想政治教育目标与专业课程育人要求的内在联系。同时，要掌握思政元素与专业课程的融合程度，确保融入的思政元素与专业课程的价值体系相协调，避免机械式的嫁接或强行融合。此外，还需验证思政元素与专业课教学实践是否匹配，教师应根据不同的专业知识内容选择适宜的思想政治教育元素，防止思政元素的"过度引用"影响专业课教学，或是对思政元素的引用流于形式、不够深入，导致思想政治教育缺乏针对性。

明确"如何实现有机融合"是推动课程思政建设全面展开，实现教育同向同行的关键所在，这一步骤是课程思政改革能否取得成效，能否实现目标的决定性因素。在推进同向同行教育研究的过程中，无论是哪种课堂教学模式，都离不开专业课程内容与育人目标的有机结合，离不开专业知识供给与教学效果的有效对接，以及专业课程教师、教材、教法、教学载体、教学资源的协同作用。因此，需要对高校各类课程进行全面的规划设计，对思想政治教育元素融入专业课程的教学进行系统化、创新性的设计，并在实践中不断磨炼，这一过程应体现在教学方案、课堂教学、实践教学三个层面。构建课程思政的教学指南和实践示范，为专业知识与思政元素的融合提供遵循，确保课程知识与思想政治教育的有机结合。

融合教学方案是至关重要的。教学方案是指导教学活动的具体规划，它体现了教师对教学流程的总体布局和细致规划，是指导课程教学的核心依据。教学方案设计的优劣，直接关系到教学效果的好坏。在设计教学方案时，教师应一方面利用育人相关内容为专业课程教学提供价值引领，为思政元素与课程内容的有机结合打下基础。另一方面，教师需要充分考虑学习内容与思想政治教育内容的融合程度、学生对融合结果的接受程度，以及融合结果的有效性等因素，在关键的教学方案设计环节实现与思想政治教育的深度融合，以此实现对课堂教学的整体掌控。

将思想政治教育元素融入课堂教学是核心。所有课程都承担着育人功能，而课堂则是教学活动的基本平台。首先，要认识到思想政治理论课在课程思政建设中的核心作用，根据不同课程的特点，深入发掘课程中蕴含的思想政治教育意义和需求，精心设计课堂教学，以此优化课程结构。教学方法应巧妙地融入思想政治教育元素，提高融合的实效性。其次，要根据课程内容创新教学手段，探索课堂教学、社会实践、网络应用等多种课程组织形式，结合学生的实际情况进行科学引导。通过整合多种教学手段，设计情境分析和案例研究，以提升学生的综合能力和理解力，使他们认识到问题背后蕴含的思考方式、价值判断和方法论要求，将思想政治教育元素转化为学生的自我教育和实际行动，从而达到提升学生综合素质的目的。

融合实践教学是至关重要的环节。要引导学生将专业学习与实际生活相结合，不断吸收价值观教育的内容，提升自身的思想政治素质，使学生认识到个人知识和视野的扩展离不开实践的积累。将育人目标与具体的实践教育活动相结合，通过丰富学生的实践体验来提高育人质量，将育人导向与提升学生综合素质相统一，拓宽实践育人的途径。建立具有特色的实践教学体系，以学生为中心，在实践基地建设、实践组织管理、实践考核等方面下功夫，增强学生的劳动意识和社会实践能力。同时，高校应开发和挖掘校园实践场所中的思想政治教育元素，将其融入校园文化建设中。通过社会实践、志愿服务、生产实习等活动来弘扬劳动精神，教育引导学生崇尚劳动、尊重劳动，提高知识应用能力，培养学生成为具有综合素质的高端人才。

（三）优化要素以增强同向同行的整体性

从整体性原则出发，高校各类课程实现同向同行的过程，意味着要充分利用课程的基础性功能，抓住教师在育人过程中的关键角色，以及高度重视学生评价的作用。从这三个维度寻找同向同行的最佳对接点，确保教学过程中的课程实施与开发、教学主体与目标、教学方式与学习方式等方面的和谐统一，基于各类课程的特点和优势，推动同向同行的创新和改革。

1. 同向同行的基础在课程，抢占"主战场"

课程建设构成了课程思政的核心领域，缺乏优质的课程建设，高校的同向同行教育就失去了基础。通过科学的规划和逐步完善课程实施过程来提升课程建设水平，这是实现各类课程协同合作的基础。课程建设是高校课程思政改革的关键任务，而课程教学是高校的日常职责。在传统的学校思想政治教育中，思政课程往往侧重于意识形态的灌输，而课程思政在专业课程教学中常常流于形式，仅限于"标签式"或"口号式"的思政内容宣传。因此，学校的教学管理部门，即教务处，承担着重要的责任，需要加强对思想政治工作的监管。价值引领和价值观塑造是课程思政建设的根本目的和使命。同向同行建设和实施是一个持续的探索和改革过程，必须根据不同课程的特点有机融入思政元素，处理好各类课程与思想政治教育之间的融合点，并确保知识传授、能力培养与价值引领的有机结合。

首先，在课程设置上，打造一个以"思政课程+综合素养课+专业课"为架构的"一体两翼"课程体系。为了构建同向同行的思政格局，我们需要从根本上转变仅依赖思想政治理论课的育人模式。这意味着在课程这一平台上发挥作用，将育人理念融入到各类课程的教学实践中，建立一个"一体两翼"的课程育人体系。其中，"一体"指的是以思政课程为核心，发挥其育人的核心作用，起到主导和引领作用。"两翼"则是指综合素养课和专业课程，它们在课程育人体系中起到补充和渗透的作用。"一体"和"两翼"相互支持、相互促进，共同构成一个完整的课程育人体系。在高校思想政治教育体系中，思政课程是中心和基础，将其作为"一体两翼"中的"体"，发挥其在同向同行过程中的价值引领作用，是确保社会主义大学办学方向的基本要求。综合素养课作为基础课程，为全体学生提供全面的社会常识和科学的思维方法，为不同背景的学生提供知识和价值观教育，强调"育人"而非仅仅是"教学"。因此，需要深入挖掘综合素养课中的思政元素，发挥其育人功能，促进综合素养课与思政课程的深度融合，并最终形成育人的合力。专业课程种类繁多，蕴含的思政教育元素丰富，专业课程教师应在理解课程思政理念的基础上，对现有教学内容进行有效的提炼与整合，实现思政元素与教学内容的有机结合，最终实现专业课程与思政理论课的有效融合。总结来说，"一体"要充分发挥思政课的关键作用，"两翼"要与"一体"协同配合，以此实现知识传授与价值引领的统一。

其次，在作用方式上，打造"思政课程主渠道显性教育功能+各类课程隐形教育功能"的互动融合模式。高校同向同行建设不仅需要凸显思政课程的专业性、科学性和引领性，强调其显性育人功能，发挥主渠道作用，同时也需要充分利用其他各类课程的隐性教育功能，为思政课程中的基本观点和思想方法提供有力支撑。这样，各类课程可以从不同角度证实和旁证思政课程的内容，实现思想政治教育与专业教学的多维度融合。育人功能上，这两者紧密相连，同向同行建设既要求思政课程将培养大学生的思想政治素质放在首位，也要求专业课程加强对学生的思想引导，以提升育人效果；综合素养课则起到桥梁的作用，促进各课程之间的过渡。为此，一方面，要发挥思想政治理论课为各类课程提供理论指导的积极作用，特别是在教学方案设计、课程思政元素的挖掘开发、具体案例分析解答等方面。首先，考虑到80%的大学课程为专业性课程，学生学习好本专业课程是未来社会立足的基础，思政课教师应顺势而为，在课程中融入专业课元素。在教学设计上，首先要明确教学设计的初衷，解决思政课堂理论枯燥、学生参与度不高等问题，提升学生的学习兴趣；其次，要重视教学设计的情境性，针对不同专业学生设计有针对性的教学内容，避免使用过于宽泛和空洞的教学设计；最后，要注重教学设计的规范性，全面考虑学生在思政课堂的各种表现，制定相应措施，确保教学顺利进行。其次，要增强思想政治理论课的时代感，课程内容要贴近时代、贴近生活、贴近学生实际，关注学生在新时代社会变迁中面临的新问题、学习生活中的新困惑、个人成长中的新情况，满足学生的思考需求。第三，要强化思想政治理论课的解释力，基于对学生思想特点、心理特点的深入了解，进行针对性的讲解，将理论与现实联系起来，强化对新理论新情况的阐释，培养学生分析社会现象的能力。另一方面，要不断开发其他各类课程的隐性思想政治教育功能，深化和拓展其教育作用。首先，在专业课程中实现思政元素的有效渗透，通过哲学社会科学、自然科学课程对社会制度、政治文化、思维活动等方面的正向渗透和引导，从不同维度发挥影响，多个学科的正面价值观引导可以印证思政理论课的理念。其次，要注重拓展各类课程的功能，在尊重知识边界的基础上，发挥其共同的育人导向，达成育人目标上的整体共识，丰富课程功能的承载，打造开放性、多功能的课程类型。第二，实现在实践课程中思政元素的有效渗透，实践课程不仅与理论课程相辅相成，也是理论教学与现实活动的有效对接。课程思政与思政课程协同建设应全面融入实践课程中，提供课内外的实践探究活动，丰富教学内容，促使学生在实践中获得独特的情感体验，内化知识为自身能力。在深度体验的实践教学中，强化学生对主流意识形态的正向认识，形成主流观念的社会认同，并最终在实践中践行，从而拓展育人空间，提升育人效果。

最终，同向同行建设的过程旨在实现专业教学与思政教育之间的双向渗透。在这一过程中，两者并非隶属关系，也非单向的融合，而是相互包含、相互交织的关系。需要强调的是，在专业课程中进行课程思政改革时，应以专业知识和技能的学习为主导，同时在知识学习中融入理想信念层面的精神指引，以此实现隐性教育的育人功能。学生在学习思政课程时，加入专业课程元素是为了提升课程的针对性和亲和力，而思想引领的主导性作用则是通过显性教育来实现的。上海大学《大国方略》课程的一个重要教学原则是："将理论融入故事，用故事讲清道理，以道理赢得认同，以悟道取代灌输。"通过将教育内容转化为学生易于理解的知识体系，提高了学生对知识学习的接受度，以隐性教育的方式启发学生对问题的思考，将教育内容逐步内化为学生的认知。以学生关注的国家大政方针等热点问题为切入点，依托授课专家学者的学科背景和名师魅力，激发大学生的朴素情感，引导学生将爱国激情与爱国理智有机结合。设置"中国是一个大国吗？""中国梦，谁的梦？"等专题，引导学生全面、深入地认识中国，做到言之有物，为"入耳、入脑、入心、入行"打开通道。

2. 同向同行的关键在教师，建强"主力军"

教师在同向同行建设中扮演着关键角色，因此需要不断提高教师在课程思政建设方面的意识和能力，激发新的建设活力，打造强大的"主力军"。教师不仅应成为传授知识和技能的"教书匠"，还应成为塑造学生品行和品格的"大先生"。在高校中全面提升教师的意识和能力，建设高素质的教师队伍，是推动课程思政和思政课程协同建设的必要之举。在同向同行的建设过程中，应不断纠正高校教师的错误观念，思政课教师要始终坚守思想政治课程育人的主阵地，重点提升专业课教师在课堂教学中开展育人工作的能力和水平，避免在课堂教学中出现对思政元素的"标签化"、"硬融入"等现象。

首先，高校教师需要增强思想政治教育的意识。通常，教师的教学理念是其核心素质的关键部分，对日常的教育教学活动有着决定性的影响。教师的育人意识是发展课程思政能力的基础，此外，教师还必须建立协同育人的观念。"课程思政"教育改革和对同向同行的探索是实现全员、全过程、全方位育人不可或缺的途径。我国正处在社会转型的关键阶段，面对国内外复杂的环境、交织的矛盾和多元价值观的冲突，这些外部因素为高校育人工作带来了额外的挑战。因此，所有高校教师都应时刻保持对价值引领的警觉，并将这种意识融入到日常的课程教学之中。必须克服以往思想政治理论课与专业课相互抵消的现象，发挥各个学科的长处，突出不同学科的特色，将思想政治理论课与其他各类课程共同构成的思想政治教育资源转化为高校育人的宝贵资源。高校的所有教师都应树立起作为立德树人"主力军"的自觉意识，要将"教书"与"育人"相结合，坚决摒弃"先教书后育人"以及认为育人是专人专项的错误观念。

其次，需要提高高校所有教师的综合素质。"课程思政"与"思政课程"的同向同行建设对高校教师的综合素质提升提出了具体要求。为了适应国家对新时代社会主义建设者和接班人的要求，只有专业课教师具备扎实的理论素养，才能在教学中有效融入思政元素；只有高校教师之间协作合作，才能深入了解学生的思想和心理状态，并针对性地开展育人工作，不断提升育人的广度和深度。首先，需要进一步加强教师的师德师风建设。鉴于高校教师职业的特殊性，师德师风是衡量教师综合素质的首要标准，教师应加强自我修养，严守师德底线，保持敬畏之心。高校教师应将教书育人视为自己的责任和使命，严于律己，以德立身、以德施教。其次，需要不断提升高校教师的理论素养。教师应坚持教育者先受教育的原则，对大学生进行思想政治教育不仅需要热情，还要加强对马克思主义理论的学习。只有将深厚的理论知识转化为自己的政治素养和价值追求，才能明确课程思政所要求挖掘的思想政治教育元素的具体内容，以及德育中"德"的具体规范，这样才能保证育人工作始终沿着正确的方向进行。第三，需要坚定高校教师的理想信念，提升他们明辨是非、抵制错误思潮和言论的能力。教师应提高警惕意识和防范意识，面对外部意识形态的渗透要严加防范，自觉抵制不良思潮的影响，时刻注意自身言行可能对学生造成的影响。政治正确是协同育人的基本要求，高校教师一定要坚定正确的政治方向，提高政治敏锐性和鉴别力，自觉抵制西方不良价值观念的侵蚀。提升辨别是非、抵制错误思潮和言论的能力，就是告诫教师在课堂教学中不能以自由言论的旗号随意发表与主流价值观不符的观点和言论，更不能突破政治底线与意识形态教育背道而驰。

最终，要充分发挥高校思政课教师和专业课教师的育人优势。在同向同行建设中，一方面对专业课教师的执行能力提出了挑战，专业课教师不仅需要深入挖掘所教课程中蕴含的思想政治教育资源，还要结合课程培养方案和学生在教学中提出的实际问题进行思政资源的开发。另一方面对思想政治理论课教师在教师队伍中发挥引领作用提出了要求，思政课教师不仅要协助专业课教师做好思想政治教育元素的开发利用，还要在高校建设课程思政的过程中提出建议和策略，积极发挥应有的育人作用。对于专业课教师而言，要大力提升他们的育人能力，与思政课教师相比，专业课教师在课程中融入育人理念具有独特优势，主要体现在以下几个方面：首先，与思想政治理论课相比，专业课的授课规模较小、次数较多，专业课教师与学生接触更频繁，能更实际地解决学生面临的学业问题、就业压力等，学生也更信任专业课教师，有利于师生间的沟通交流，从而提高育人效果。其次，在专业知识传授中加入职业精神教育和价值观引导，不仅增加了学生的理解和接受度，还使专业课教学更有深度和温度，提高学生学习的积极性。第三，专业课学习与学生的升学和就业密切相关，不仅关乎学生的职业选择，而且对未来的发展方向有一定影响力。专业课教师在教学中融入思想政治教育内容，可以确保学生树立正确的价值引领，筑牢学生的精神根基，对学生的职业选择和发展规划发挥着重要作用。思政课教师在高校教师队伍中发挥引领作用，主要表现在以下几个方面：首先，在理论修养上引领。思政课程旨在通过价值观教育为学生打下科学的思想基础，思想性、理论性、科学性是其主要特点。思想政治理论课教师在理论素养上具有天然优势，通过掌握马克思主义的基本方法来分析和辨别复杂的社会现象。其次，在方法论上引领。思想政治理论课包含着丰富的方法论思想和方法体系，面对"历史虚无主义"、"新自由主义"等思潮，运用马克思主义关于现象和本质、唯物辩证法联系观的范畴，综合运用丰富的方法论思想，便能揭示错误思潮的虚假本质。第三，思想政治理论课教师在遵循规律上的引领。相比高校其他教师，思政课教师基于对马克思主义理论的掌握，运用马克思主义立场观点方法来逐步深化对客观规律的掌握，从而不断丰富自身的理论和实践经验，为各类教师开展教学工作提供指引。

教师在同向同行建设中扮演着最具主观能动性的角色，以上海大学《大国方略》课程为例，该课程注重综合素质教育，通过整合多元师资，召集来自不同学科和领域的教师团队共同参与教学设计。除了思想政治理论课教师在课堂上的讲解外，还根据课程内容的具体需要，邀请相关领域的知名专家或典型人物进入教室，为学生提供一堂内容丰富、思想深刻的思想政治理论课。上海大学课程思政改革对教师提出了以下要求：首先，教师应根据学生的特点进行个性化教学。为了培养全面发展的人才，教师需要充分考虑学生在不同学段的身心发展特点，提出有针对性的培养方案。其次，教师应关注学生的兴趣和学情。当前学生对社会现象和热点问题非常关注，如果教师能够将这些内容作为课程教学的切入点，就能引起学生的情感共鸣，提高课堂教学的质量。最后，教师应熟练掌握各项教学技能，激发学生的学习热情，帮助学生更好地学习相关知识，丰富学生的上课体验。同向同行的关键在于教师，教师队伍需要提升思想政治教育意识、提高自身的综合素质，并且要加强教师之间的协作合作，发挥各自的育人优势，形成育人的合力。

3. 同向同行的成效在学生，用好"试金石"

课程思政与思政课程同向同行建设的成效体现在学生身上，学生是这一建设过程的接受者。同向同行的建设不仅涵盖了日常的教育教学环节，还包括高校对学生的管理活动。因此，评价同向同行成效的主体应包括教师、学生和管理者，其中学生是不可或缺的一环。深入研究学生的群体特征，发挥学生在同向同行评价中的主体作用，是同向同行建设过程中的关键环节。

首先，需要探究学生的心理和思维特征，以便根据他们所处的学习阶段提供适当的思政工作方案。大学生相较于中小学生，心智更为成熟，对事物的认知具有独立的见解，追求个性和新鲜事物成为新时代大学生的显著特征。作为网络时代的"原住民"，大学生受到的外界影响复杂，对世界的认知从感性向理性转变，已形成较为稳定的自我认识。但这并不意味着大学生不需要教育和引导。尽管大学生拥有较为稳定的世界观、人生观和价值观，他们仍可能受到外部不良思潮的侵蚀。因此，课程思政的实施是应对这一问题的有效策略。在思想政治理论课的开展过程中，应全面考虑大学生的实际心理建设和思维特点，教学内容和方法的选取应结合具体情况进行。为此，高校教师需要深入了解新时代大学生的思想和心理特点，掌握他们的成长背景和环境，以便在课堂教学中有的放矢地开展思想政治教育。教师应善于运用理论联系实际的方法，用客观真理引导大学生正确看待外部事物的发展变化，灵活运用马克思主义方法论来分析和解决问题。这样，可以减少学生对理论灌输的反感，增加对教师的信任，使思想政治教育内容能够深入人心。

接下来，需要研究学生的专业背景，以便根据专业的特性实现灵活教学，确保统一性与多样性相结合。高校专业课程通常分为哲学社会科学课程和自然科学课程两大类，由于它们的研究内容和方向不同，不同专业学生之间的思维方式也存在显著差异。因此，思想政治理论课教师在教授思政课时，需要结合学生的专业背景进行教学，选择与专业相符合的案例来说明课程内容，采用的教学方式应考虑学生的认知偏差，有针对性地进行思想性引导，避免采取"一刀切"的教育方式，以免过分强调思想政治教育的统一性而忽略了多样性。对于专业课教师而言，他们在本专业课程中实施课程思政理念具有天然优势，因为专业课程通常授课次数多、时间长，师生之间的沟通交流更为频繁，但这也对专业课教师在课程育人方面提出了挑战。专业课教师在课程中对学生进行思想性引导，并不是简单地将思想政治教育元素与课程内容相加，而是要有针对性地选择合适的思政教育内容，避免出现知识传授与价值引领分离的现象。

最终，应充分利用学生在同向同行建设中的评价作用。一个科学的评价体系对于评估课程对思政元素的挖掘程度、育人目标的实现程度以及学生综合素质的提升程度具有积极作用。具体来说，学生在课程思政与思政课程协同育人的评价中主要起到三个作用：首先，改进同向同行的教学过程。在同向同行建设过程中，无论是教学过程评价还是课程总结性评价，最终目标都是促进学生发展。从学生视角进行分析和评价，主要关注教学案例设计、教学方法运用、学生主动性等方面，对教学过程进行综合评估，以确保评价的客观性，并通过发现和解决问题来提高教学质量。其次，改进同向同行的教学设计。对学生的变化发展进行过程性评价，根据高校课程思政的具体发展情况制定详细的评价指标。在不同课程领域，思想政治素质的体现各有差异，在专业课程和思想政治理论课程中分别表现为专业特色性和政治认同度，对学生的专业知识和政治素养培养具有重要意义。对教学设计的综合性评价可以具体到某一门课程，判断该课程在融入思想政治元素方面的时机、数量、结合程度等，对于不断改进教学方法、优化教学结构、提升课堂教学效果具有重要作用。第三，完善同向同行建设的制度体系。学生综合素质的提升依赖于高校育人合力的发挥，其中最关键的考量是学生的主体性发挥程度。学生作为教育的接受者，对高校育人过程的具体实施最有发言权。高校应主动收集学生对育人过程中的问题反馈，以此反思和改进同向同行建设中的不足，同时关注教师在教学中践行课程思政理念时遇到的具体问题，从而为完善相关制度提供参考。

第二节　创新创业课程思政和思政课程同向同行

习近平总书记在全国高校思想政治工作会议上强调指出："要用好课堂教学这个主渠道，思想政治理论课要坚持在改进中加强，提升思想政治教育亲和力和针对性，满足学生成长发展需求和期待，其他各门课都要守好一段渠、种好责任田，使各类课程与思想政治理论课同向同行，形成协同效应。"习近平总书记的重要论述指明了大学各类课程和思政理论课同向同行、协同建设的根本方向。2020年5月，教育部发布了《高等学校课程思政建设指导纲要》，为全面推动高校课程思政建设提供了行动指南和基本遵循。高校的创新创业教育（简称"双创教育"）本质上是一种素质教育，旨在培养学生具备创业意识、创新精神和创新创业能力。要深入挖掘双创教育中蕴含的思政教育资源，将思政教育贯穿于双创教育的整个过程中，重构课程内容体系和教学体系，对双创教育的标准、教学设计、教学方法、教学评价等方面进行全面的诊断和改进，实现知识传授、价值塑造和能力培养的多元统一，这是实现"立德树人、铸魂育人"目标，全面提升人才培养质量的关键任务。要充分发挥双创课堂教学的主渠道作用，与思政课程同向同行，形成协同效应，引导学生树立正确的世界观、人生观和价值观，培养学生具有高尚情操和拼搏精神，以及具备创业基本素质的创新型人才，这对于提高高校教育的质量和效益具有重要意义。

一、大学生创业态度分析

（一）大学生创业意愿强烈，创业动力不足

大学生往往充满了创业的热情和愿望，他们渴望将自己的创意和知识转化为实际的产品或服务。然而，由于缺乏实际商业经验、资金、人脉资源以及对市场运作机制的理解，大学生在创业过程中可能会遇到各种挑战，这可能导致创业失败。

面对创业失败，大学生的承受力可能相对较弱，因为这可能涉及到他们的自尊心、自信心以及对未来的担忧。此外，大学生在解决问题的态度上可能存在一定的问题，比如可能会因为缺乏经验而不知道如何有效地应对挑战，或者在遇到困难时容易气馁。

（二）大学生创业动机过分以自我为中心

大学生创业动机以自我为中心的现象在一定程度上是普遍存在的。这主要是因为大学生往往处于个人成长和自我探索的关键阶段，他们可能更多地关注个人兴趣、激情和职业发展。以下是一些可能导致大学生创业动机以自我为中心的原因：

（1）个人兴趣和激情：大学生创业者可能是因为对某个领域或行业有浓厚的兴趣和激情，因此希望围绕自己的兴趣创业。

（2）职业规划：他们可能将创业视为实现个人职业目标的一种方式，希望通过创业来快速积累经验和财富。

（3）独立性和自主性：大学生往往追求独立性和自主性，希望能够自主决策和管理自己的事业。

（4）社会影响：社会对创业成功的案例和创业者的光环效应可能激励大学生以自我为中心地追求创业成功。

（5）缺乏团队经验：大学生可能缺乏团队协作和管理的经验，因此在创业时可能更

多地依赖个人力量。

（6）资源和网络的限制：大学生在资金、人脉和业务网络方面可能有限，因此可能更多地依赖个人资源和能力。

虽然以自我为中心的创业动机并非完全负面，但如果过分强调个人利益而忽视了市场需求、团队合作和社会责任，可能会导致创业失败。创业不仅仅是一个人的冒险，而是一个团队协作、满足社会需求的过程。在创业之初，端正态度是至关重要的，因为它将影响创业者的决策、团队建设、资源分配以及长期的成功。

（三）大学生对创业缺乏信心，存在恐惧

大学生对创业缺乏自信，认为没经验、没钱、没机会、没人脉，这些数据所隐藏的是学生对创业心存恐惧，担心缺少资源创业失败，这是制约大学生毕业后创业参与人数少的根本原因。大学生在考虑创业时可能会感到恐惧和缺乏自信，这在很大程度上是因为他们对创业的理解和认识不足。他们可能认为创业就是快速成功和财富积累，而忽视了其中的风险和挑战。此外，大学生理论知识与实践操作之间存在差距，他们可能没有实际操作过商业项目，因此感到不自信。社会对创业失败的宽容度不高，这可能让大学生担心创业失败会受到批评和失去面子。家庭和教育体系可能对大学生有较高的学术和职业期望，这可能导致他们对创业持有保留态度。

（四）大学生创新创业能力及专业认可度不足

学生一致认同未来岗位需要创新创业精神，但在双创课堂教学中发现，学生缺乏创新创业能力，不愿意进行深度思考和解决问题，缺乏开拓创新精神。在专业认可度上也存在严重不足，双创课堂创业项目筛选中发现，学酒店的想去开宠物店，学牧医的要去开一家民宿的现象多有发生，在项目筛选中，做自己相关专业产业项目的不足50%。这种现象可能是由于多种因素造成的，包括教育体系、学生心态、社会环境等。

首先，教育体系可能过于注重理论知识的传授，而忽视了实践能力和创新思维的培养。学生在课堂上可能更多地接触到理论知识，而缺乏将理论应用于实践的机会。此外，传统的教育评价体系可能更注重学生的学术成绩，而不是创新能力或实践技能。

其次，学生自身可能缺乏自信和勇气去尝试创新创业。面对未知的挑战和可能的失败，一些学生可能会选择更加稳妥的道路，不愿意冒险尝试。这种心态可能源于对失败

的恐惧、对未来的不确定感，或者是对自身能力的怀疑。

再者，社会环境也可能对学生的创新创业意愿产生影响。社会对创业失败的宽容度不高，创业者可能会面临来自家庭、朋友和社会的压力和批评。这种环境可能导致学生对创业持有保留态度，不愿意轻易尝试。

二、创新创业课程思政和思政课程同向同行问题研究

（一）强调双创课程创新性忽视了德育性

部分教师双创课堂教学强调双创课程的创新性，关注双创课程知识传授和能力培养，过度关注创新、市场竞争、盈利、资源整合等创新创业能力培养，忽视了对学生价值观引领和塑造。在研究创业教育课程思想政治教育的功能时，我们必须认识到，创业教育不仅仅是关于创新、市场竞争、盈利和资源整合的技能培训。更重要的是，它应该成为引导学生形成正确价值观和塑造健全人格的过程。在这个过程中，教师的角色至关重要，他们需要将思想政治教育融入到双创课程的教学实践中，以此来引领和塑造学生的价值观。

当前，学生中普遍存在着极端自我、崇尚财富、利益至上的价值观，这在一定程度上反映了社会环境的影响。作为教育者，我们应该因势利导，利用双创课程的内容和形式，引导学生形成更加积极健康的价值观。例如，在市场竞争的环节，教师可以强调合作与共赢的重要性，让学生理解在竞争中寻求双方利益的最大化，而不是简单地追求一方的胜利。在盈利的环节，教师可以引导学生认识到企业家的社会责任，让他们明白盈利不仅仅是为了个人利益，更是为了回馈社会、创造更大的社会价值。

此外，教师还应该通过案例分析、讨论、反思等教学方法，让学生在实践中体验和感悟到社会主义核心价值观的重要性。通过这些方式，创业教育课程就能在传授知识和培养能力的同时，有效地对学生进行思想政治教育，帮助他们形成正确的世界观、人生观和价值观。这不仅有助于学生个人的全面发展，也有助于培养出更多具有社会责任感和创新精神的创业者，为社会的发展做出贡献。

（二）强调双创课程德育性忽视了价值性

习近平总书记多次强调指出：各门课程要守好一段渠、种好责任田，使各类课程与

思想政治理论课程同向同行，形成协同效应。部分教师在双创教育教学中矫枉过正，过分强调双创课程的德育性，把双创课堂变成了思政教育课堂，忽视了创新创业教育自身的价值性，忽视了创业的内涵是价值创造的过程，对学生进行道德绑架，偏离了双创教育方向。这种做法忽视了创新创业教育自身的价值性，忽视了创业的内涵是价值创造的过程。如果过分强调道德绑架，可能会偏离双创教育的方向，导致学生无法真正理解和体验到创业的精髓。

因此，在双创教育中，教师应该把握好度，既要引导学生形成正确的价值观，又要让他们在实践中锻炼自身的创新能力、市场竞争力和资源整合能力。教师可以通过案例分析、讨论、反思等方式，让学生在实践中体验和感悟到社会主义核心价值观的重要性。同时，也要让学生了解到，创业的过程是一个价值创造的过程，他们需要具备创新思维、风险意识、担当精神等素质，才能在创业的道路上取得成功。

总之，创业教育课程中的思想政治教育功能应该得到充分发挥，但要避免过分强调道德绑架，而忽视了创业教育的本质。教师需要在教学实践中把握好度，引导学生形成正确的价值观，同时培养他们的创新创业能力，为社会的发展做出贡献。

（三）双创课程思政存在"两张皮"现象

双创课程思政不是简单的"课程"加"思政"而是要在课程当中有机地融入价值塑造的元素。在双创课程教学中，存在双创课程思政教育"两张皮"现象，将"课程"和"思政"进行生硬机械的组合，不能结合教学内容，选择恰当的思政元素进行有机融合，或者在教学中生硬的加入思政教育，造成教学枯燥无味，学生反感，没有达到"如盐入水，润物无声"的效果。在双创课程的教学中，寻找合适的思政元素，将这些元素与创业课程的内容有机结合，使之成为教学的一部分，而不是外加的负担。例如，在教授创业策略时，可以引入诚信、公平竞争等思政元素，让学生在了解创业策略的同时，也能认识到诚信和公平竞争的重要性。同时，教师在教学过程中，也要注重思政教育的自然融入，避免生硬地说教。可以通过案例分析、讨论、反思等方式，让学生在实践中体验和感悟到社会主义核心价值观的重要性。

（四）双创课程教学缺乏"广度"和"深度"

在研究创业教育课程思想政治教育的功能时，我们必须认识到，双创课程作为一种广谱式教育，是双创教育体系的基本单元，旨在面向全体学生，培养他们的创新精神和创业意识。然而，在实际教学中，我们发现存在一些问题，这些问题可能会影响到双创课程的教育效果。

首先，由于教师对学生水平评估过低，或对课程定位缺乏深入理解，教学设计的内容过于简单，课程信息容量小，教学设计的问题缺少梯度。这种现象可能会导致学生在学习过程中感到无聊，无法激发他们的学习兴趣和动力，从而影响到他们的创新精神和创业意识的培养。

其次，对行业前沿信息和行业领域发展趋势缺乏引领，课程教学缺乏广度和深度，降低了开拓学生视野的效度。这种现象可能会导致学生在面对复杂的行业环境时，无法准确地把握行业发展趋势，从而影响到他们的创业决策和创业成功率。

因此，在双创课程的教学中，教师需要对学生的水平进行准确的评估，对课程定位有深入的理解，设计具有梯度、信息容量适中的教学内容，以激发学生的学习兴趣和动力。同时，教师也需要关注行业前沿信息和行业领域发展趋势，将其融入教学内容中，开拓学生的视野，提高他们的创业素养。

三、创新创业课程思政和思政课程同向同行的实施策略研究

（一）构建"大思政"视域下高校创新创业课程体系

在遵循育人、育才教育规律的基础上，构建多元差异化创新创业课程体系是关键。这样的体系应当分阶段分层次地对学生进行创新创业意识、创新精神和创新创业能力的培养。面向全体学生，开展普适性创新创业基础教育，旨在培养广大学生的创新创业意识和创新精神，并引导学生树立积极正确的人生观、价值观和创业观。

结合各专业特点，开设专业导论、市场营销、人力资源管理、财务基础、专业企业管理模拟以及跟岗实习等创业关联课程，这些课程旨在培养学生的专业岗位、企业、行业的认知、实践能力和专业技术技能，同时培育学生的企业家精神。通过这些课程的学习，学生将逐步具备爱岗敬业、诚实守信、办事公正、善于合作、懂得感恩、奉献社会的职业素养。

为了进一步丰富学生的创新创业教育体验，充分利用第二课堂和学校、二级学院两级大学生创业发展协会，向学生开放各类实训室、工作室和大师工作室。这些平台为学

生提供了实践操作的机会，让他们能够将理论知识与实际操作相结合，从而提升他们的实践能力和创新能力。

此外，建立院校两级创业孵化基地，为学生提供创业实践场地，这不仅能够促进教学、科研成果的转化，还能够为学生提供实际创业的体验，让他们在创业的过程中学习和成长。根据创新创业人才培养从认知——基础——管理——孵化四层次递进教育规律，深化创新创业教育改革，依托专业优势，服务国家战略和区域发展，实现"广谱式"和"精准化"教育相结合，课内课外相结合、院校两级相结合、理论与实践相结合的创新创业教育生态体系。

通过这样的教育生态体系，学生不仅能够在课堂上学习到创新创业的知识和技能，还能够在实践中锻炼和提升自己的创新创业能力，为将来的职业生涯打下坚实的基础。同时，这样的教育体系也有助于培养学生的社会责任感和创新精神，为社会的发展做出贡献。

（二）依据学生未来岗位需求以价值为引领重构课程内容体系

《创新创业基础》作为高校创业教育体系的基本单元，具有普适性。这意味着它不仅要传授创业知识和技能，还要深入挖掘双创教育中蕴含的思政教育元素，与思政课程的价值引领同向同行。

为了实现这一目标，我们需要依据学生未来岗位的需求，按照项目从0-1的创立、发生、发展过程，对标"互联网+"创新创业大赛的规则，重构创新创业课程内容体系，优化内容供给。在这个过程中，内容重构应以学生"必需、够用"为原则，确保课程内容的实用性和针对性。

在"大众创业万众创新"的背景下，创新创业课程应以培养创新创业型人才为目标，课程中蕴含着丰富的思政元素。我们需要深入挖掘各项目中蕴含的家国情怀、国际视野、社会责任感、中国梦、社会主义核心价值观、工匠精神、创新精神等思政元素，并结合项目特点将毕业生励志创业故事和创业案例、成功企业经典案例、行业发展现状和发展趋势、时政要闻、国际局势等作为思政素材融入双创教育的全过程。

通过这样的方式，我们能够培育学生的企业家精神品格，厚植"工匠精神"，使双创课程思政与思政课程同向同行，形成协同育人效应。这将有助于推动毕业生的高质量就业和创业，为社会的发展做出贡献。同时，这样的教育模式也有助于培养学生的社会责任感和创新精神，让他们在未来的职业生涯中能够更好地应对挑战，实现自我价值。

（三）立足"双立双成"教育，探索创新创业成果导向教育模式

"双立双成"教育，即立足立德树人的根本任务，同时致力于学生的全面发展和成才。基于OBE（Outcome-Based Education）教育理念和建构主义学习观，我们的目标应是培养创新型人才。为此，我们需要按照创业项目从0-1的发生发展过程，利用学习通平台、虚拟仿真实训平台等现代教育技术，进行线上线下混合式教学设计。

以结果为导向，我们的教学设计应包括"前置学习—案例导入—合作探究—焦点释疑—练习巩固—检验评价—总结反思—强化应用"等环节。通过这样的设计，学生可以在课前进行自我探究，课中参与式学习，课后强化实践，从而实现从知识到技能到应用到成就的逐级提升。

为了提升学生的参与性、创新性、互动性和合作性，我们可以利用项目驱动与翻转展示的教学方法，实现由"内容为本"向"学生为本"的转变。在这个过程中，我们将各专业前沿成果、行业发展成果和工匠精神、创新精神等思政元素融入双创课堂。学生通过对项目进行打磨和更新迭代，打造"互联网+"大赛项目，借助虚拟仿真平台推演创业项目，促成创业项目落地。

最终，我们构建的教学模式应集"专创融合"（专业知识与创业技能的融合）、"思创融合"（思想政治教育与创新创业教育的融合）、"课赛融合"（课堂教学与创新创业大赛的融合）、"赛创融合"（大赛经验与实际创业的融合）于一体。这样的教学模式不仅能够提升学生的综合素质，还能够为社会培养出具有创新精神和创业能力的人才，为国家的经济发展和社会进步做出贡献。

（四）探索''大思政"视域下以学生为中心的教学实施策略

在"大思政"视域下，我们的目标是探索自主合作探究式学习方式，以此塑造学生的企业家精神。这就要求我们将学生的自主、合作、探究的学习方式与启发式、案例分析式、体验式的教学方式有机结合，探索团队共创新型学习方式，并关注学生在活动中的体验。

在这样的教学模式下，学生将在自主探究、小组合作、讨论交流的过程中培育文明、

和谐、敬业、诚信、友善、平等、自由等社会主义核心价值观，实现知识传授、价值塑造和能力培养的多元统一。

在课前，学生将进行学习内容预习。他们根据教师发布的学习任务，利用学习平台资源和网络资源在线学习，完成对新知识的初步探索。这些任务以概念性、简短、易懂、易操作为主，学习结果通过主题讨论、录制微视频、查阅资料、案例分析等形式由浅入深逐级提升，以此培养学生自主学习和解决问题的能力。教师则根据学生任务完成情况，做好课上教学解决方案的准备。

在课中，学生将进行深入探究。通过创业故事分享、案例分析、市场调研、项目策划、自主探究、合作探究等方法，利用项目驱动与翻转展示，提升学生的参与性、创新性、互动性和合作性，实现从知识到能力到应用到素质的逐级提升。

在课后，学生将进行知识的强化和应用。他们需要将所学知识和技能应用于个人创意项目，制定商业运营解决方案或搜集经典商业案例以拓展视野，培养创新创造意识，为参加"互联网+"大赛打磨种子项目。

通过这样的教学设计，学生不仅能够掌握创业知识和技能，还能够在实践中培养和强化社会主义核心价值观，为成为具有社会责任感和创新精神的创业人才打下坚实的基础。

（五）构建"大思政"视域下线上和线下混合式教学评价体系

在"大思政"视域下，我们基于 OBE（Outcome-Based Education）教育理念，采用多元和梯次的评价标准，以学习成果目标为导向，聚焦学生学习收获及学习成果。我们制定由低到高不同程度的评定标准，利用学习平台，采用诊断性评价、过程评价和终结性评价相结合的方式，探索增值评价。

在评价过程中，我们结合师生评价、生生评价和平台系统评价，对学生在课前、课中和课后的知识、能力和素质进行全过程多维度量化考核。这样，我们构建了一个线上线下多元混合评价体系，实现了过程性考核与终结性考核相结合、定性分析与定量分析相统一、教学主体性评价与客体性评价相协调的评价体系。

通过这样的评价体系，我们能够实现考核评价的数字化，精准分析学生的学习情况。这有助于我们更好地了解学生的学习进度、掌握程度和综合素质，从而为他们的个性化发展和进一步提升提供有力的支持。

在这种评价体系的指导下，学生将更加明确自己的学习目标和发展方向，激发学习动力，培养自主学习能力和创新精神。同时，教师也能够根据学生的评价结果，及时调整教学策略，提高教学质量，实现教育教学的目标。总之，这种评价体系将有助于推动创业教育课程思想政治教育的有效实施，培养具有创新精神和创业能力的人才。

（六）改变教育观念提升双创教师课程思政建设意识和能力

在研究创业教育课程思想政治教育的功能时，我们必须认识到双创教师需要改变教育观念，充分认识双创课程的功能定位。在教学中，教师应将"德育性"、"教育性"和"创新性"统一于双创教育教学中，认识到思政元素在育人中的重要性和核心功能。

思政元素在双创教育中的融入，旨在强调核心价值观的引领作用。在教学实践中，教师应坚持育才的价值性，保证育人方向。同时，以创新创业内容为载体，双创教师需要拓展自身的知识视野，提升价值教育的本领和能力。

通过这样的方式，双创课程思政与思政课程能够同向同行，发挥协同育人效应。教师在传授创新创业知识的同时，引导学生树立正确的价值观，培养具有社会责任感和创新精神的创业人才。

此外，双创教师还应关注学生的个性化需求，因材施教，激发学生的学习兴趣和动力。通过多元化的教学手段和方法，如案例教学、实践操作、团队协作等，提升学生的参与性、创新性、互动性和合作性。

总之，双创教师在转变教育观念、拓展知识视野、关注学生需求的基础上，将思政元素融入双创教育，实现协同育人效应，为培养具有创新精神和创业能力的人才贡献力量。

第六章 三全育人理念下高校创新创业教育课程的思政功能

第一节 概念解析及理论基础

一、三全育人的概念解析

2017 年 2 月 27 日，中共中央与国务院共同发布了《关于加强和改进新形势下高校思想政治工作的意见》，文件中强调："落实全方位、全过程、全员育人原则。确保思想政治教育渗透到教学活动的每一个环节，实现知识传授与价值观引导的有机结合，并在科研、实践、管理、服务、文化及组织等多方面形成持续的教育机制。"在新时代背景下，"三全育人"理念指导下，高等教育机构需把人才培养作为核心任务，关注师生的思想动态和发展需求，整合各方面教育资源，发挥教育作用，打造协同高效的工作体系。

（一）全员育人

"全面育人"概念着重于育人工作中的主体要素。在"三全育人"理念中，全面育人是一个核心概念，它强调了育人活动的参与者的广泛性。在高等教育机构中，全面育人意味着学校的领导层、所有教师、以及行政和服务人员都应当具备育人的意识，认识到自己在育人工作中的责任，并在各自的岗位上发挥这一责任，与他人协作，共同建立一个系统化、完整化、科学化的工作体系和格局。同时，家庭、社会和政府作为育人的主体，也承担着相应的责任，应当在高校全面育人的过程中提供支持，共同促进高校育人工作的进展。本书从高校全面育人的角度出发，探讨创新创业教育课程在思想政治教育中的作用，需要充分发挥学校领导的统筹作用、创新创业教育课程的教师以及其他专业课程教师，包括行政人员、后勤保障服务人员等所有教职员工的育人意识。在此基础上，通过加强学校与家庭的联系和学校、政府、企业的合作，构建以高校为育人核心，其他主体为辅助的育人共同体，以期更充分地发挥高校创新创业教育课程在思想政治教育中的功能。

（二）全过程育人

"全程育人"概念突出了育人工作中的时间维度。这一概念追求的是育人活动的连续性和持久性，意味着育人工作应当伴随着学生的整个学习过程。从学生入学开始，直至毕业后的各个阶段，都应设计连续的育人活动。根据学生在不同阶段的特点、关注点和需求，育人工作应当准备应对各种实际情况，更新教育方法，确保育人活动具有针对性和适应性。本书中的全程育人主要关注大学期间对大学生的连续教育。对学生而言，这种全程育人方式在情感、知识和价值观方面提供了无缝的教育衔接。对学校而言，实施全程育人意味着动员全体教师，将育人工作融入教学、管理和服务的各个方面，确保教育活动的连续性涵盖学生的课前、课中和课后。学校需要根据不同年级学生的特点，调整教育内容和教学方法。例如，重视大一学生从高中到大学的过渡，大四学生从校园到社会的过渡，灵活调整育人策略。全程育人应基于学生的实际需求，把握他们不同阶段的心理发展，进行有针对性的教育。对于创新创业教育课程，将思想政治教育贯穿课程的始终，能够更好地从时间维度上发挥其在思想政治教育中的作用。

（三）全方位育人

"全面育人"强调了育人工作中的空间维度。这一概念意味着从多个角度出发，采用多种教育手段，创造一个能够有效影响思想政治教育活动和人们价值追求的教育环境。全面育人要求高等教育机构整合教育资源，结合显性和隐性教育方法，将思想政治教育深入到大学生的学习与生活之中，使学生在不知不觉中接受优良的思想政治教育。首先，在课堂教学方面，需要不断改进课程设计，充分发掘课程中的思想政治教育元素，确保教学方式符合教育规律和学生成长需求，提升课堂教育质量，拓宽教育渠道。其次，在校园文化环境方面，应以优秀的校园文化精神为指导，利用各种校园文化活动作为载体，在理论与实践的结合中培养大学生的良好思想道德和行为习惯，营造一个清新正派的校园文化教育环境。最后，在网络建设方面，要打造一个积极向上的网络教育环境，网络思想政治教育是新时代大学生思想政治教育的重要方面，必须积极占领网络思想阵地，为大学生提供一个良好的网络文化教育环境。总之，在各方面的育人环境共同作用下，为大学生创造一个充满活力、积极向上、和谐稳定的创新创业教育氛围。

二、三全育人的理论基础

（一）马克思主义关于人的全面发展理论

在《1844 年经济学哲学手稿》中，马克思提出了人的全面发展的观点，强调人应当作为一个完整的个体，拥有自己全面的本质。马克思针对资本主义社会中人的片面发展，提出了人的全面发展理论，即人的个体性和社会性、精神和身体都应得到充分、自由、普遍和系统的发展。人的全面发展与所处的时代和社会条件等因素密切相关，实现全面发展需要教育与实践的相结合。课程思政理念是为了适应新时代社会发展需要而提出的教育理念，它关注人的全面发展，从宏观角度关注学生的自我发展。课程思政理念追求育人的多元化，可以有效地弥补专业课程在育人过程中过分注重知识传授而忽视思想道德教育的不足。如果高等教育只重视专业技能的培养，而忽视学生整体价值观的塑造，可能会导致一些学生因缺乏正确价值观的引导而误入歧途，造成人格上的缺陷。因此，在学生思想道德观念形成的关键时期，如果能够得到全面而良好的教育，将对高等教育人才培养目标的实现大有裨益。课程思政理念的最终目标和核心追求与马克思主义人的全面发展理论是一致的，都是为了培养更多全面发展的优秀人才。本书从"三全育人"的理念出发，研究创新创业教育课程的思政功能，具体研究育人主体、育人过程和育人环境等方面，以期让全体师生和校内外育人主体认识到创新创业教育的重要性，从各个学习阶段着手，发挥整体育人氛围的熏陶作用，将大学生培养成为具有创新创业品质和能力的全面发展的新时代创新型人才。马克思主义人的全面发展理论表明，一个人的全面发展不仅是不断完善自己的过程，也是不断超越自己的过程。教育的出发点和落脚点都是人，每个人的全面发展是和谐社会发展进步的前提。每个人的个体差异应得到尊重，教育者要打破传统的思想壁垒，突破将学生群体作为一个整体来看待的视角，善于发现、了解每一个学生个体的特性与需求，研究学生整体的思想会阻碍学生的创新创业意识发展和能力提升。要立足于全面发展理论，尊重学生的特殊性，发现他们各自的闪光点，重视每个学生的全面发展。

（二）马克思主义价值观理论

马克思主义的价值观是契合历史进步法则的，它立足于人民的根本利益，致力于推动社会向前发展。这一价值观的根基在于无产阶级的根本利益和全人类的解放，其最高追求是实现共产主义的理想。在辩证唯物主义和历史唯物主义的指导下，马克思主义价值观以社会主义的发展和共产主义的追求为理想目标，以无产阶级和广大人民群众为主力军。它教导我们用马克思主义的立场来审视和回应人与世界之间的价值联系。马克思主义价值观能够把握时代的价值内容，不断吸纳时代价值观念的精华，紧密跟随时代的步伐。继承者们坚定信仰马克思主义，并在实践中不断对马克思主义价值观进行扩充和深化，为其注入了持续的生命活力，从而更有效地引导未来的实践活动。社会主义核心价值观是马克思主义价值观在中国特色社会主义实践中扎根的结果，它是与中国的实际情况相结合的产物，与马克思主义价值观在理念上相互贯通、在逻辑上一致。

（三）马克思主义实践观理论

马克思曾明确指出，判断人的思维是否具备客观真理性，并非纯粹理论上的问题，而是一个需要在实践中验证的问题。他认为，人们应该在实践中证实自己思维的真理性。世界上没有永恒不变的终极真理，真理是随着实践不断发展的。认识是一个持续上升的过程，每个人都应在实践中不断自我超越，通过检验和发展真理来推动实践的进步。实践作为检验真理的唯一标准，其成效取决于个人在实践过程中是否遵循了客观规律，是否最大限度地发挥了自身的条件和能力。

从本质上讲，大学生的创新创业是一种实践行为，是将他们的创新想法和能力通过努力转化为现实的过程。高校必须深刻认识到在大学生创新创业教育课程中实践教育的重要性，并不断引导学生建立科学的实践观，让他们明白实践是检验他们学习效果的最终标准。创新创业教育课程的思政建设离不开马克思主义实践观的指导。只有将实践这个真理性标准具体应用于课程思政的教学方法改革中，才能不断丰富教学思路，认清学生认识层面的矛盾，并加以指导，从而有效推动高校的课程思政建设。以马克思主义实践观指导创新创业教育课程思政建设，不仅符合国家和社会发展的现实需求，也是对当前课程思政教学方法改革不足的深刻反思，是将课程思政建设落到实处的具体措施。

大学生的创新思维具有主观性，而激发这种创新思维的源泉和最终目标都是客观的。

在接受创新创业教育的过程中，大学生需要将自己的创新思维和能力具体运用到实践中，通过实践来检验自己的认识，从而进一步提升自己的思维能力。

第二节 三全育人理念下高校创新创业教育课程思政功能的强化路径

一、将创新创业教育课程思政功能融入全员育人

（一）重视高校育人主体意识及能力培养

1. 强化高校育人主体责任意识

在这个经济迅速增长、创新和创业热情空前高涨的新时代，高校作为国家发展和民族复兴的创新型人才培养重镇，正面临着开展创新创业教育课程的各种教育活动层出不穷的挑战。根据国务院办公厅发布的《关于深化高等学校创新创业教育改革的实施意见》，高校需要明确全体教师在创新创业教育中的责任。然而，许多教师在育人过程中缺乏主体意识，未能积极参与到学生的创新创业教育中。因此，高校必须积极响应国家政策，引导全体教师跟上创新创业的发展步伐，加强对学生创新能力的培养。

首先，创新创业教育课程的教师需要增强自己的主体意识。他们是推动课程思政功能充分发挥的关键育人主体，扮演着核心角色。创新创业教育课程与传统的理论课程不同，它对学生的实践能力有很高的要求，并且课程效果与教师的专业知识、学识储备、经验和教学直接相关。因此，教师需要在转变观念的同时，有意识地学习和提升，不仅要主动提高创新创业课程相关知识，还要进一步提升思想政治理论水平。教师的主体意识是进行课堂教学和实践的前提，只有对创新创业教育和思想政治教育有深刻理解，才能在日常教学中融会贯通地应用。教师要正确认识到创新创业教育的紧迫性和重要性，才会主动思考如何更好地培养有思想、有能力的复合型人才，才会积极收集与创新创业相关的教育教学素材，以生动的案例来阐释抽象的理论，从而引导学生应对时代变革，形成开创型人格。教师要正确处理大学生的发展特点，把握创新创业教育与德育的关系，将关注点从科研和专业理论教授转向教育教学实践。要尊重思想政治教育的客观规律，

尊重创新创业教育课程的特殊性，以全新的思维视角，丰富课程内容、调整教育方法和教学手段，不断促进教育模式改革，完善平台建设。在讲课过程中，教师要将家国情怀和国际视野融入课程内容，如在讲解教材板块时，可以用时事热点作为导入，实现课程内容的融会贯通，而不是生硬地阐述某一理论。要以思政教育为导向，将社会主义核心价值观贯穿于讲课思路中。根据每个章节的内容差异，采用不同的创新创业教学材料可以传授给学生不同的思想政治要素。如意识培养板块融入中华民族伟大复兴的中国梦的理想信念、创业团队组合模块融入团结协作意识教育、市场调查板块融入职业道德规范教育等。在日常教学过程中，教师要灌输创新创业教育理念，充分利用思想政治教育对人的潜移默化影响，以创新创业教育课程为媒介，将"创新创业"的内涵和作用以润物细无声的方式传递给学生，增强大学生的创新创业意识和社会责任感。

其次，其他教师也应增强自己的主体意识。在全员育人理念的指导下，所有教师都应承担起创新创业教育的责任。研究创新创业教育课程的思政功能，不仅需要提升该课程授课教师的主体意识，还应关注其他非该课程授课教师的主体意识提升。例如，辅导员和班主任在指导学生的就业创业和思想政治教育方面发挥着关键作用，是高校开展思想政治教育工作的骨干力量。辅导员和班主任应明确自己的育人责任，在日常工作中关注学生的兴趣和个性，并在他们参与创新创业项目活动时提供有价值的建议，将志同道合的学生分组，以促进团队间的交流与合作。在学生进行创新创业项目的过程中，应密切关注他们的心理变化，并在他们遇到困难和疑问时提供必要的帮助和指导。运用思想政治教育方法，帮助学生树立正确的价值观，理解创新创业的真正含义，并调整他们在项目遇到瓶颈时的心态。在学生与学生、学生与指导教师之间，辅导员和班主任应充分发挥桥梁和纽带的作用，保持与学生的密切联系，并确保与指导教师之间的沟通渠道畅通，以便学生的问题能够及时反馈，指导教师的建议也能迅速传达。此外，辅导员和班主任在处理学生毕业相关事务时，有机会接触校友和企业，通过积极走访，为学生创造更多机会，增加与创新创业成功人士和专家学者的交流，以及提供实习平台等。除了辅导员和班主任，其他如党政工作者、行政人员、服务岗位的教职工等育人主体也应端正自己的育人态度，明确育人责任，并在自己的能力范围内为大学生提供思想引领和价值指导。

2. 加强高校育人主体能力培训

根据教育部印发的《高等学校课程思政建设指导纲要》的通知，教师是课程思政建设的关键。教师是将思想政治教育融入创新创业教育课程的核心力量，而高校教师的素质直接影响到高校自主创新能力培养制度的成效。创新创业教育课程作为一门实践性较强的课程，教师是否具备积极进取的决心和面对困难勇往直前的勇气，不仅是评价其思想文化素质的重要标准，也是衡量其教学效果的关键因素。目前，高校在思想政治教育领域不乏专家，创新创业学院在近年来也得到了高度重视并不断发展壮大，但兼具创新意识和一定思政理论水平的教师却相对稀缺。因此，学校需要制定相应的规章制度，激励、引导和帮助创新创业教育工作者和思想政治教育工作者在学习和提升专业水平的过程中相互学习、互相补充，不断提升自身的综合素质，丰富教学经验。高等学校应在培养和引进相结合的基础上，建立一支全面发展、专业与兼职相结合的"创新型"专业人才教学团队。

首先，针对本校创新创业教育课程的教师，应加强专业培训。一方面，对于重点培养的创新创业教育教师，可以与企业或培训机构合作，安排他们进行挂职锻炼，以在实际工作中不断学习和积累经验；或者鼓励他们参加国家或社会各组织举办的培训班，不断提高自身的教学能力。另一方面，学校应建立教师互听制度，鼓励思想政治教师和创新创业教育教师相互学习，互相补充，以改进彼此在教学上的不足；此外，可以提供课题项目，让思想政治教师和创新创业教育教师共同参与，通过交叉学习各自领域的科学研究活动，促进教学水平的提高。

其次，应积极引进校外的创新创业教育师资。一方面，可以邀请校友和社会上的成功人士来校进行经验分享，他们拥有直接的创新创业经历和丰富的社会经验。通过他们的故事分享，不仅能够激励正在探索阶段的大学生，也能够为本校缺乏创新创业实践经验的教师提供参考。另一方面，可以邀请其他高校的教授和专家学者来校举办主题讲座或兼职授课。由于高校中同时具备思想政治教育和创新创业教育经验的教师较少，因此，可以利用其他学校和机构的师资力量，更有效地推动学校的创新创业教育课程建设，使思想政治教育在创新创业教育课程中得到更充分的体现。

3. 建立高校育人主体考评机制

首先，应建立一套针对创新创业教育课程的专门评价体系。目前，高校创新创业教育课程效果不佳的一个关键原因是缺乏专门针对这类课程的评估机制。现有的评价标准往往侧重于学生和教师的成果及获奖情况。为了从长远角度更好地推进创新创业教育，仅仅依赖成果和奖项来评价教学效果是片面的。因此，应将课程效果与学生的创新意识觉醒、能力提升、教师的职称评定和教学成果评估等多方面联系起来，以此激发教师的教学热情和积极性，最大限度地发挥他们的专长和优势，进行深入的双创课程理论与实践研究。

其次，应构建创新创业教育课程教学成果的激励机制。在发挥课程思政功能的同时，我们鼓励学生和教师追求个人价值和社会价值的实现。在保证个人自由和全面发展的基础上，通过创新创业教育课程，引导学生关心社会、人民，不过分追求个人利益而忽视社会利益，这是思想政治教育功能在课程中的重要体现。因此，对于创新创业项目取得的成果，也应建立相应的奖励制度，以鼓励更多教师和学生的参与，推动课程的发展。在明确评价机制的基础上，实施适当的奖励制度，不仅能够持续发挥正面影响，还能对其他人产生激励作用。

第三，应制定创新创业教育课程的竞争机制。竞争是进步的驱动力，良性的竞争能够促进市场经济的发展。同样，在高校实施创新创业教育课程的竞争机制，也能够不断激发教师和学生的创新创业动力，挖掘潜在的创新创业能力，形成良性循环。例如，摒弃传统的论资排辈上岗方式，实行基于实力的公平竞争，提供平等的考核机会，通过择优选聘和优胜劣汰的原则，选出最合适的人选。在这种良性且公平的竞争环境中，每个人都会更加认真地对待自己的职责，付出相应的努力，从而选拔出最合适的人才。通过这种竞争机制，可以促使大家不断学习和进步，进一步加强师资队伍建设。

（二）增强家校联系及培育家庭育人意识

学校需探索建立家校沟通机制，将创新创业教育从学校延伸至家庭，再由家庭反馈至学校，形成良性互动。家庭作为对学生影响深远的育人主体，其教育作用不容忽视。家庭成员的价值观念、道德品行、政治倾向、行为习惯等都会在潜移默化中对子女产生重要影响。因此，高校需要加强与家长的联系，确保家长正确理解创新创业教育，并培养家长正确的育人意识，发挥家庭教育的育人作用。

高校应完善家校联系的相关机制，不仅要在上层建筑层面进行完善，还要确保工作的实际落实。学生工作部门，尤其是辅导员，是高校与家庭联系的第一窗口，因此需要重视培养辅导员的创新创业知识和提升其教育技能。在家校联系工作中，辅导员要注意工作方法和态度，关注家庭育人主体的心态，培育其育人意识，丰富其创新创业相关知识，并保持与家庭成员的持续沟通，及时反馈学生现状。

在重视家校联系的基础上，家庭教育应不断吸收优秀的理论研究成果，发挥优良家风、家训、家庭活动等对子女的影响，优化家庭教育的育人环境，提升教育效果。家庭成员应经常与子女、学校进行沟通交流，通过深入了解和分析子女的实际情况，给予理性建议，帮助子女认识到自身的优势和不足，并在子女制定创新创业计划时提供合理可靠的建议。同时，家庭成员要保持对子女在创新创业行为表现方面的乐观、支持态度，鼓励子女勇于创新，帮助其树立正确的理想信念。在子女遇到困难和挑战时，家庭成员应给予暖心的鼓励，帮助其分析原因，吸取经验教训，重拾信心。

总之，家庭成员应给予子女最大的爱与包容，不仅在创新创业想法上，更应在日常相处中，有意识地引导和交流，以平和的心态进行家庭教育。高校要建立健全家校联系机制，注重对处于与家庭成员沟通第一线的辅导员的培养，提升家校联系的良性影响作用；家庭成员要重视家校联系，优化自己的育人意识，以良好的沟通机制协调家庭教育的方式与行为。

（三）加强校政企联合教育和政策帮扶力度

2022 年 2 月，《教育部高等教育司 2022 年工作要点》明确指出，要深化高校创新创业教育改革，以培养学生"敢闯会创"的精神和素养为核心，将创新创业教育贯穿人才培养全过程，推动高等教育人才培养模式的创新。国家一直重视大学生的创新精神，但由于我国创新创业教育发展时间较短，尚未形成完善的制度。高校作为政策宣传的前沿，必须关注创新创业教育理念的创新，并支持创新创业教育的发展。由于我国高校对创新创业的观念认识不足，导致教师在课程设计中过于注重培养学生的创新创业能力，而忽视了学生的价值观培养。因此，在制定双创政策时，我们必须围绕立德树人的根本任务，重视思想政治教育内容的融入。政府作为最具公信力的权威部门，在人民群众中的影响力深远，只有政策中充分体现对创新创业教育中思想政治教育内容的重视，才能进一步影响企业和高校，让它们深刻认识到思想政治教育对于创新创业教育的重要性，认识到培养大学生的创新创业思想品质与能力同等重要，从而培养出新时代的合格接班人。高校在开展创新创业教育课程时，应根据政府政策，在实施过程中不断落实政策的细节，结合企业需求，加大对创新创业人才的思想引领，培养出德才兼备的新时代创新型人才。

社会是一个大课堂，学生在这里不仅能学到学校里学不到的新知识和新技能，还能接触到各种思想观念。这些社会影响既有积极也有消极，需要引导社会育人主体对学生进行正面、积极、有利的影响。因此，高校要重视企业在创新创业教育中的作用，各部门必须坚持正确的政治导向，积极推进校企合作，共同打造良好的育人环境。高校要设计合理的人才培养方案、校企合作方案，负责与企业联系的职能部门要做好相关工作。例如，校友办要与创业的校友保持积极联系，为在校生提供实习机会，树立优秀校友、优秀企业家的形象，给予学生正确的价值观指引，利用这些社会资源，让学生的好创意遇到伯乐，将理论与实践结合，真正实现他们的创新创业梦想；招生就业处要积极联系学校对口公司，为学生提供参观或实习机会，了解公司运作流程，积累工作经验，为实现自身的创业提供基础。这些优秀的创新型人才也为社会注入了新鲜血液，推动了社会的发展进步，实现了双赢的最终目标。各类企业要认识到高校在可持续培养创新型人才中的作用，认识到每一家企业的长期发展都离不开创新型人才带来的生命力支持，积极配合高校开展创新创业教育课程，不断强化创新创业教育课程的思政功能。

二、将创新创业教育课程思政功能融入全过程育人

（一）课程导入阶段：培养创新创业教育课程兴趣

本书所探讨的创新创业教育课程的导入阶段，并非仅指单一课程开始前的短暂时间，而是涵盖了整个大学期间的创新创业教育课程开展之前的过程，即课程开始前的准备和铺垫阶段。新生入学时，他们正处于一个较为迷茫的时期，一切都还在适应和新鲜感中。在这个阶段，学生的思想认识和价值观念尚未完全成型，正处于最易塑造的时期。充分利用这个时期，对学生进行思想政治教育和创新创业教育的同步引导，可以在一开始就培养大学生的良好创新创业素质，打下坚实的思想基础，并将这种认知内化为他们自身的创新创业素养。在这个阶段，高校应有意识地引导学生接触一些创新创业教育相关的书籍，并在课程正式开始前分发给学生。通过阅读，学生可以积累对创新创业的初步印象，初步了解一些创新创业教育领域的杰出人物，通过阅读激发对课程的兴趣，为正式学习奠定基础。

习近平总书记在北京大学师生座谈会中强调："爱国，是人世间最深层、最持久的情感，是一个人立德之源、立功之本。"鉴于此，创新创业教育课程的初始阶段应当确立培养学生爱国主义情感、坚定爱国主义教育的课程目标，以这一思政目标为引领，深入推动爱国主义教育融入创新创业教育课程之中。一方面，创新创业教育课程的教师需

要在课前精心设计教案，将爱国主义教育的核心思想融入课程设计之中，确保在理论知识的传授和实践活动的践行中，不断提升学生对国家、民族、社会的认识，增强他们的民族自豪感和社会责任感。另一方面，要发挥学生的主观能动性，激发他们的创新创业意识。以社会主流意识形态为指导，帮助学生树立正确的世界观、人生观和价值观，运用爱国主义的相关素材，激发学生对创新创业的兴趣。总之，这个课程的导入阶段是进行创新创业教育课程的最佳奠基时期，是在爱国主义情感熏陶下创新创业意识觉醒的阶段，应当给予充分重视，并做好后续课程教育的前期准备工作，以确保课程效果的显著提升。

（二）课程进行阶段：掌握良好创新创业基本素质

课程实施阶段是创新创业教育课程中最关键且持续时间最长的部分。这一阶段不仅是高校学生创造力和创新思维能力的稳步发展期，也是他们创新创业素质和技能形成的关键时期。考虑到课程实施阶段的连续性、复杂性和多样性，本书将这一阶段细分为几个具体时期进行详细说明：意识培养期、能力提升期和拓展应用期。

1. 意识培养期强化创新创业教育课程思政功能

创业创新意识是开展创业创新活动的先决条件，也是大学生所需具备的重要个人素质之一。在大学生创业创新教育课程中，思想政治教育的一个关键作用是协助大学生确立正确的人生观和价值观，提升他们的创业创新素养，这在很大程度上影响着大学生在创业创新以及未来社会交往中的成败。00后大学生思维活跃、主体意识强烈，他们巨大的潜力伴随着思想认识的不稳定性。他们有可能成为创新型的人才，但也有可能受到错误价值观的负面影响。因此，我们需要加强对大学生的思想政治教育，为他们提供正确的价值观指导，帮助他们建立自我认知，不断挖掘自身潜能，致力于创业创新教育事业，面对挑战和困难，坚持不懈地走创业创新之路。

首先，我们需要加强对学生理想信念的培养，以培育他们的创新创业精神。一方面，创新创业的理想信念能够激发学生的内在动力。坚定的信念能够为大学生提供方向指引，激励他们不断努力。大学生在创新创业方面的动力往往源自于他们的信念，这种信念不仅影响他们的创业行为，也决定了他们在面对创新创业道路上的困难时能否坚持下去。因此，将"理想信念"这一概念融入"创新创业"教学中，可以有效预防创新创业意识不足的问题。我们应积极引导学生树立自己的创新创业理想，并利用思想政治教育中的爱国主义教育，引导大学生根据自身的特长和专业，将个人的创新创业理想与国家社会的需求相结合，建立在社会主义市场经济和行业发展需求的基础上，为个人价值和社会价值的实现做好准备。另一方面，到目前为止，还没有一个官方的创新创业精神的定义。但是，通过研究相关文献，我们可以发现关于"创新精神"和"创业精神"的研究成果丰富。总结这些资料，我们发现创新创业精神离不开敢于担当、勇于创新和坚持不懈的精神。所谓的敢于担当，就是要有冲在第一线、直面挑战的勇气。敢于担当是一种勇敢、无畏、积极进取的精神品质，它是对敢于开创新局面的勇气的肯定；是对承担时代责任、历史责任的担当；也是对不畏失败、勇于冒险的胸怀。无论大学生未来是否从事创新创业，都必须具备这种敢于担当的精神。如果只考虑风险和挑战，而失去了开始的勇气，那么就永远无法取得成功。高校应在创新创业教育课程中融入这种敢于担当的精神教育，教导学生敢于梦想、敢于行动，在不断的尝试中逐步接近成功；应鼓励学生敢于开拓新领域，没有人走过的路未必不能繁花似锦，随波逐流既安稳又可能被淘汰；在日常的创新创业教育课程中可以加入一些英雄人物的事迹和成功人士的创业经历，以鼓励学生培养敢于担当的精神。创新创业是一个需要长期坚持的过程，这条路上充满了未知和冒险。对于刚刚离开学校、步入社会的大学生来说，他们面对困难和挫折的承受力远不如经验丰富的人士。但是，回顾那些成功的案例，无一不是经历了重重困难，从不被所有人看好到一步步踏上成功的道路，这一切都离不开坚持。成功只属于那些有远见、懂得坚持的人。我们必须让学生明白，在坚持的道路上，每一个寻求安逸的瞬间都是挑战，能够拥有坚持不懈的精神，已经使他们在很多人中脱颖而出。

其次，我们需要唤起大学生的创造热情，并培养他们的竞争意识。首先，大学生在创新创业方面的激情是推动他们不断学习新知识、掌握技术、挑战自我、克服困难、解决问题的根本动力。在教育过程中，我们应当尊重每个学生的个性发展，理解他们的独特性，并积极鼓励他们探索自己的兴趣所在，引导他们将头脑中的创意转化为创新创业的构思。在课堂上，我们应有意识地促进讨论、采取引导式提问，最大限度地为学生提供表达自己想法的空间。即便学生的观点看起来非常不切实际，也不应立即否定，而应给予充分的尊重，并对他们敢于表达想法的态度表示肯定，在适当的时候提出建设性的建议，避免打击学生的热情和积极性。对于那些有想法但面临实际困难的学生，我们应提供专门的支持，以思想政治教育中的激励原则为指导，给予他们一定的物质或精神激励，如提供技术资金支持，解决他们在创新创业教育活动中的后顾之忧，使他们能够全身心投入实践。对于那些取得成果的学生，我们应授予荣誉称号，鼓励他们继续努力，以保持学生们的创造热情。其次，竞争意识在现代社会中对于个人、团体乃至国家的发展至关重要。创新创业者在步入社会之初，面对的是众多成熟的企业和成功人士，在这种环境中，不进则退，最终可能被市场淘汰。因此，对于创新创业者来说，竞争是不可避免的。大学生的创新创业教育课程不仅要教会他们创业技能，还要通过思想政治教育培养他们的竞争意识，以适应不断变化的市场环境。这就要求教师在日常教学中要有意识地为学生提供锻炼机会，如在实践教学中创造小型竞争环境，例如，将同一创新创业方案交给两个小组，选择优秀者实施，这样的竞争氛围能够激发他们更多的创造力和潜能。同时，对于竞争中失败的学生，也要关注他们的心理感受，教导他们勇于接受失败并拥有重新开始的信心。将大学生培养成为不畏竞争、勇于进取的创新型人才，是创新创业教育课程充分发挥思想政治教育作用的体现。

第三，我们需要注重培养大学生的道德素养，并加强他们的法律意识。首先，一个人的德行是其立足之本，大学生的品德修养不仅是公民道德教育的重要组成部分，也是当代创新创业者的基本素质。一个品德高尚的人能够在创新创业团队中产生积极影响，并与合作伙伴、消费者、投资者等维持良好关系。相反，道德缺失的团队难以持续发展。因此，应将公民道德教育融入创新创业教育课程中。一方面，要促进大学生个性品质的全面发展，包括社会责任感、坚韧不拔的品格、积极乐观的心态、敬业守信的品质等，这些良好的创新创业品质能增加成功的可能性。另一方面，要培养大学生的道德规范，高校应利用优秀的传统文化教育学生，在创新创业过程中坚持良好的道德规范，诚实守信，与人为善，形成良好的创新创业价值观。高校在日常创新创业教育中应记录学生的信用状况，并有意识地培养学生养成良好的道德习惯。其次，作为一个法治国家，中国的国家富强、民族复兴、人民幸福离不开法律的建设。高校应不断强化大学生的法律意识，培养他们的法律思维和掌握法律手段。法律法规知识的学习是创新创业教育的重要组成部分。一方面，应开设法律选修课，如《宪法》、《民法典》、《经济法》等，并在创新创业教育中有意识地宣传基础法律知识，让学生掌握基本的法制常识，提高法制观念和法制意识。另一方面，应开设有针对性的法学理论知识课程，注重大学生的创新创业法制建设，让学生充分了解创新创业过程中可能涉及的法律知识，如《公司法》、《反不正当竞争法》等。通过深入学习法律法规，为学生创新创业提供基本法律保障。最后，应提供学生将理论知识与实践相结合的机会。通过开展创新创业课堂的模拟法庭活动，设置故事背景，让学生运用所学法律知识。给予学生维权、解决纠纷的机会，展示学习成果，并让学生深刻理解违反法律规定的严重后果。学校还可以建立专门的创新创业法律问题咨询工作室，解答学生的疑问和问题。

2. 能力提升期强化创新创业教育课程思政功能

目前，大学生所需的创新创业能力主要涵盖社会实践能力、组织协调能力和环境适应能力。这些能力是大学生在创新创业实践中取得成功的关键，掌握这些基本技能可以在一定程度上减少在实践过程中的障碍。高校在教学过程中，只有围绕大学生创新创业能力的培养来实施思想政治教育，才能不断推动思想政治教育的改革和创新，有效提升其实效性。

首先，提升大学生的社会实践能力。在创新创业教育中，大学生的社会实践能力主要涉及创新思维能力和人际交往能力。社会实践是高校完成思想政治教育的重要途径。因此，在创新创业教育课程中，应高度重视创新创业实践活动的开展，运用思想政治教育的实践经验，鼓励大学生不断增强社会实践能力的锻炼。通过组织交流会、分享会、创新创业沙龙等集体活动，让大学生充分发散思维，勇敢地走上创新创业实践的道路。同时，通过让学生参与社团、校园文化活动、创新创业项目等方式，在实践中锻炼人际交往和合作能力，让学生全程参与，发现问题、解决问题，培养抗压能力。

其次，增强大学生的组织协调能力。组织协调能力是思想政治教育的重要内容，它不仅能提高工作效率，还能促进创新创业的成功。一个优秀的团队必须有良好的组织协调统筹，缺乏宏观调控可能导致团队中即使有才能出众的人才，也无法达到预期的绩效成果。大学生在创新创业过程中必须不断增强自己的组织协调能力，在团队中做好人员和资源的调控，发挥团队最大的协作潜力。高校应在创新创业教育课程中，通过具体案例分析教导学生，并给予学生团体练习的机会，让他们在实践中磨合，掌握组织协调能力，学会在创新创业过程中协调各方利益，解决问题，并感受到组织协调能力的重要性。创新创业的成功离不开团队的共同努力，掌握好组织协调能力，让每个人各司其职，做好自己的工作，才能更接近实现共同目标。

第三，提高大学生的环境适应能力。大学阶段是学生成长成才的关键时期，也是学生从校园走向社会的适应期和过渡期。从家庭到学校再到社会的环境转变复杂多样，因此需要不断提高他们的环境适应能力，以便在社会复杂环境中从容应对。首先，要提高大学生的学习适应能力，学生可能因为缺乏目标、自觉性而导致学习动力不足，或者对高校创新创业教育课程的授课方式理解不透，未能运用适宜的学习方法，从而无法完成预期学习目标。其次，要提高大学生的生活适应能力。大学阶段对学生自立能力的要求更高，离开了父母的照顾，部分学生可能缺乏自理能力，难以摆脱依赖心理，在创新创业教育中无法与人团结协作，导致学习效果不佳。最后，要提高大学生的心理调适能力。学生在创新创业过程中可能因新环境、新挑战等因素影响，出现焦虑、烦闷、抑郁等情绪，如果得不到及时干预，可能会产生严重后果。因此，高校必须重视学生的心理健康教育，注重培养其心理调适能力，教育他们主动与人沟通、倾诉，纾解不良情绪。

3. 拓展应用期强化创新创业教育课程思政功能

在学生完成基本的意识培养和能力提升阶段后，高校应提供后续的实践平台，以便学生的意识和能力能够在实践中得到进一步的扩展和应用。这一阶段的课程形式更为多样化，可以在学生的课程实践活动、实习、社会调查、项目完成中实现进一步的提升。

首先，将思想政治教育元素融入创新创业课程实践活动。创新创业教育课程的实践环节丰富多彩，目前较为流行的是创新创业模拟游戏。一方面，在创新创业情景模拟活动中，让学生扮演特定角色，亲身体验案例，并融入思政教育内容；另一方面，在创新创业模拟人生游戏中，给予学生初始财富和创业机会，考验学生是否能抓住机遇。这些实践活动的体验过程能给予学生思想上的启示，无论结果成功与否，都具有思想政治教育功能，能促使学生在反思中不断进步，培养良好的创新创业心态。

其次，为大学生提供创新创业实习机会。高校思想政治教育高度重视体验式教学，这既是对认识的提升，也是对实践的改进。通过实习，思想政治教育工作者可以评估课程效果，提升大学生的思想认识和政治觉悟。高校可以借鉴思想政治教育的方法，通过创新创业实习来检验教育课程的效果。首先，根据大学生的个人需求和兴趣，结合创新创业市场需求，制定不同的培养计划，确保实习有意义和目标。其次，将实习纳入课程考核体系，增加学生对实习活动的重视，确保实习过程中态度端正，学有所获。最后，利用院系优势，整合政府、社会团体和校友企业等资源，建设各类创业实践活动，根据项目需求进行适当配置，确保实习的常态化和有效性。

第三，鼓励大学生进行创新创业社会调查。创新创业市场变化莫测，盲目参与可能导致失败。因此，应教导学生积极参与创新创业相关社会调查，全面了解行业前景、环境、产品、设计、服务等。优秀的创新创业产品或企业必须满足国家发展需求、符合市场规律、满足消费者要求。通过社会调查，学生可以了解市场背景，掌握行业最新动态，从而立足实际，进行与时俱进的创新创业设计。缺乏对市场的最新调查，仅凭道听途说和空想，难以取得创业成功。社会调查有助于规避和减少市场风险。

第四，引导大学生参与创新创业赛事项目。创新创业赛事和项目是检验大学生创新创业教育课程学习效果的重要手段，也是锻炼能力的最佳途径。高校应积极鼓励学生参与此类比赛，在实践中深化意识培养和能力提升教育。一方面，校内举办创新创业赛事，选拔优秀选手，邀请创新创业导师进行指导和培训，代表学校参与更高级别的赛事。比赛不仅考验学生的创新创业能力，更重要的是对其心态和思想素质的锻炼。另一方面，鼓励教师指导学生参与创新创业项目，给予学生模拟实践的机会，体验从创意诞生到成果孵化的全过程，拓展见识，将创新创业能力应用于实践。通过典型案例，如清华大学在中国"互联网+"大学生创新创业大赛中的获奖项目，激发大学生的爱国主义情感和创新创业激情。

（三）课程外延阶段：建立创新创业教育长效机制

在学生顺利完成创新创业教育课程学习后，高校应关注那些仍然对创新创业活动保持兴趣并积极参与的学生，并为他们提供必要的支持和帮助。例如，当学生提出创新创业实践行动方案时，高校应安排专门的创新创业教师进行指导和评估方案的可行性。在学生确定开始实施时，提供一定的资助，并在政策优惠、专业指导或联系社会相关企业获得投资等方面提供帮助。《中国教育现代化2035》提出的发展目标启示我们，要重视大学生的持续发展，建立长效运行机制，培养学生终身学习的意识。在培养目标上，要坚持思想政治教育中的渗透原则，理论与实践并重，不断提升大学生的创新创业素质。在教育教学过程中，要重视协调发展，对接专业知识进行针对性教育，使创新创业教育课程与专业相匹配。通过持续运行这种长效机制，可以不断挖掘大学生的创新创业潜能，发挥思想政治教育的功能，促进大学生在学习过程中提升自身综合素质。

为了持续运行这种长效机制，需要关注创新创业教育内容的及时更新和动态跟进。对于那些已完成大学阶段创新创业教育课程学习并走向创新创业的学生，学校应建立一套完善的跟进机制。这种机制应涵盖成功和失败的创新创业者，并可以通过网络建立毕业生回访档案，毕业时录入信息，之后定期进行电话或邮件回访。记录最新的创新创业情况，并确保学生信息的隐私安全。通过这种跟进机制，可以挑选一些样本进行追踪调查，回顾总结创新创业教育课程的成果，从思想政治教育的角度分析学生的思想误区；

整理出每个阶段成功或失败的经验，为未来的创新创业教育课程提供借鉴和分享。建立这种创新创业教育课程效果的跟进机制，可以为教育模式的长效运行提供保障，推动高校创新创业教育课程思政功能的不断完善和发展。

三、将创新创业教育课程思政功能融入全方位育人

（一）课程体系层面：设置以双创项目为链条的模块化课程体系

1. 创新创业教育课程通识课程模块

创业教育课程的通识部分主要关注于向学生传授创新创业的基础知识和理论，目标是全体学生，目的是在专业学习的同时，让学生掌握创新创业的基本概念，激发他们的初步兴趣。这些通识课程包括必修和选修课程，涵盖了创新思维与方法、创业意识与基础等基础课程。这些课程的设计是为了激发学生的创新思维和创业意识，为后续课程的学习打下坚实的基础。构建这类课程模块的目的是为所有在校大学生提供创新思维和创业基础训练的机会。因此，这一模块是创业教育课程中受众最广的一类，它覆盖了全校学生，对于这些课程中的学生思想价值引领同样至关重要。无论是必修课还是选修课，都应深入实施爱国主义教育和社会主义核心价值观教育，培养学生强烈的认同感。无论学生是否继续参与后续课程，未来是否真正投身于创新创业实践，都应树立正确的创新创业观念，学会从中国国情实际、社会主义市场经济发展现状、党和国家的现实需要、人民群众的期望出发，为社会主义现代化建设贡献力量。

2. 创新创业教育课程专业融合模块

创业教育课程与专业教育相结合的模块在深度和具体性上超越了通识课程模块。这一模块的课程主要分为两类：一类是针对学生所学专业的融合课程教育；另一类是多学科交叉融合的教育模式。这些课程主要面向那些在通识课程中表现出色并对创新创业产生浓厚兴趣的学生，他们具备创新创业的基本素质和强烈意愿。这一模块的课程设计一方面是为了满足现实需求，有针对性地将学生的专业知识与创新创业教育相结合，让学生在自己最熟悉、最有信心的领域进行创新创业的设想和规划，减少对项目选择的盲目性。帮助学生明确创新创业的方向，避免在市场迷宫中迷失方向，在构思阶段给予学生最理性的指导。另一方面，这一模块的课程也会与创新创业心理、经营管理等方面的指

导课程相结合，以解决学生在创新创业意识和认知上的不足。无论这一融合模块是与本专业相关还是与其他学科相连，课程开展过程中都应有意识地对学生进行意志力和思想品质的培养，确保学生具备良好的创新创业素质和能力，以应对未来课程模块的挑战。

3. 创新创业教育课程导师辅导模块

在学生完成通识课程和专业融合课程的学习之后，他们已经对创新创业有了初步的理解并掌握了一些实践能力。接下来，学生将进入创业教育课程的导师辅导模块，这是创业教育课程中的第一个实践环节，主要在校内进行。首先，鼓励学生加入学校的创新创业俱乐部、社团和各类协会，发起一系列模拟商业实践活动，以此不断培养学生的创新创业思维。其次，通过双向选择，让学生加入导师团队，与导师和其他团队成员一起参与相关的创新创业设计大赛，通过大赛锻炼学生的创新创业能力。再次，对于在课程和比赛中表现出色且创新创业意愿强烈的学生，提供他们进入相关创新创业企业实习的机会。这一模块的课程设置目的明确，一方面是为了在学生步入社会前锻炼他们的实践能力，通过不断的实践融入思想政治教育，让学生学会自我管理和自我监督，学会在失败和挫折中反思和总结经验；另一方面是为了在锻炼学生能力的同时培养他们的心智，增强心理承受能力，学会发现问题并解决问题；最后，通过共同实践的过程，学生可以学习团结协作的精神，学会互相学习、互相补充，不断提升自己。

4. 创新创业教育课程孵化应用模块

创业教育课程中最为关键的一个实践环节是孵化应用模块。这一模块针对的是那些已经完成了前三个阶段培训并取得一定成果，拥有自己的创新创业想法并希望将其付诸实践的大学生。学生需要将自己的创新创业计划书或参与创新创业设计大赛的优秀作品提交给学校的评审团，接受创意答辩。通过学校组织的专家评估后，进行孵化筛选，获得认可的创意或作品将有机会获得学校和当地政府的联合孵化支持。在学校的指导和政府的帮助下，学生可以个人或组建团队，将创新创业想法变为现实，成立自己的创业公司。这一阶段能够有效提升学生对市场的敏感度，增强他们优化资源的能力。对于这一模块的大学生，应充分重视将社会公德教育、责任感教育、职业规范教育、诚信教育、法律意识教育等融入课程中。在评估过程中，不仅要评价学生的作品和创意，更重要的是评价学生的个人品质和思想道德。如果学生在创新创业方面有才能，但在道德方面存在问题，甚至有违法乱纪的记录，需要进行进一步的考量，评估标准应综合考虑思想和行为两个方面。这是思想政治教育功能充分发挥的重要体现，不仅能够促使学生重视思想政治教育，还能防止学生在独立创新创业实践后出现严重后果。

（二）校园环境层面：打造以创新为导向的包容性校园文化环境

大学校园文化是一种以学生为中心，以课外文化活动为主要内容，以大学校园为主要场所，以校园精神为主要特征的群体文化。这种文化的建设主体包括来自不同地域的教师和学生，他们各自拥有独特的个性和文化背景，因此在新的校园文化建设中，会出现分歧、认同、融合和发展的变化过程。为了最大限度地发挥创新创业教育课程的思政功能，需要营造一个以创新为导向、包容性强的校园文化环境。这种环境的包容性表现在对各种文化发展元素的公平态度上，在吸收新元素的同时，注重吸取优点和弥补不足，这将有助于师生共同建设优秀的校园文化，并确保文化建设遵循客观规律。校园文化是学校长期发展积累的精神底蕴和环境氛围的体现，它受到地理位置、人文环境、文化传播、学风建设、价值导向等多种因素的影响，并在很大程度上反映了一所学校的思想政治教育成效。培养创新创业型人才需要优良校园文化的熏陶。校园文化作为思想政治教育的重要载体，能够以潜移默化的方式，对全体师生进行思想感悟、道德情操、价值认同和行为习惯的培养。良好的创新创业意识和精神的形成，离不开创新校园文化氛围的浸润，而创新创业教育事业的发展也离不开校园文化的影响。以思想政治教育为指导，运用其隐性教育方法和渗透原则，开展创新创业教育事业和相关文化建设，可以更好地激励大学生创新创业，全面提升人才培养水平。高校可以通过结合校园文化精神的传播和校园文化活动，积极营造校园创新创业文化氛围。

首先，将"创新始于心，创业践于行"的创新创业教育理念融入"立德树人，以生为本"的校园文化精神中。高校将推动学生的个性发展和综合发展视为教育目标，致力于培养符合我国社会主义建设需要的优秀人才。创新创业教育课程作为一种主体教育课程，以尊重学生的身心发展规律和学生的人格品质发展为前提，最大限度地发挥学生的主动性和积极性。随着高等学校人才培养目标的变化，创新创业教育课程的重要性日益增加。加强大学生创新创业教育是学校的责任和使命。高校"以生为本、立德树人"的校园文化精神，为大学生创造了一个适宜的学习环境和创新创业教育的良好氛围。高校应将创新创业教育课程建设作为切入点，充分发掘学生的创造力和主动性，提高学生的综合素质。在开展创新创业教育课程时，高校要立足立德树人的文化精神，培养学生正确的世界观、人生观和价值观，建立师生友好交流平台，使知识传递和谐而有意义。以生为本的校园文化精神强调尊重学生的创新意识，尊重学生的兴趣爱好，给予学生最大的发挥空间，尊重学生的创意雏形，包容失败，鼓励不断创新、发明。让学生在和谐的氛围中自然地获取新知识、新技能，综合素质和创新创业意识在无声中得到提升。

其次，将"君子之学必日新，日新者日进也"的创新性思维引入校园文化活动中。大学生的创新精神和创业技能需要不断锻炼、提高和成熟，参与校园文化活动是提升大学生思想文化素养、深化实践的重要途径。校园文化活动的丰富性和多样化，不仅开拓了大学生视野、激发了潜能，也为大学生提供了展示才能和兴趣的平台。校园文化活动一直具有很强的感染力，因此创新创业教育课程的优化离不开校园文化活动的支持。高校可以将教育内容以喜闻乐见、寓教于乐的形式融入校园文化活动，并加以传播。一是举办主题鲜明的创新创业相关校园文化活动，如挑战杯比赛、创新创业文化节、职业生涯规划大赛等，增强大学生的兴趣，锻炼其动手能力。二是邀请各界专家学者、成功人士来校进行报告和交流，用真实的经历激发大学生的创新创业热情。三是组织各种创新创业相关的学生组织和社团，锻炼大学生的人际交往能力，提供志同道合的伙伴共同开展创新创业项目。高校要重视这些社团的发展，提供指导教师，引导其成为学生群体的引领者，发挥其在学生群体中的号召力和影响力。定期举办创新创业设计大赛，通过良性竞争互相进步，无形中推动创新创业教育事业的发展，促进校园文化活动的繁荣。

（三）网络建设层面：搭建以树人为核心的服务型网络双创平台

近期，党和国家对大学生的网络思想政治教育给予了极大的关注。2017 年，中共中央、国务院发布了《关于加强和改进新形势下高校思想政治工作的意见》，明确指出："要加强对校园各类思想文化阵地的规范管理，加强校园网络安全管理，营造风清气正的网络环境。"一方面，通过网络思想政治教育，可以在一定程度上确保创新创业教育课程培养的人才沿着正确的政治方向前进。在信息化快速发展的当下，中西方文化不断碰撞，这个时代既有机遇也有挑战。高校必须抓住网络思想政治教育的阵地建设，加强对大学生的思想价值引领，坚定政治立场，提高思想觉悟。另一方面，通过网络思想政治工作，也可以提升学生的创新创业精神和品德素质。创新创业教育的培养目标不仅在于提高大学生的创新意识和创业能力，更在于注重其思想道德素质的培养。网络思想政治教育在加强思想政治教育主阵地建设中占据着重要地位。因此，必须充分贯彻落实国家对全面实施人才强国战略的部署，把握时代赋予的机遇，结合党和国家的要求，不断提升大学生的思想道德品质。基于这一点，要想在创新创业教育课程中充分发挥思想政治教育应有的价值功能，就需要构建以树人为核心的服务型网络双创平台。

1. 优化双创教育网站，加大官方宣传力度

首先，高校应建立官方的创新创业教育网站，以国家政策为指引，持续对网站进行技术优化和内容更新，以便学生能够方便地获取国家创新创业政策信息。高校应充分利用公众号、官方微博、官方网站、短视频等自媒体平台，加大宣传力度，激发学生兴趣，吸引学生的关注、观看和学习。网站内容应保持实时更新，紧跟时代步伐，在满足大学生实际需求的基础上，融入爱国主义教育和社会正能量教育，确保内容的正面导向。同时，网站内容的展示方式应避免单一的文字叙述，以免使学生失去兴趣，可以采用如漫画、小剧场等形式，将创新创业政策和法律法规融入故事情节中，运用思想政治教育的渗透理论，让学生在轻松的氛围中不知不觉地学习理论知识。

其次，高校的网络技术人员应构建一个既具知识性又有趣味性，既提供服务又兼顾思想性的创新创业教育网站。应严格管理登录发帖流程，采用实名制，仅允许教师、学生、学校管理部门以及相关校外企业、教育机构等持有许可证的人员注册使用。这样可以防止不良分子进入网站，扰乱网络环境，误导学生，传播虚假或错误的信息和价值观。高校应持续收集创新创业教育信息，征集师生对网站的反馈，基于这些反馈不断优化网站。同时，高校应制定网络服务监控管理机制，以约束网站使用主体的过度发散性思维，确保在法律法规允许的范围内进行活动。通过加大对创新创业教育网站的宣传力度，提升网站的影响力，促进师生对创新创业教育的关注和重视，培养正确的创新创业价值观。

2. 加强教学资源整合，打造在线教育平台

高校需持续整合教学资源，构建创新创业教育课程的信息化数据资源库，并打造在线教育平台，为创新创业教育课程的教师提供丰富的备课资源，以丰富教案设计，增强课程的时效性，推动创新创业教育课程与社会实际相结合。在线教育平台可与创新创业教育网站相结合，进一步对学习内容进行分类，如理论学习、实践学习、社会交流等。同时，实时监控网站信息，掌握学习数据和人流分布，为内容调整做好准备。

在理论学习内容方面，可以包括案例分析、经验分享等，分为基础性、创新性、专业性、拓展性课程，鼓励学生自主学习。实践学习内容方面，可以建立创客空间，提供线上模拟训练营，让学生在虚拟世界中进行产品设计、创业孵化、成果验收等。社会交

流内容方面，可以成立高校创新创业联盟，开放项目讨论通道，促进经验交流与分享。

为了提供更多学习机会，高校通常会邀请专家学者、优秀校友和企业家讲授创新创业教育课程，定期举办演讲、经验交流会、分享会、主题讲座等活动。这些活动通常是线下的，虽然能起到一定宣传效果，但受场地、参与度等因素限制，覆盖面可能不够广泛。因此，可以利用新媒体手段，将这些创新创业教育活动录制下来，上传至在线教育平台，让学生在线上回顾和学习。同时，上传具有"榜样精神"教育价值的案例，丰富网站内容，潜移默化地影响学生。

此外，可以组织教师录制特色微课，融入思想政治教育内容，满足学生兴趣的同时，增强他们的思想道德品质。线下开展创新创业活动时，一些内向的学生可能不敢与老师交流，但通过在线教育平台的录制课程回放功能，学生可以在复习知识点的同时，以另一种方式与教师交流。开放后台提问功能，让学生畅所欲言，在线咨询创新创业问题，安排相关教师解答。

通过搭建在线教育平台，可以丰富学生的认知，拓展创新创业教育学习渠道。发挥创新创业教育课程的思政功能，要抓住各种机会，将社会主义核心价值观的内容细化至各个方面，无论是榜样英雄人物的事迹，还是教育者的认知、情感、意志、行为等，都可以通过线上线下各种形式进行渲染。

3. 借助信息技术手段，创新课程教学方法

除了建立在线教育平台，网络信息技术还为线下的创新创业教育课程带来了创新的教学手段。教师需要不断更新创新创业教育课程的授课方式，运用新媒体技术，探索和实施教学方法的创新。在理论课的教学中，教师应关注学生的兴趣点，以更直观、高效的方式解释创新创业教育课程内容，并将思想政治教育的功能融入其中。例如，在分析某个创新创业案例时，不应仅以文字形式呈现，而应深入了解案例背景和人物，以人物视角为主线，通过制作动画视频等形式，直观地展示案例人物的历程，引发学生共鸣，并结合思想行为分析，强化创新创业教育课程的思政功能。

在课堂情景模拟环节，教师应利用信息化情景创设技术，配合音频、图像等多媒体渲染手段，营造浓厚的氛围，让学生沉浸在模拟教学中，激发思维，提供充分的自由思考空间，使学生自主得出个性化结论，体验到创新创业教育课程与其他理论课程不同的启发式教学。

在实践课程中，应以创新创业项目为导向，为学生合理划分包括创新创业内容、各

阶段性目标及实施措施在内的创新创业子项目。通过这些创新的教学方法，学生能够更好地理解自己的创新创业项目，并由创新创业导师总体指导，运用多媒体技术展示不同项目但具有一致创新创业思路的案例，激发学生灵感，鼓励团队成员分享想法，针对创新创业项目进行深入探讨，最终完成教学目标，实现良好的创新创业教育效果。同时，在递进式教育教学过程中，教师要引导学生树立正确的思想观念和价值取向，使学生在每个教学阶段都能理解、掌握思想政治教育立德树人的核心要义。

4. 加强校企联合培养，开发远程教学模式

首先，高校可以利用互联网的便捷性，与企业建立远程连线机制。在创新创业教育课程的课堂教学环节，当讲解某些知识点和理论思维时，为了提高说服力和易懂性，可以借助真实案例进行分析。为了确保案例的时效性，可以与熟悉的企业进行远程连线，邀请企业代表分享他们的真实创新创业经历。通过当事人的视角，直观地传达给学生创新创业过程中所需的思想道德品质，以及明确创新创业职业道德、法律意识和其他价值观教育的重要性。

其次，对于前文提到的在线教育平台，可以增加与企业合作开发的模块，设立专门的企业分区，将企业相关的创新创业培训内容和企业文化引入平台，不断丰富创新创业教育课程的内容。可以优先展示企业文化和企业精神中的诚信、公正、仁爱等方面，以及企业核心人物的创新创业经历和所展现的"企业家精神"。通过这些内容的熏陶，增强大学生对思想政治教育功能的理解。

第三，可以利用多媒体技术促进校企之间建立联合培养模式。例如，"校企双导师模式"，通过信息化技术的支持，高校向学生充分展示合作企业的创新创业流程，由校内双创导师指导学生进行创新创业项目的构思和准备实施。学生通过录制创新创业项目的展示视频，由高校提供给企业，再由企业代表参与创新创业项目的指导。在经历了理论和实践两个层面的设想和试验后，促进创意的孵化。通过这种联合培养模式，可以更全面地帮助学生认识到自身的不足，及时发现问题并解决问题。在校企双导师的示范下，给予学生良好的思想品质、心理健康、行为习惯、职业道德等教育影响，更完整地塑造学生的人格，培养出既具有优良个人特质又具备优秀职业品德的稳定职业素养，从而实现全面发展。

参考文献

[1] 赵强作. 高校创新创业教育探索与实践研究[M]. 北京: 中国商务出版社, 2023.02.

[2] 王全利著. 创新创业教育与实践[M]. 北京: 中国纺织出版社, 2022.04.

[3] 同济大学高等教育研究所编. 教育与创新、创业[M]. 上海: 同济大学出版社, 2022.08.

[4] 马少华, 郭彦鹏著. 大学生创新创业教育[M]. 北京: 中国书籍出版社, 2023.03.

[5] 罗正业著. 高校创新创业教育组织变革研究[M]. 长春: 吉林大学出版社, 2023.05.

[6] 陈虹主编. 大学创新创业教育[M]. 文化发展出版社, 2020.04.

[7] 顾明远鲍东明主编曾晓洁张瑞芳副. 创新创业教育研究[M]. 上海: 上海教育出版社, 2019.11.

[8] 韩光著. 基于互联网+视阈的大学生创新创业教育研究[M]. 北京: 北京工业大学出版社, 2023.04.

[9] 钟志华主编. 创新创业教育研究[M]. 上海: 同济大学出版社, 2018.09.

[10] 王思敏, 宋婷主编. 创新创业实训[M]. 北京: 九州出版社, 2022.01.

[11] 陈卫东, 蔡冰主编. 高职创新创业教育教程[M]. 成都: 电子科技大学出版社, 2020.06.

[12] 涂晓洁著. 创新创业教育融入思想政治教学策略研究[M]. 北京: 东方出版社, 2023.02.

[13] 郭秀晶著. 我国高校创新创业教育政策评估研究[M]. 北京: 经济日报出版社, 2022.02.

[14] 唐定编著. 体育人才创业教育与创新思维[M]. 武汉: 华中科技大学出版社, 2022.04.

[15] 张瑜, 范晓慧, 金莹著. 大学生创新创业教育理论与实践研究[M]. 北京: 中国书籍出版社, 2022.07.

[16]刘鲲.高职院校创新创业教育探索[M].北京:旅游教育出版社,2022.12.

[17]陈思宇著.高校创新创业教育生态系统的构建[M].长春:吉林大学出版社,2022.05.

[18]王瑶作.创新创业教育背景下高校人才培养模式研究[M].北京:现代出版社,2022.11.

[19]康家树,雷晓柱,徐良著.新时代大学生创新创业教育研究与探索[M].哈尔滨:北方文艺出版社,2022.09.

[20]李喆.地方高校创新创业教育研究[M].济南:山东人民出版社,2020.03.

[21]彭贞蓉,彭翔主编.创新创业教育基础与实战技巧[M].重庆:重庆大学出版社,2022.08.

[22]周冠怡彤,蒋笑阳,刘洋作.高校创新创业教育改革与探索[M].北京:九州出版社,2022.11.

[23]盖庆武,余闯主编;林海春,邱旭光,郑君山副主编.高职创新创业教育二十年探索与实践[M].长春:吉林大学出版社,2022.11.

[24]白云莉著.大学生创新创业教育新模式研究[M].天津:天津科学技术出版社,2021.04.

[25]李亚美.互联网时代下高职院校德育和创新创业教育研究[M].北京:中国商务出版社,2021.04.

[26]魏巍著.大学生创新创业教育与能力培养研究[M].北京:九州出版社,2021.08.

[27]邓峰著.基于创新思维的大学生创新创业能力培养研究[M].北京:北京工业大学出版社,2022.06.

[28]汪忠,唐亚阳,李家华主编;周忠宝,贺迅,钟卫东副主编.高等院校创新创业教育系列教材内部创业基础[M].北京:机械工业出版社,2022.09.

[29]李建庆编著.大学生创新创业教育研究[M].成都:四川大学出版社,2019.07.

[30]潘子松著.创新创业教育与高校思政教育的融合研究[M].北京:北京工业大学出版社,2020.06.

[31]罗星海著.高职创新创业教育五育体系研究与实践[M].武汉:武汉大学出版社,2021.08.

[32]王东生著.新时代高校创新创业教育路径研究[M].吉林出版集团股份有限公

司,2021.11.

[33]梅伟惠著.高校创业教育的组织模式与运行机制创新研究[M].杭州:浙江大学出版社,2020.07.

[34]殷华西著.互联网视域下高校创新创业教育研究[M].哈尔滨:东北林业大学出版社,2021.12.

[35]杨宝仁,王晶著.互联网+环境下大学生创新创业教育研究[M].北京:中国纺织出版社,2022.08.

[36]蔡静俏作.高校学生就业与创新创业研究与应用[M].北京:现代出版社,2022.11.